CRÓNICA
DE OTROS MUNDOS

Jacques Vallée

CRÓNICA
DE OTROS MUNDOS

TIKAL

ediciones

Título original: *Dimensions: A Casebook of Alien Contact*

© Jacques Vallée
© Susaeta, S.A. (versión castellana)
Tikal Ediciones
Plaza Romà Piera Arcal, 4, 3.º A
E-08330 Premià de Mar (Barcelona)
Teléfono: 937 521 314 - Fax: 937 523 141
ediciones.susaeta@nexo.es

Traducción: Manuel Figueroa
Diseño de cubierta: Antonio Tello
Impreso en la UE

A pesar de que me cuento entre aquellos que creen que los ovnis son objetos físicos reales, no creo que sean extraterrestres en el sentido ordinario del término. En mi opinión, representan un desafío excitante para nuestro propio concepto de la realidad.

Como van a ver, estos objetos han sido vistos desde tiempos inmemoriales, y si sus ocupantes han actuado siempre de una forma parecida y han mostrado una línea similar de comportamiento, entonces no es razonable asumir que son simplemente «visitantes extraterrestres». Deben ser algo más.

Quizá han estado siempre aquí. En la Tierra. Con nosotros.

Jacques Vallée

Este libro está dedicado a la memoria del doctor J. Allen Hynek.
Como científico, fue el primero en entender la relevancia de este problema. Como pensador, comprendió su relación con otros misterios profundos que nos rodean. Como profesor, compartió libremente sus datos y sus opiniones.
Como hombre, se cuestionó a sí mismo.

Índice

Prólogo
Por Whitley Strieber

Existen dos aspectos de la controversia ovni que la hacen única e interesante. El primero es que probablemente estamos ante el misterio más profundo con el que la humanidad se haya topado jamás. El segundo es que ha sido objeto de una negación enfervorecida, a pesar del hecho de tratarse de un fenómeno real.

Al menos es un asunto social de la mayor importancia. Lo único que necesitamos ahora para hacer del mito ovni una nueva religión es un simple e innegable avistamiento. Inmediatamente, semejante acontecimiento proporcionaría a los apóstoles de los extraterrestres, a los creyentes en los «hermanos del espacio» y a los iluminados de los ovnis la certeza de una verdad revelada.

Este estado desafortunado del asunto se debe a una sola razón. Nuestros mejores intelectuales han ignorado metódicamente la cuestión ovni durante medio siglo, con lo que han dejado al público sin recursos a la hora de encontrar algún sentido a la experiencia increíblemente sutil y compleja de verlos y de interactuar con sus habitantes.

Dos razones explican la incapacidad de la comunidad científica para dirigir el tema de una forma sensata. La primera es que el fenómeno es tan elusivo que no puede ser medido fácilmente. La segunda es, simplemente, miedo. Ninguna explicación del fenómeno que no sea prosaica conduce inevitablemente a un profundo desafío de las teorías sobre la naturaleza del espíritu y del universo, y sobre el lugar del hombre en el cosmos.

Si llegáramos a comprender correctamente el fenómeno ovni, podríamos llegar a destruir todos los fundamentos de nuestras teorías actuales sobre la realidad. Presintiendo esto a un nivel casi instintivo, los científicos se esconden detrás de la postura fácil de «detractores» que distorsionan o suprimen información indecisa para dejar nuestras ideas actuales intactas.

De esta manera, los testigos como yo deben enfrentarse con los visitantes en medio de la noche sin la más mínima idea de quiénes son estos seres, de dónde vienen o de cómo actuar en su presencia.

En ausencia de toda comprensión real del fenómeno, uno se ve obligado a rendirse ante las apariencias. Como señala el doctor Vallée en este notable análisis innovador, esto es exactamente lo que deberíamos hacer.

Vallée sitúa firmemente esta experiencia moderna ovni en su contexto histórico como la manifestación de un fenómeno que se remonta a los inicios de la historia del hombre. Así, la ha definido como una parte de la mitología fundamental de la experiencia humana, que nos permite, por primera vez, comenzar a interrogarnos con preguntas tan profundas y con una resonancia suficientes para que sean significativas.

El relato es un gran viaje a través de los anales de lo extraño y anómalo de la experiencia humana. Vallée nos revela una verdad abrumadora: el fenómeno ha estado con nosotros a través de la historia y nunca, en todo este tiempo, hemos sido capaces de comprenderlo correctamente. Sea lo que sea, cambia con nuestra capacidad de percibirlo. El siglo XV vio a los visitantes como hadas; el siglo X, como silfos, y los romanos, como ninfas del bosque y duendes.

Una de las miles de personas que me escribieron en relación con mi libro *Comunión* hizo esta fascinante observación: «Cualquiera que sea la cosmología o la mitología en la cual fui inmerso, parece ser el factor que me permitió modelar el contexto y prestar atención a la imaginería de mis experiencias, que son, creo, de naturaleza esencialmente abstracta».

En cuanto a mí, he estado en presencia de seres físicos. El contexto de mi propia experiencia, observada por numerosos testigos, indica claramente que el fenómeno puede aparecer como una presencia completamente física y real, capaz de manipular su entorno. Sin embargo, al instante siguiente, puede evaporarse en el aire, sin dejar huella de lo que fue un momento antes una presencia abrumadora real e inmensa.

¿Cómo puede ser esto? No es de extrañar que nunca hayamos sido capaces de plantear cuestiones satisfactorias sobre el fenómeno. He pensado incluso que puede representar simplemente la acción de la fuerza de la evolución en las criaturas conscientes. Después de todo, nuestros cinco mil años de historia no son más que un momento en la vida de nuestra especie, menos de un instante en la evolución del universo. Es posible que nuestra historia, tomada en su totalidad, no sea más que una de esas magníficas explosiones de fuerza evolutiva que cambia todo de repente, como el «momento» en que el hombre de Cromagnon irrumpió en escena o el «momento» más lejano en que desaparecieron los dinosaurios.

Y los visitantes —un fenómeno altamente activo y oscuro que parece poblar las fallas del inconsciente, las fallas del conjunto espacio-tiempo y las fallas de la historia— están próximos de alguna manera a la esencia de lo que está sucediendo. El doctor Vallée elucida las bases de lo que seguramente se convertirá en una nueva visión del fenómeno ovni, que descartará los distintos niveles de ilusión detrás de los cuales se esconde.

Para el doctor Vallée, la fuerza que aparece hoy bajo la forma de ovnis ya ha irrumpido numerosas veces en la historia, manejando un tipo de mecanismo de control que ha alterado y modelado asuntos humanos, con frecuencia en profundidad.

Por ejemplo, nos demuestra que el milagro de Fátima es al mismo tiempo un fenómeno religioso y un encuentro ovni clásico. Esto nos lleva a preguntarnos si no habrá habido una tecnología muy real detrás de los milagros y apariciones que tanto han influido en el crecimiento de nuestras culturas. De hecho, visto desde esta perspectiva se puede afirmar vigorosamente que la mayoría de las religiones han surgido de experiencias visionarias perfectamente comprensibles en el marco de los encuentros ovni. Sin embargo, el fenómeno se convierte no simplemente en un grupo de factores exteriores que influyen en la evolución de la cultura, sino en un motor fundamental.

Podría ser incluso la influencia más importante ejercida en nuestra historia. Finalmente, se puede afirmar que a escala global hoy está más activo de lo que nunca lo ha estado antes.

Esto debería decirnos algo acerca de la importancia de este momento en la historia y sugerirnos que ha llegado la hora de llegar a una comprensión clara y correcta del fenómeno.

Cuanto más tiempo permanezcamos ignorándolo, más poder mantendrá el fenómeno sobre nosotros. Es hora de abordarlo con toda la claridad de espíritu que merece. En mi opinión, el doctor Vallée ha dado un paso sin precedentes en este sentido.

Introducción
Mentes cerradas, preguntas abiertas

Uno de los misterios que han permanecido en la imaginación del hombre durante tantos años, el misterio de los objetos volantes no identificados y de sus ocupantes, regresa a las primeras páginas de nuestros periódicos con un desfile de hechos nuevos. Se han visto estos objetos en el cielo y sobre la tierra, se habla de contactos e incluso de abducciones.

Ante estas historias, la opinión pública ha reaccionado con una mezcla de escepticismo, temor reverencial y miedo. Y la falta de información fidedigna y la ausencia de investigación seria lo único que han hecho es intensificar esta preocupación.

Ha llegado el momento, sin embargo, de volver a examinar el fenómeno ovni y de volver a abrir los archivos en los que se esconde el antiguo sueño de nuestra civilización, de cada civilización: contactar con seres de otros mundos.

Cada cultura ha aportado su grano de arena al gran grupo de leyendas, folclore y tradiciones que conectan la imaginación humana con los cielos. Hoy, el sendero rápido de la tecnología precipita un nuevo despertar de la importancia del problema. El lector moderno necesita una perspectiva nueva, un paradigma nuevo en el cual el miedo pueda dejarse a un lado y pueda prevalecer el conocimiento. Pero, por encima de todo, necesita más hechos.

En un esfuerzo por responder a esta necesidad, este libro representa la destilación de unos veinticinco años de investigación. Recopila y actualiza en una colección nueva y más manejable los sucesos más significativos que han marcado la historia del fenómeno ovni. Y conduce a una conclusión nueva. A pesar de que me cuento entre aquellos que creen que los ovnis son objetos reales físicos, no creo que sean extraterrestres en el sentido ordinario del término. En mi opinión, representan un desafío excitante para nuestro propio concepto de la realidad.

En este siglo XX que está a punto de acabar, en el que cada día se hacen realidad nuevos descubrimientos, las mentes de muchos científicos permanecen cerradas a este problema. En el ejemplar de junio de 1987 de la popular revista de astronomía *Sky & Telescope,* se señala con un cierto escepticismo despectivo de moda:

> Los objetos volantes no identificados están perdiendo la popularidad de años anteriores. Quizá los medios informativos son más conscientes de lo poco que hay detrás de cada historia ovni que ha sido bien investigada.

Irónicamente, en ese mismo mes, dos libros alcanzaron los primeros puestos de la lista de best-séllers del *New York Times: Comunión* e *Intrusos.* Ambos contenían sensacionales relatos en primera persona de encuentros con ovnis y la confrontación o el contacto espiritual con sus supuestos ocupantes.

Esta coincidencia entre la arrogancia científica y una nueva tendencia social ilustra un hecho importante en nuestra sociedad: mientras que la ciencia rechaza considerar consistentemente los fenómenos que permanecen fuera de las regiones seguras de su comprensión cotidiana, el público busca ardientemente explicaciones que se adapten a su experiencia.

Mientras que nuestros científicos siguen sin estar al corriente de la valiosa información que podría estimular nuevas teorías del universo, el resto de nosotros echa en falta una oportunidad de hacer progresos serios en lo que podría ser una cruzada espiritual importante.

Este libro es un intento de salvar esta grieta. Para ello, examina la evidencia de la existencia de los ovnis no sólo en nuestros tiempos, sino en épocas anteriores.

Esta perspectiva histórica, que se resume en la Primera Parte, «Crónicas de otros mundos», es entretenida y frecuentemente cautivadora. Pero lo más importante es que es crucial para una comprensión total del problema. Si estos objetos han sido vistos desde tiempos inmemoriales, como mostraré, y sus ocupantes han actuado siempre de manera similar, entonces no sería razonable afirmar que son «simplemente» visitantes extraterrestres. Deben ser algo más que eso.

Quizá han estado siempre aquí, en la Tierra, con nosotros.

Desde mi punto de vista, la creencia extendida entre los ufólogos sobre la verdad literal de las «abducciones» es solamente una aproximación muy vasta a un tapiz mucho más complejo. Estamos en presencia de una realidad totalmente distinta, una realidad que se caracteriza por casos de seducción cósmica, por la aparición de señales extrañas en el cielo y por la sucesión de acontecimientos paranormales que presentan una panoplia abundante de fenómenos psíquicos. La

Segunda Parte está dedicada a su análisis; prepara el terreno para la Tercera Parte, que he llamado «Un desafío a la investigación». Porque ya es hora de estudiar seriamente el fenómeno ovni.

Durante mucho tiempo, los altos mandos del ejército americano rechazaron el problema porque «no representaba ninguna amenaza para la seguridad nacional». Este argumento no se puede defender por más tiempo.

¿Cómo en los tiempos en que estamos, inmersos en la Iniciativa de Defensa Estratégica (IDE), en la llamada Guerra de las Galaxias, el Gobierno de los EE.UU. es capaz de tolerar un fenómeno inexplicado que se produce más allá de la troposfera? Los ovnis, sean lo que sean, han sido detectados por satélites de reconocimiento, sensores eléctricos y radares. Una nueva ola de objetos no identificados semejantes a los registrados en los años 1952, 1954, 1966 y 1973 podría activar la red de la IDE y desencadenar de manera accidental la tercera guerra mundial. Podría incluso enmascarar un ataque real. Desde el punto de vista de nuestra seguridad nacional, semejante eventualidad es inaceptable, incluso en el caso de que los objetos no sean hostiles. Tampoco es aceptable para el resto de las naciones industrializadas.

Puede argüirse que los fenómenos ovni constituyen un hecho tan complejo que su solución no llegará hasta dentro de muchos años. Sin embargo, esta conclusión tan clara no debería desalentarnos a llevar a cabo una investigación activa. Aunque nunca lleguemos a entender el fenómeno en su totalidad, puede haber todavía lecciones útiles que aprender de sus pequeños componentes. Por ejemplo, yo me contentaría simplemente con entender cómo esos objetos manipulan ondas electromagnéticas para crear rayos de luz con efectos gravitacionales capaces de elevar por los aires objetos, personas y animales, o con comprender cómo paralizan a los testigos que se acercan a ellos.

Imaginen a un primitivo bosquimano contemplando el aterrizaje de un avión Boeing 747. Este no tiene medios para comprender la intrincada tecnología que controla la potencia de vuelo del aparato. Pero el solo hecho de observar el mecanismo de aterrizaje ¡podría inspirar a un aborigen inteligente a inventar la rueda!

Esta es nuestra posición respecto a los ovnis. ¿Son reales? ¿Por qué parecen violar los principios de nuestros físicos? ¿Y por qué interactúan con nosotros? Mientras que las mentes de muchos científicos están cerradas a lo desconocido, unos cuantos de nosotros creemos que estas cuestiones están muy abiertas.

Este fenómeno proporciona uno de los desafíos más excitantes que se han presentado jamás en la ciencia, en nuestra imaginación colectiva y en la razón humana. Yo no tengo la respuesta al misterio, pero sí tengo una gran cantidad de información relevante. Se ha progresado mucho en estos últimos años, y en mi propio trabajo he llegado a pensar en el problema ovni en términos de tres niveles distintos.

El primer nivel es el *físico*. Sabemos ahora que el ovni se comporta como una región en el espacio, de pequeñas dimensiones (aproximadamente unos diez metros), dentro de la cual hay almacenada una gran cantidad de energía. Esta energía se manifiesta por un fenómeno de luz pulsada de intensos colores y por otras formas de radiación electromagnética.

El segundo nivel es el *biológico*. Numerosos informes ovni muestran toda clase de efectos psicofisiológicos en los testigos. La exposición al fenómeno causa visiones, alucinaciones, desorientación en el espacio y el tiempo, reacciones fisiológicas (incluyendo ceguera temporal, parálisis, cambios en el ciclo del sueño) y cambios en la personalidad a largo plazo.

El tercer nivel es el *social*. La creencia en la realidad de los ovnis se está extendiendo rápidamente a todos los niveles de la sociedad en todo el mundo. Los libros sobre el tema continúan acumulándose. Cineastas como Spielberg no paran de rodar documentales y películas con hombres y mujeres que crecieron con historias de platillos volantes. Las ideas sobre la vida en el universo han sufrido una verdadera revolución. Muchos temas modernos en nuestra cultura pueden tener su origen en los «mensajes del espacio» provenientes de los contactados ovni de los años cuarenta y cincuenta.

La experiencia de un encuentro cercano con un ovni es una prueba física y mental muy dura. El trauma tiene efectos que van más allá de lo que la conciencia de los testigos puede recordar. Condiciona nuevos tipos de comportamiento y de creencias. Además de las condiciones científicas, las consecuencias sociales, políticas y religiosas son enormes si son consideradas a través del lapso de tiempo de una generación.

Frente a la nueva ola de experiencias de contacto ovni que se describen en libros como *Comunión* e *Intrusos*, y en películas como *Encuentros cercanos en la tercera fase*, nuestras religiones parecen obsoletas. Nuestra idea de la iglesia como entidad social que trabaja dentro de estructuras racionales se ve obviamente desafiada por la reclamación de una comunicación directa, en los tiempos modernos, con seres visibles que parecen dotados con poderes sobrenaturales.

Esta idea puede sacudir hasta las mismas raíces de la cultura de nuestra sociedad. Los testigos ya no tienen miedo de exponer sus historias personales de abducciones, de intercambios espirituales con los extraterrestres (incluso en aquellos casos en los que ha habido interacción sexual con ellos). Tales relatos son folclore en formación. He descubierto que tienen un paralelismo asombroso con las historias de encuentros con los elfos y los jinn de la época medieval, así como con los habitantes de «Magonia», el país más allá de las nubes de las crónicas antiguas. Pero son algo más también: un símbolo de sucesos importantes que van a acontecer.

Mis propias conjeturas, que se desvían considerablemente del dogma aceptado entre los creyentes en ovnis, es que estamos tratando con un nivel de conciencia todavía no reconocido, independiente del hombre pero conectado con la Tierra, que tiene su propia relación con las fuerzas cósmicas.

Actualmente, existen muchas razones para esperar un cambio de actitud hacia la inteligencia extraterrestre. El esfuerzo científico de los países occidentales ha agotado temporalmente los objetivos que pueden cautivar la imaginación y el entusiasmo del público. La anticipación de encuentros con otros seres inteligentes ayudaría a trascender conflictos locales en esta Tierra y a conseguir en una sola generación cambios de comportamiento que, de otra manera, se tardaría cientos de años en completar. Si esta es la contribución del fenómeno ovni, entonces estamos tratando con una de las mayores transiciones de la historia.

PRIMERA PARTE

Contactos con otros mundos

En última instancia, la magia, la religión y la ciencia no son más que teorías del pensamiento; y del mismo modo que la ciencia ha suplantado a las que la precedieron, ella misma podría ser suplantada por alguna hipótesis más perfecta, quizá por alguna forma totalmente diferente de considerar los fenómenos, de interpretar las sombras en la pantalla, de la que nosotros, en esta generación, no llegamos a hacernos una idea.

Sir James Frazer, O.M.
La rama dorada

Es prácticamente imposible encender la radio o la televisión y no oír testimonios en encuentros con objetos aéreos extraños y con sus pilotos. Aunque tales afirmaciones con frecuencia parecen ridículas y alguna incluso cae más bien dentro del marco de la psicopatología, también es cierto que la mayoría de los relatos rezuman una verdadera sinceridad. A menos que uno esté convencido de que el mundo está para siempre restringido a los fenómenos normales ya conocidos por la ciencia, es difícil negar que los testigos han vivido un acontecimiento profundo, inusual e incluso terrorífico que involucra a una forma de inteligencia que aún no hemos reconocido.

La tentación de dejar volar la primera conclusión que nos viene a la mente es grande. Es molesto verse confrontado con algo inexplicable, sobre todo cuando es amenazante y pone en tela de juicio todo lo que se nos ha enseñado sobre la naturaleza del universo. Por este motivo nos agarramos desesperadamente a cualquier cosa que nos brinde esperanza. Nos imaginamos, por ejemplo, que estamos siendo visitados por seres de otro planeta; que pronto el gobierno revelará que algunos de nuestros científicos saben quiénes son y conocen sus móviles, y que todo terminará bien.

Aquellos de entre nosotros que han estudiado bien este fenómeno desde hace muchos años (en mi caso, desde la serie de avistamientos de los años cincuenta en Europa) han aprendido a resistirse a la tentación de sacar conclusiones prematuras. Si hay una situación en la que la ciencia debe filtrar cuidadosamente la enorme información, analizar los datos con precaución y poner a prueba cada hipótesis, es la del fenómeno ovni.

Los lectores de mis anteriores libros saben que durante los últimos veinticinco años he realizado una investigación seria y a largo plazo del fenómeno. Considero las ricas experiencias de los testigos como una oportunidad para hacer un buen trabajo científico y, lo que es más importante, para combinar los esfuerzos de varias ciencias a fin de explorar un dominio de la naturaleza que aún sigue siendo un misterio. Sin embargo, he mantenido con cuidado mis distancias respecto a los grupos de investigadores que afirman que los ovnis son visitantes interplanetarios. Semejante conclusión no es sólo prematura, sino que es contraria a varios hechos fundamentales que únicamente pueden ser abordados estudiando el tema caso a caso desde un punto de vista histórico y tratando de generalizar a partir de acontecimientos aislados.

La Primera Parte de este libro establece semejante perspectiva histórica para el lector que pudiera haber estado expuesto solamente a los casos recientes y, por tanto, ignore que este fenómeno ha estado con nosotros a lo largo de toda la historia, desde el principio de los tiempos, no solamente bajo la forma de señales en el cielo, sino también de una vasta serie de relatos de contactos con seres extraños e incluso de abducciones.

No ha sido hasta hace muy poco que se ha establecido un vínculo entre las observaciones modernas de ovnis y algunas de las ideas que han dado nacimiento a nuestro folclore, a nuestras religiones y a nuestras filosofías. De ahí que todavía deban transcurrir muchos años para reconstruir los eslabones de la cadena de las experiencias personales, de las leyendas populares y de las especulaciones teóricas que conectan la visión de Ezequiel en los tiempos bíblicos con los relatos asombrosos, emotivos y frecuentemente terroríficos de nuestros contemporáneos. Es hora de comenzar ese trabajo.

I
Encuentros antiguos

Comencemos por un hecho sencillo: el hombre siempre ha sido consciente de que no está solo. Todas las tradiciones de la humanidad conservan cuidadosamente los relatos de contactos con otras formas de vida y de inteligencia superiores más allá del reino animal. Y lo que aún es más significativo: afirman que estamos rodeados de entidades espirituales que pueden manifestarse físicamente de maneras que no comprendemos. Este capítulo resume algunas de estas tradiciones y establece un estrecho paralelismo entre los relatos antiguos y los casos modernos de contacto con entidades similares.

Comencé a trabajar en este libro durante un viaje de negocios a París. Unas horas de tiempo libre entre dos reuniones me permitieron visitar una de las obras de arte más extraordinarias de todos los tiempos, la Sainte Chapelle, que se encuentra en el Palacio de Justicia, a una manzana de distancia de Nôtre Dame. Es un sentimiento increíble que solamente puede compararse con lo que sería un viaje dentro de un cofre repleto de piedras preciosas. Dentro de la capilla misma sólo hay algunas esculturas y paneles de madera pintados. Por contra, los muros están llenos de vitrales que recogen todas las luces de París, que brillan a través de ellos para crear una atmósfera, una percepción totalmente extraña, respecto del resto de la experiencia humana.

Uno de los vitrales muestra la abducción del profeta Ezequiel por parte de un objeto parecido a un tornado. Ezequiel vio unas ruedas y cuatro criaturas extrañas. El extraño objeto lo condujo hasta la cima de una montaña lejana, donde experimentó un estado de asombro y confusión.

En mis muchos años de investigación del fenómeno ovni, he hablado con numerosos testigos, personas a las que podía oír y mirar a los ojos, que me comentaron que habían sido atrapados por una especie de tornado, que habían visto criaturas extrañas y que habían caído en un estado de asombro y confusión anormal. Estas personas me han buscado para que disipara su confusión, pero únicamente he podido asegurarles que no se encontraban solas y que muchas otras habían vivido su misma experiencia, y también que creía que en un futuro no muy lejano la ciencia acabaría por comprender y aceptar este hecho como una fuente esencial de conocimiento nuevo. Los testigos que he interrogado nunca aparecerían representados en los vitrales de una capilla en la que reyes y reinas se arrodillan, juntan sus manos y bajan sus cabezas en señal de adoración. Son personas ordinarias con todas las esperanzas y debilidades de los seres humanos. Sin embargo, vale la pena escuchar sus historias.

LA EXPERIENCIA ABDUCTIVA

Mi primer encuentro con una mujer que llamaré Elena[1] tuvo lugar después de que me llamara para hablarme de un motor especial que quería construir. Me dijo que sabía cómo resolver la actual crisis energética gracias a la construcción un nuevo tipo de motor.

Durante nuestra entrevista, Elena me confesó que había tenido la idea del motor después de haber sido abducida por un ovni. Parece ser que vio el ovni juntamente con un grupo de músicos que regresaban de Lompoc, en el estado de California, a Los Ángeles en el verano de 1968.

«Nada más terminar el concierto nos fuimos. Recuerdo que acabamos de recoger el material a eso de las 2.15 de la madrugada. Llevábamos conduciendo cerca de treinta o cuarenta y cinco minutos, quizá incluso una hora. En ese momento, pasábamos por un terreno llano. A nuestra derecha había unas colinas. Nos dirigíamos hacia el sur. Entonces, de las colinas surgió una luz blanca que se elevó y se dirigió velozmente hacia nosotros. Un avión no hubiera podido ma-

---

1. Con vistas a preservar la privacidad de los testigos mencionados en este libro, he cambiado sus nombres, a excepción de los que alguna vez han aparecido publicados en la prensa.

niobrar de aquella manera, así que pensamos que debía tratarse de un helicóptero. El extraño objeto se movía de una manera irregular, y se acercaba y alejaba de nosotros a gran velocidad.»

La interrumpí para hacer más lenta la exposición de ese episodio. Quería repasar punto por puntotodo lo que vieron. «¿Cuál fue vuestra reacción en aquellos momentos? ¿Qué vieron los demás?» Su respuesta fue inmediata: «Todos los que estábamos allí nos dábamos perfecta cuenta de lo que estaba ocurriendo», dijo enérgicamente. «Recuerdo que no parábamos de hablar de ello. Por otro lado, nadie dijo "escondámonos" ni nada por el estilo. George conducía el vehículo y Barbara iba a su lado. Yo me encontraba detrás de él y a mi derecha tenía a Dave. A este y a Barbara el objeto no les hacía la más mínima gracia, todo lo contrario que a George y a mí.»

Muy bien, pero aquella cosa extraña podía haber sido perfectamente un helicóptero. «¿Qué hizo el objeto?»

«Pasó por encima del coche y se detuvo delante de nosotros, a unos treinta o sesenta metros del suelo. El objeto era tan ancho como una autopista de seis carriles. Era blanco, muy bello. Despedía unos intensos rayos de luz. Recuerdo que tenía una especie de ventanas, pero no estoy muy segura. No hacía ningún tipo de ruido. La nave era enorme. Entonces, cuatro luces blancas con forma de embudo nos iluminaron a cada uno de nosotros.» Elevó los ojos y se estremeció como si el objeto estuviera aún ahí, planeando encima de ella...

«¿Qué tipo de sensación experimentó entonces?»

«Recuerdo que abandoné mi cuerpo en el asiento del coche y me alejé de este unos metros», dijo como si fuera la cosa más normal del mundo. «Cada uno de nosotros cuatro hizo eso: salimos de nuestros cuerpos. A partir de ese punto ya no recuerdo nada más. Sólo sé que regresé al coche. Entonces vi la luz centellear alrededor de Barbara y de Dave. Por último, regresamos lentamente a nuestros cuerpos.»

Tenía problemas para visualizar la escena. Los viajes astrales no son nada nuevo. Así es como las brujas supuestamente se desplazaban hasta el sabbat y los santos hasta la comunión celeste. Robert Monroe, hombre de negocios americano y autor de una obra sobre experiencias psíquicas, ha creado varios centros de enseñanza que emplean bandas magnéticas para ayudar a la gente a abandonar sus cuerpos por sugestión. La cultura psicodélica se había precipitado con entusiasmo sobre el mismo concepto en los años sesenta. Una entidad viva quizá es capaz de extraer su conciencia del cuerpo. Pero los automóviles no tienen conciencia y no son capaces de realizar viajes astrales.

«¿Y qué sucedió con el coche?», le pregunté.

«El vehículo permaneció inmóvil durante unos momentos y luego se alejó un poco. Avanzaba solo o al menos eso es lo que experimenté.»

A petición suya organicé una sesión de regresión hipnótica con la ayuda de psicólogos especializados. Durante esta, recordó que había estado a bordo del «platillo» y había observado su mecanismo a propulsión. Un hombre vestido de blanco le mostró el motor asombroso que ahora estaba empeñada en construir. Comencé a verificar los elementos factuales de su historia. Primero tuve una larga conversación telefónica con George, que no había visto a Elena desde hacía varios años. Este describió el incidente como un «momento crucial de su vida». Dave se había mudado a otra ciudad. Un psiquiatra amigo mío se puso en contacto con él y obtuvo su declaración grabada. Al igual que George, se acordaba perfectamente del incidente y lo describió en términos similares.

Desde que tuvo la visión, Elena está obcecada en la idea de construir la máquina, cuyo mecanismo, como ya he dicho, le fue revelado por uno de los ocupantes del platillo. Su construcción se ha convertido en el objetivo final de su vida. Sin embargo, hay que decir que el motor que quiere construir es absurdo. Nunca funcionará, físicamente, al menos siguiendo los pasos que ella explica.

Este incidente ovni tiene cuatro testigos, y todo parece indicar que ha sido una experiencia real. Pero ahí es precisamente donde surgen nuevos e interesantes interrogantes para mí.

Consideren la historia desde el punto de vista de la teoría de la «nave espacial». ¿Debemos pensar (como la mayoría de los que creen en los ovnis) que Elena vio un vehículo de otro planeta que vino aquí con vistas a explorar? Aparentemente, esta interpretación parecería corresponder con los hechos.

Pero según esta hipótesis, ¿qué hay de los efectos paranormales? ¿Debemos ignorar que Elena dice haber sido «teletransportada» hasta el interior del ovni? ¿Podemos ignorar lo «absurdo» del episodio en su conjunto? ¿Cómo concuerda con la idea de la nave espacial?

El «encuentro» a bordo de la nave no tiene sentido si suponemos que el hombre vestido de blanco era un visitante de una estrella lejana. ¿Por qué tales visitantes habrían de parecerse a nosotros? ¿Por qué habrían de mostrarnos un motor que no tiene una función física objetiva, un motor que no podemos construir? Estas son algunas de las cuestiones sobre las que volveremos una y otra vez a lo largo de este libro.

Algunos testimonios de abducciones son aún más extraordinarios. En 1985, una mujer llamada Kathy le dijo al investigador Bud Hopkins que había sido conducida al interior de un objeto, en un lugar completamente blanco, en el que había unos pequeños seres grises de aspecto humanoide. Bajo hipnosis, Kathy recordó haber sido sometida a una especie de examen médico. En su libro *Intrusos*, Hopkins explica cómo los ocupantes de un ovni habían previsto aterrizar en la Tierra en una fecha concreta del mes para conseguir un óvulo de Kathy. Durante la operación, la mantuvieron en un estado de «cuasianestesia».

De acuerdo con Hopkins, Kathy se dio cuenta de que estaba embarazada a comienzos de 1978; entonces tenía diecinueve años. Esto hizo que la fecha de su boda, que había sido planificada para finales de la primavera, tuviera que adelantarse al mes de abril. El embarazo fue confirmado por sus doctores. Sin embargo, durante el mes de marzo tuvo un período normal. Entonces, fue sometida a unas nuevas pruebas, que confirmaron que no estaba embarazada. Bajo hipnosis, se puso a llorar repitiendo: «Me quitaron a mi bebé». De acuerdo con Hopkins, Kathy recuerda cómo unos seres la inmovilizaron y luego la sometieron a una especie de operación.

En otros relatos, las personas abducidas, de ambos sexos, han afirmado haber tenido relaciones sexuales con los alienígenas. Numerosos investigadores, entre ellos Bud Hopkins, creen que tales relatos prueban que los invasores del espacio están experimentando con la genética humana, pero no dicen que estos relatos modernos son consecuentes con historias asombrosas que se remontan a los tiempos más antiguos registrados en los archivos.

LA ERA DE LOS DIOSES

Es en la literatura religiosa donde uno se ve confrontado con mayor frecuencia con objetos voladores provenientes de regiones celestes, y con la descripción de la organización, de la naturaleza y la filosofía de sus ocupantes. En efecto, algunos escritores frecuentemente han observado que los textos fundamentales de todas las religiones hacen alusión a relaciones entre los humanos y seres provenientes del cielo. Esta terminología es usada, en particular, en la Biblia, donde se dice:

> Viene de tierra lejana, de los confines de los cielos, Yavé con los instrumentos de su furor para asolar la tierra toda. (Is 13,5)

Los visitantes tienen el poder de volar en el espacio gracias a unas naves luminosas llamadas a veces «carros celestes». Con estas manifestaciones se asocian efectos físicos y meteorológicos impresionantes que los autores primitivos llamaban «remolinos», «pilar de fuego», etc. Los ocupantes de estas naves, que la imaginería popular proveerá un poco más tarde de alas y de halos luminosos, se parecen a los hombres y se comunican con ellos. Están regidos por un sistema militar estricto:

> Los carros de Dios son millares de millares; viene entre ellos Yavé del Sinaí a su santuario. (Sal 68,18)

Esas tradiciones no se limitan a Egipto, Israel o Mesopotamia. Un período de la prehistoria de Japón que terminó alrededor del año 3000 a.C. recibió el nombre de la era Jomon. Durante este período, tuvo lugar una actividad artística muy importante caracterizada por la producción de estatuas de tierra que representaban a seres humanos. Al principio, estas estatuas eran pequeñas y muy sencillas. Sin embargo, hacia mediados de este período, los artistas comenzaron a modelar estatuas cada vez más grandes, que mostraban características clásicas en combinación con un diseño totalmente diferente: pechos anchos, piernas curvadas, brazos muy cortos y grandes cabezas aparentemente cubiertas con un casco. Algunos investigadores modernos ven un gran parecido entre estas estatuas y los ocupantes descritos en los avistamientos actuales de ovnis.

Los arqueólogos contemporáneos no se ponen de acuerdo sobre la naturaleza misma de los cascos que llevan las estatuas. En 1924, del doctor Gento Hasebe encontró cierto parecido entre la expresión de aquellas estatuas y una máscara de madera que había descubierto en África, e insinuó que el casco debía ser en realidad una máscara mortuoria. En la región de Tohoku, al norte de Japón, algunas de las estatuas mejor trabajadas parecían llevar «algo parecido a unas gafas de sol: tenían unos ojos enormes con un corte horizontal como en los insectos –un diseño verdaderamente asombroso. Supuestamente, las estatuas de la última parte de la era Jomon primero fueron hechas con tierra y luego copiadas en roca o piedra blanda. Las encontradas en Lomoukai, en la provincia de Nambu, fueron esculpidas en roca y también llevan cascos. Una de las estatuas dogu del año 4300 a.C., encontrada en las ruinas de Amadaki, en la prefectura Iguate, muestra detalles de la parte delantera del casco, con una apertura circular en la base de la nariz, debajo de la cual parece haber una gran placa perforada.

El parecido de los dogu con las descripciones que se tienen de los ocupantes de los ovnis es quizá un factor relevante. Este ha incitado a algunos estudiantes de la era Jomon a sugerir que las estatuas podían ser un recuerdo de visitantes provenientes de otra parte. El casco, provisto de un filtro, las gafas grandes, el cuello alto y ancho y los trajes de una pieza no dejan ciertamente de intrigarnos.

LOS BRUJOS DE LAS NUBES

Es muy común creer que el término «platillo volador» tiene su origen en los EE.UU. ¿No fue inventado en 1947 por un hombre de negocios americano? ¿No fueron altos mandos militares americanos los primeros que ordenaron investigar de manera oficial este fenómeno misterioso?

En enero de 1878, un granjero de Texas observó un objeto volador de color oscuro que describió como un «plato grande». Sin embargo, en unos documentos japoneses antiguos podemos leer que el 27 de octubre de 1180 fue visto un objeto poco común, luminoso, semejante a una «vasija de arcilla cocida».

«Tomando en consideración el lapso de tiempo que transcurrió desde esa visión», como les gusta decir a los portavoces de la Fuerza Aérea de los EE.UU., sería difícil hoy en día obtener elementos de información suplementarios... Sin embargo, un cronista japonés medieval deja constancia de la existencia de unas «vasijas voladoras».

Por tanto, debemos igualmente dar crédito a los japoneses por haber llevado a cabo las primeras investigaciones oficiales. La historia es tan divertida y presenta tantos paralelismos con las actividades más modernas de la Fuerza Aérea de los EE.UU. que no puedo resistir al placer de reproducirla aquí.

El 24 de septiembre de 1235, siete siglos antes del nuestro, el general Yoritsume se encontraba acampado con su ejército, cuando unos centinelas observaron en el cielo unas fuentes misteriosas de luz que se desplazaban de un lado para otro a gran velocidad. El sorprendente espectáculo duró hasta el amanecer. El general Yoritsume ordenó que se procediera a un «examen científico profundo», como diríamos ahora, así que sus colaboradores se pusieron rápidamente manos a la obra. En muy poco tiempo, hicieron su informe: «El fenómeno es totalmente natural, general», dijeron. «Sólo es el viento que hace que las estrellas se muevan.» Yusuke J. Matsumura, de Yokohama, me explicó esta historia. Fue él quien me dijo con tristeza: «¡Los estudiosos que forman parte de la nómina del gobierno siempre han establecido informes ambiguos de este tipo!».

Los fenómenos celestiales parecen haber sido tan corrientes en el cielo del Japón de la Edad Media que influyeron directamente en los acontecimientos de los hombres. Así, los levantamientos y las perturbaciones sociales de toda índole se relacionaron frecuentemente con apariciones celestiales. Los campesinos japoneses tenían la desagradable tendencia de interpretar cualquier «señal del cielo» como un indicio de la aprobación acordada por los poderes celestes a sus revueltas y a sus reivindicaciones contra el sistema feudal o contra las invasiones extranjeras. De aquí sacaban como conclusión la certeza de que sus rebeliones se verían coronadas por el éxito. Se puede citar un buen número de ejemplos de acontecimientos semejantes. Por ejemplo, el 12 de septiembre de 1271, el famoso sacerdote Nichiren estaba a punto de ser decapitado en Tatsunokuchi, Kamakura, cuando en el cielo apareció un objeto volador semejante a una luna llena, luminoso y brillante. Aquel fenómeno provocó el pánico de las autoridades, que suspendieron la ejecución.

El 3 de agosto del año 989, durante un período de grandes perturbaciones sociales, se observaron tres objetos redondos que despedían un intenso brillo y que después se fusionaron en uno solo. En el año 1361, un objeto volador con la forma de un «tambor», de unos seis metros de diámetro, sobrevoló una isla situada al oeste de Japón. El 2 de enero de 1458, atravesó el cielo un objeto brillante parecido a una luna llena; a esta aparición le siguió la de una serie de «signos extraños». Dos meses más tarde, el 7 de marzo de 1458, aparecieron cinco estrellas, formando un círculo alrededor de la luna.Después de cambiar tres veces de color desaparecieron. Los jefes, profundamente perturbados, creyeron que aquel signo anunciaba grandes problemas en todo el país. Diez años más tarde, el 8 de marzo de 1468, un objeto sombrío que hacía «el ruido de una rueda» partió volando a media noche desde el monte Kasugaen dirección oeste.

El 3 de enero de 1569, por la noche, una estrella en llamas apareció en el cielo. También se creyó que anunciaba cambios profundos, como la caída de la dinastía Chou. En los siglos XVII y XVIII, también tuvieron lugar fenómenos semejantes. Por ejemplo, en mayo de 1606, un gran número de bolas de fuego iluminaron el cielo de Kyoto. Unos días después, un grupo de samurais observaron una bola de fuego en el cielo, semejante a una rueda roja, que sobrevoló durante unos instantes el castillo de Nijo. Al día siguiente por la mañana, toda la ciudad comentaba temerosa aquel extraño fenómeno, que también se interpretó como un «presagio».

Un día de septiembre de 1702, a mediodía, el sol se puso de color sangre y permaneció así durante varios días seguidos. Este parecía despedir hilos de algodón, fenómeno que nos trae a la memoria las observaciones «milagrosas» que tuvieron lugar en 1917 en Fátima, Portugal.

El caos cundió sobre todo Japón el 2 de enero de 1749 cuando tres objetos redondos «como la luna» sobrevolaron el país durante cuatro días. Como consecuencia, estallaron numerosas perturbaciones sociales, que necesitaron de la intervención del gobierno. Los que participaron en las turbas fueron ejecutados. Pero la confusión llegó a sus más altos límites cuando en el cielo aparecieron tres «lunas» alineadas, y algunos días más tarde, dos «soles».

Indudablemente, en este caso se trataba de fenómenos atmosféricos naturales, espejismos que los japoneses interpretaron incorrectamente dado el contexto de rebelión que entonces existía. Sin embargo, considerado todo esto en perspectiva, es imposible disociar las observaciones pertinentes de la interpretación debida a la emoción. Lo que importa aquí es el vínculo existente entre ciertos fenómenos inusuales, observados o imaginados, y el comportamiento de los testigos.

Estos relatos pueden afectar a las vidas de muchas personas al mostrar escenas que van más allá de su comprensión.

Basta con examinar brevemente las leyendas de Europa Occidental para darse cuenta de que en esta época corrían rumores semejantes respecto a objetos voladores y a manifestaciones sobrenaturales. Así, Pierre Boaistuau escribía lo siguiente en el siglo XVI:

La faz del cielo ha sido desfigurada tan frecuentemente por cometas barbudos y peludos, por antorchas, llamas, columnas, lanzas, escudos, dragones, lunas, soles múltiples y otras cosas del mismo género, que si uno quisiera contar los fenómenos acontecidos desde el nacimiento de Jesucristo y buscar las causas de su origen, la vida de un hombre no sería suficiente.

De acuerdo con la edición de 1524 del mismo libro, he aquí lo que se produjo a algunos kilómetros de Tubingin, en Alemania, el 5 de diciembre de 1577 a las siete de la mañana:

Un grupo de nubes negras, como las que aparecen cuando hay una gran tormenta, se posaron alrededor del sol; poco después, aparecieron más nubes, unas de fuego y sangre, y otras amarillas como el azafrán. Entonces, las nubes comenzaron a despedir intensas reverberaciones con la forma de sombreros, grandes, altos y largos. Como consecuencia, la tierra se volvió amarilla y sangrienta, y quedó cubierta por innumerables sombreros altos y grandes que adquirieron distintos colores tales como el rojo, el azul, el verde y el negro.

Es particularmente interesante observar que estos informes de objetos celestes están ligados frecuentemente a la descripción de criaturas extrañas, cosa que es comparable a los aterrizajes de ovnis en nuestros días.

Como que estos rumores han intrigado a numerosas personalidades de la Iglesia católica romana, quizá estaría bien mencionar una cita sacada de la vida de san Antonio, nacido en Egipto, fundador de la orden monástica cristiana que lleva su nombre y que vivió trescientos años después de Jesucristo. En el desierto, san Antonio se encontró con un ser extraño de pequeña estatura, que salió despavorido después de haber intercambiado con él una breve conversación:

En un valle pequeño y rocoso, cerrado por todas partes, vio a un enano de hocico refunfuñante, con cuernos en la frente y extremidades semejantes a las patas de las cabras. Cuando el santo se preparaba para un combate doble, físico y espiritual, la criatura le ofreció una fruta y le dijo: «Soy un ser mortal, uno de los habitantes del desierto de los cuales abusaron los gentiles asignándolos a un culto erróneo de formas variadas bajo los nombres de faunos, sátiros e incubos. He sido enviado para representar a mi tribu. Le rogamos que solicite en nuestro nombre el favor de Vuestro Señor y el nuestro, el cual, hemos sabido, vino una vez para salvar al mundo y cuya voz ha penetrado toda la tierra». Antonio lloró de dicha después de oír aquellas palabras.

Se dice que bajo el reino de Constantino esta visión fue confirmada al ser capturado un ser semejante: un hombre de este tipo fue conducido vivo a Alejandría y mostrado al pueblo como un espectáculo maravilloso. Más tarde, para evitar que su cadáver se pudriera como consecuencia del calor, fue puesto en conserva en sal y fue llevado a Antioquía para que el emperador pudiera verlo.

Una vez más nos vemos confrontados aquí con un relato cuya veracidad no puede ser verificada: las vidas de los primeros santos están repletas de milagros que deben ser considerados más como narraciones de índole literaria o espiritual que como datos científicos. Lo importante es que los textos religiosos de base contienen una materia que, por así decirlo, otorga cartas de nobleza a una categoría de seres que muchos creen que son de origen sobrenatural. Los detalles y la terminología de las observaciones tienen poca importancia aquí. En el relato de san Antonio, el ser extraño es llamado sátiro o enano, indistintamente, y él mismo nos dice que los gentiles empleaban también las palabras de fauno o incubo. San Jerónimo, por su parte, habla de un «hombre de esta especie». Nos veremos confrontados con la misma confusión a lo largo de todo este estudio de las leyendas antiguas. En el relato anterior, sin embargo, queda claro que para san Antonio la criatura no es ni ángel ni demonio. Si hubiera sido así, ¡la hubiera reconocido inmediatamente!

En el *Surya Siddhanta*, libro hindú de astronomía primitiva que fue escrito hace veinte siglos, podemos leer que «bajo la luna y por encima de las nubes habitaban los *siddhas* (hombres perfectos) y los *vidyaharas* (los poseedores de la sabiduría)». De acuerdo con el escritor australiano Andrew Tomas, la tradición hindú sostenía que los Siddhas eran capaces de hacerse «muy pesados a voluntad o también ligeros como una pluma, así como de atravesar el espacio y desaparecer».

En los escritos de Agobardo, arzobispo de Lyon, hay también relatos relativos a seres que atraviesan el cielo y aterrizan. Agobardo, nacido cerca de Narbona hacia el 779, llegó a Lyon a la edad de veinte años y se convirtió en arzobispo a los treinta y siete. Cuando murió, en el 840, «como uno de los prelados más célebres y más sabios del siglo XIX», dejó un relato muy interesante de un incidente particularmente significativo:

> Muchos hombres inmersos en una gran estupidez creen que existe una región llamada Magonia, en la que las naves viajan entre las nubes para llevar hasta este lugar los frutos de la tierra que han sido destruidos por el granizo y las tempestades; los marinos pagan gratificaciones a los brujos de la tormenta y reciben a cambio trigo y otros productos. Entre esa gente ciega por la locura, he visto a cuatro personas maniatadas, tres hombres y una mujer, que afirmaban haber caído de esas naves. Después de permanecer en cautiverio, estas fueron conducidas ante la muchedumbre, en presencia nuestra, para ser lapidadas, pero finalmente la verdad venció.

El lector encontrará en un anexo un estudio más detallado del relato de san Agobardo.

En las páginas siguientes, veremos que los ocultistas dan una interpretación diferente del mismo incidente.

LOS SIETE VISITANTES DE FACIUS CARDAN

Durante toda la Edad Media, existió una corriente importante de pensamiento, distinta de la religión oficial, que se intensificó con los trabajos de los alquimistas y los hermetistas. En el seno de esos grupos, figuraron algunos sabios modernos de primera fila y algunos hombres notables por la independencia de su pensamiento y por su vida venturosa, tales como Paracelso y John Dee. La naturaleza de los seres que aparecían misteriosamente vestidos con trajes brillantes o cubiertos de pelos intrigó sobre manera a estos hombres. Fueron los primeros en relacionar a estos seres extraños con las criaturas descritas en la Biblia y en las obras de los primeros cabalistas. Según los bibliógrafos, la jerarquía celeste comprende seres de forma humana llamados querubines, nombre que en hebreo significa «lleno de sabiduría». Ezequiel los describió en los términos siguientes:

> Aparecían como carbones en llamas, incandescentes, y como antorchas; iban y venían entre los vivos; y el fuego era una irradiación de la que salían relámpagos.

Estas criaturas misteriosas que atraviesan el cielo y la tierra en sus «naves de las nubes», a pesar de la autoridad de Agobardo, ¿son de la misma raza que los ángeles?, se interrogaban los filósofos antiguos. No, porque son mortales. El libro de Montfaucon de Villars, titulado *Propósitos sobre las ciencias secretas*, señala lo siguiente:

> Los hebreos tenían la costumbre de llamar a estas criaturas que se encuentran entre los ángeles y los dioses *sadaim*, mientras que los griegos, invirtiendo las letras y agregando una sílaba, las llamaban *daimonas*. Los antiguos filósofos consideraban que estos demonios formaban parte de una raza aérea, que regía los elementos. Eran mortales y podían engendrar.

Plutarco escribió una teoría completa sobre la naturaleza de esos seres. De acuerdo con A. H. Clough:

> Encuentra absurdo que no haya punto medio entre los dos extremos: uno inmortal y el otro mortal; que no pueda haber en la naturaleza una falta tan grande, sin que

haya un tipo de vida intermedia que tenga cosas de los dos. Por tanto, como que encontramos que el vínculo entre el alma y el cuerpo es realizado por el espíritu de los animales, del mismo modo entre la divinidad y la humanidad existe esta raza de demonios.

No es sorprendente entonces constatar que los «filósofos» esotéricos no estén de acuerdo con la naturaleza de los tres hombres y la mujer que fueron capturados por la turba en Lyon:

> El famoso cabalista Zedequías, que vivió bajo el reino de vuestro Pepino, se puso a la cabeza con el fin de convencer al mundo de que los elementos estaban habitados por esa gente cuya naturaleza acabo de describir. De ahí que decidiera aconsejar a los silfos que se mostraran a todo el mundo en el aire, lo que hicieron de forma suntuosa.
>
> ¿Qué fue lo que sucedió? La gente creyó inmediatamente que los brujos se habían apoderado del aire con el fin de levantar tempestades y hacer caer granizo sobre sus cosechas. Los sabios teólogos y juristas rápidamente adoptaron la misma opinión que la masa. El emperador también lo creyó; y esta quimera ridícula fue tan lejos que el sabio Carlomagno, y después de él Louis Debonnaire, impuso fuertes multas a todos estos supuestos Tiranos del Aire.

He aquí ahora un relato de contacto directo que saco del mismo libro *Propósitos sobre las ciencias secretas*:

> Los silfos, después de comprobar el alarmismo que provocaba su presencia entre el populacho, los pedantes e incluso las cabezas coronadas, decidieron disipar la mala opinión que la gente tenía de ellose. Pusieron en marcha un plan. La multitud que vio descender a esos hombres llegó corriendo de todas partes, convencida de antemano de que no eran más que brujos que habían abandonado a sus compañeros para envenenar las frutas y las cosechas. Llevada por el frenesí suscitado por tales fantasmagorías, se apresuró a torturarlos. Es increíble la cantidad de aquellos que sufrieron la muerte por el fuego y el agua en todo el reino.

El caso más asombroso fue el rapto de cuatro personas y su posterior liberación:

> En Lyon, una mañana descendieron tres hombres y una mujer de una de estas naves aéreas. Toda la ciudad se reunió alrededor de ellos creyendo que eran unos magos enviados por Grimaldo, duque de Benevento, enemigo de Carlomagno, con el fin de destruir las cosechas.

Paracelso, en un tratado titulado *¿Por qué esos seres se nos aparecen?*, propone esta ingeniosa teoría:

> Cada cosa que Dios crea se manifiesta al hombre tarde o temprano. A veces Dios lo enfrenta con el diablo y los espíritus para convencerlo de su existencia. De lo alto del cielo, envía también a los Ángeles sus Servidores. Así, estos seres se nos aparecen no para quedarse entre nosotros y unirse a nosotros, sino para que podamos comprenderlos. A decir verdad, estas apariciones son poco frecuentes. Pero, ¿por qué había de ser de otra manera? ¿No es suficiente que uno de nosotros vea a un Ángel para que todos nosotros creamos en otros Ángeles?

Paracelso nació en 1493, el mismo año en que Facius Cardan hacía constar la aparición de siete visitantes extraños parecidos a las criaturas que habían intrigado tanto al gran filósofo. Esta declaración fue incluida en los escritos de su hijo Jerónimo Cardan (1501-1576), famoso matemático.

Jerónimo Cardan vivió en Milán y, además de matemático, fue ocultista y físico. En su libro *De Subtilitate*, Cardan explica que frecuentemente oía a su padre contar esta historia, que es como sigue:

> Trece de agosto de 1491. Después de cumplir con los ritos habituales, cerca de la veinteava hora del día, siete hombres se aparecieron ante mí vestidos con trajes sedosos parecidos a las togas de los griegos y calzados igualmente con zapatos brillantes. Los trajes que llevaban bajo el peto brillante y rojo, que eran de una belleza extraordinaria, parecían tejidos de escarlata. Sin embargo, no todos iban vestidos de la misma manera, sino solamente aquellos que parecían pertenecer a un rango más noble que los demás. El mayor, de cara rolliza, estaba acompañado por dos camaradas, y el segundo, de cara más clara y de estatura más pequeña, por tres camaradas. En total eran siete. No recuerdo si llevaban las cabezas cubiertas. Debían tener unos cuarenta años más o menos, pero no aparentaban más de treinta. Cuando les preguntó quiénes eran, dijeron que eran hombres hechos de aire y sometidos al nacimiento y a la muerte. Es cierto que su vida era más larga que la nuestra (podían vivir hasta trescientos años). Interrogados sobre la inmortalidad de nuestra alma, afirmaron que al individuo no le sobrevive nada que sea personal.

El episodio más remarcable de esta conversación tuvo por tema la cosmología:

> Cuando les preguntó sobre la causa del universo, se mostraron en total desacuerdo. El mayor de ellos negó que Dios hubiera creado el mundo para toda la eternidad. El otro añadió que lo estaba creando poco a poco, de manera que si cesaba en su trabajo, aunque sólo fuera por un instante, el mundo perecería... Ya sea hecho o fábula, así es.

Casi tres siglos más tarde, en septiembre de 1768, un chico de dieciséis años observó un objeto extraño y luminoso mientras se dirigía en carruaje des Frankfurt hacia la Universidad de Leipzig. En el coche viajaban dos pasajeros más. La mayor parte del viaje tuvo lugar bajo una intensa lluvia. Este hecho provocó que en las cuestas los viajeros tuvieran que apearse del carruaje para que este pudiera subir. En una de esas paradas, nuestro protagonista observó el extraño objeto:

> De repente, en una ensenada, a la derecha del camino, vi una especie de anfiteatro maravillosamente iluminado. En un espacio con forma de tubo, brillaban intesamente un número incalculable de pequeñas luces, alineadas unas sobre otras. Pero lo más inquietante de la visión era que las luces no permanecían inmóviles ni un segundo, sino que se desplazaban en todas las direcciones. Sentí mucho tener que abandonar aquel maravilloso espectáculo, que hubiera querido observar más de cerca, para continuar el viaje. Queda por saber si se trataba de un pandemónium de duendes o una asamblea de criaturas luminosas; no podría decidir.

El joven en cuestión era Goethe. Esta descripción se puede encontrar en el sexto libro de su autobiografía según Kenneth Anger, realizador de cine y sabio ocultista a quien debo este descubrimiento tan interesante. El poeta y hombre de ciencias alemán ¿habría podido saber más sobre estas «criaturas luminosas» si hubiera vivido en el siglo xx? Si Paracelso y Cardan volvieran, ¿encontrarían nuevos materiales para sus teorías sobre la naturaleza de esas razas extrañas y fugitivas de seres provenientes del cielo? Podemos adelantar con certeza que su atención se dirigiría inmediatamente a los archivos de aterrizajes de ovnis y abducciones de hombres.

EL REGRESO DE LOS HUMANOIDES

Una noche de enero de 1958, una mujer, cuyo nombre no estoy autorizado a publicar, conducía muy prudentemente su coche por una autopista del estado de Nueva York, cerca de las cataratas del Niágara, bajo una intensa tormenta de nieve. Eran exactamente la 1.30 de la mañana. La señora iba a ver a su hijo, que en aquel entonces se encontraba realizando el servicio militar. Temiendo que la autopista estuviera cerrada más adelante a causa del mal tiempo, decidió salirse de ella. La visibilidad era extremadamente mala. Entonces, sin tiempo a reflexionar, vio ante sí un objeto parecido a un avión:

> A través del cristal del coche, vi un objeto de unos quince metros de alto, completamente iluminado. El motor del coche se detuvo. Me asusté y traté desesperada-

mente de ponerlo otra vez en marcha. Los faros también se apagaron. Lo primero que se me pasó por la cabeza fue salir del vehículo para comprobar lo que pasaba. Entonces vi dos formas, con cuatro patas, una cola y dos antenas como brazos en la cabeza. En cuestión de segundos, los misteriosos seres desaparecieron de mi vista. Únicamente pude ver cómo el objeto se alejó de allí a gran velocidad. De repente los faros se encendieron. Puse el coche en marcha y me desplacé hasta el lugar de los hechos. Me bajé del vehículo y caminé unos metros con una linterna. Entonces descubrí un hueco grande de unos treinta centímetros de ancho en el que la nieve se había fundido: incluso podía ver la hierba que había debajo.

La mujer contó la historia a su familia, que no se la creyó. Entonces escribió a Otto Binder, quien me la explicó a mí.

Lo que deja más perplejo en este relato no es tanto lo que describe sino el hecho de que esas historias se repitan de manera habitual en todo el mundo desde el año 1946.

Para el físico, como es natural, parecen increíbles, tan increíble como sería para un biólogo el enano encontrado por san Antonio. Sin embargo, se han registrado relatos similares acompañados de huellas materiales difíciles de poner en duda.

En el famoso incidente de Socorro, en Nuevo México, un policía, Lonnie Zamora, declaró haber visto a dos pequeños seres vestidos de blanco cerca de un objeto brillante con forma de huevo que se apoyaba sobre cuatro patas; unos segundos después, la máquina despegó en medio de un ruido estruendoso y se alejó sigilosamente. El incidente tuvo lugar el 24 de abril de 1964. La policía local y un agente del FBI hicieron mediciones interesantes de las marcas dejadas por el objeto. Aquí también encontramos un tipo de emoción que nos recuerda extrañamente el de las escenas medievales de las que hemos hablado: el testigo del caso de Socorro, al ser interrogado por los investigadores de la Fuerza Aérea de los EE.UU., estaba tan poco convencido de haber observado una máquina construida por el hombre que pidió ver a un sacerdote antes de realizar su declaración a las autoridades.

Y luego, naturalmente, está el relato de la familia de Kentucky que afirma haber sido asaltada por varios «hombres pequeños» de aspecto completamente fantástico. Este incidente tuvo lugar durante la noche del 21 de abril de 1955 y dio pie a numerosas y extrañas observaciones sobre el comportamiento de los «visitantes». Desde su granja, vieron acercarse a una criatura con las dos manos levantadas. Cuando el intruso se acercó hasta unos seis metros aproximadamente, dos de los testigos dispararon contra él. Entonces, este «dio un salto» y desapareció en la oscuridad. Unos minutos más tarde, lo volvieron a ver a través de la ventana y de nuevo dispararon contra él. Otra criatura, que se encontraba en el techo, recibió el impacto de una bala, pero en vez de caer violentamente al suelo, lo hizo lentamente, como si flotara.

Las entidades tenían una cabeza bastante grande, casi redonda, y unos brazos muy largos que terminaban en unas enormes manos provistas de garras. Vestían una especie de traje de aluminio brillante, que recuerda el de los silfos de 1491. Sus ojos eran muy grandes y daban la sensación de ser muy sensibles, de ahí que se acercaran a la casa por el lugar más oscuro. Los ojos no tenían ni pupila ni párpados. Eran mucho mayores que los de los humanos y estaban situados a los lados de la cabeza. Las criaturas caminaban a dos patas, pero, según los testigos, cuando las apuntaban con la escopeta, rápidamente se ponían a cuatro patas y corrían a toda velocidad.

El 10 de septiembre de 1954, en Quaruble, un pequeño pueblo francés situado cerca de la frontera con Bélgica, alrededor de las 10.30 de la noche, Marius Dewilde vio una masa sombría sobre la vía del tren y, a continuación, oyó ruido de pasos. Entonces encendió su linterna y descubrió ante él a dos seres vestidos con lo que parecían ser unos pesados trajes de submarinista y grandes cascos. Tenían unos hombros muy anchos. Dewilde no les vio los brazos. Medían algo más de un metro. Rápidamentes, se dirigió hacia ellos con intención de bloquearles el camino, pero antes de que pudiera dar un paso fue paralizado por una luz que salió del extraño objeto. Cuando volvió a recuperar el control de su cuerpo, los dos visitantes habían partido en su nave.

De esta observación clásica no se explicaron algunas cosas en aquel entonces. Así, sabemos que los investigadores civiles franceses que estudiaron el caso cooperaron estrechamente con la policía local, pero no se dijo que también estuvieron en el lugar de los hechos representantes de la Policía del Aire provenientes de París. Tampoco se dijo que la policía local no tuvo acceso a los análisis que se llevaron a cabo con las piedras calcinadas que encontraron en el lugar en que Dewilde había visto el platillo. El jefe de la policía local declaró al respecto:

> El organismo oficial que trabaja en conjunto con la Policía del Aire pertenece al Ministerio de Defensa Nacional. El nombre de ese Ministerio ya excluye de por sí cualquier comunicación sea cual sea.

El 19 de noviembre de 1954, la policía confirmó que Dewilde había hecho una segunda declaración respecto al objeto que había visto «al lado de su casa». La policía dijo:

> Dewilde y su familia decidieron, por temor a una publicidad mal encaminada, no decir nada a nadie respecto al segundo acontecimiento. De ahí que ninguno de los periódicos locales mencionara nada.

Además, hizo saber a los investigadores civiles que a partir de ese momento mantendría en plan confidencial cualquier información referente a tales incidentes.

Sin embargo, continuaron saliendo a la luz nuevos informes, algunos de los cuales habrían hecho feliz a Paracelso. El 14 de octubre de 1954, un menor llamado Starovsky afirmó haber visto en un camino de la campiña cerca de Erchin (igualmente en el norte de Francia) a un ser extraño de pequeña talla y voluminosa figura, con unos grandes ojos oblicuos y un cuerpo cubierto de piel de animal. El enano, que medía algo más de un metro, tenía una cabeza voluminosa y llevaba un casquete marrón. Los ojos exorbitados tenían un iris muy pequeño. La nariz era plana; los labios, gruesos y rojos. El testigo no vio a la criatura salir de un platillo volador o entrar en él. El ser extraño no llevaba ningún tipo de aparato para respirar. La criatura desapareció en un abrir y cerrar de ojos.

Seis días más tarde, el 20 de octubre de 1954, en Parravici d'Erba, cerca de Como, en Italia, un hombre acababa de meter su coche en el garaje cuando vio a un ser extraño vestido con un traje luminoso, de algo más de un metro de alto, que estaba apostado en un árbol. Según este, la criatura lo inmovilizó con un rayo que lanzó de una especie de antorcha; sin embargo, el movimiento que hizo de cerrar el puño con el que sostenía las llaves del garaje lo liberó. Entonces, dio un salto hacia delante para atacarlo pero este se elevó del suelo y salió volando como un torbellino silencioso. El narrador de esta historia increíble, de treinta y siete años de edad, es una persona de una gran fiabilidad. Llegó a su casa en un estado de abatimiento tal que tuvo que acostarse preso de una fuerte fiebre. Una investigación de la policía italiana permitió obtener más detalles sobre este caso.

Once años más tarde comenzó una nueva ola de avistamientos. El 1 de julio de 1965, Maurice Masse, un campesino francés que vivía en Valensole, oyó un ruido muy poco común mientras trabajaba con su tractor. Se giró y vio una máquina posada sobre la lavanda. Creyendo que se trataba de un nuevo prototipo de avión, se dirigió hacia ella con la intención de decirles a los pilotos que buscaran otro lugar de aterrizaje. Cuando se acercó hasta unos seis metros de la máquina, pudo comprobar que no era ningún avión.

El objeto tenía la forma de un huevo, con una cabina redonda sostenida por seis pies delgados y un pivote central, y no era más grande que un coche. Delante, dos pilotos parecían examinar una planta. Vestían un traje de una sola pieza que combinaba el color verde y el gris. A la izquierda del cinturón llevaban enganchado un pequeño aparato parecido a un encendedor rectangular y a la derecha, otro más grande. Los pilotos medían algo más de un metro. Sus ojos eran como los nuestros; en cambio, sus cabezas eran mucho más grandes. Prácticamente no tenían boca, sólo una pequeña obertura sin labios. No llevaban ningún aparato de respiración, ni casco, ni guantes. Sus manos eran pequeñas y normales. Sólo cuando Masse estuvo muy cerca de ellos, parecieron tomar conciencia de su presencia: sin el menor signo de miedo o sorpresa, uno de los «pilotos» esgrimió un pequeño aparato y apuntó en dirección a Masse, quien de pronto quedó paralizado.

Las dos entidades observaron a Masse e intercambiaron algunas impresiones en una especie de murmullo. Aquellos sonidos salían de su garganta, insistió el testigo, pero sus bocas no se movían. Sus ojos tenían una expresión humana. En privado, Masse me confió que en ningún momento tuvo miedo y que aquellos seres habían mostrado hacia él más curiosidad que hostilidad.

Un minuto después, según Masse, las misteriosas criaturas entraron en su nave −este podía verlas a través del cristal de la cabina− y se alejaron a la velocidad de un reactor.

Interrogué detenidamente al testigo respecto a este último punto. Este únicamente me dijo que «en un instante el objeto estaba allí y al instante siguiente ya no estaba». Masse se quedó solo, paralizado.

La palabra «paralizado» no es la que se debería utilizar en relación con incidentes de este tipo. Masse dijo que estuvo consciente durante toda la escena. Sus funciones fisiológicas, tales como la respiración y las pulsaciones del corazón, no se vieron alteradas en ningún momento. Sin embargo, no podía moverse. Fue entonces cuando tuvo un poco de miedo. Solo, incapaz ni siquiera de pedir auxilio, Masse pensó que iba a morir. Pero unos veinte minutos después comenzó gradualmente a recuperar el control de sus músculos y pudo regresar a su casa.

Durante las semanas siguientes al incidente, Masse estuvo sumido en un estado profundo de somnolencia. Todos sus conocidos, así como los investigadores, observaron que tenía tantas ganas de dormir que incluso le costaba trabajo mantenerse despierto más de cuatro horas seguidas. Esto es también otro signo característico poco conocido de los casos en los que el testigo observa los acontecimientos de cerca. Para Masse, que estaba acostumbrado a trabajar «desde que sale el sol hasta que se pone», esto fue una consecuencia impresionante e inquietante de su experiencia. Además, debido a la publicidad que se le dio al caso, miles de turistas visitaron el campo de Masse para ver las marcas dejadas por la máquina. Debo precisar que Masse era respetado por todos los que lo conocían: antiguo combatiente de la resistencia francesa, era también un campesino concienzudo y dichoso en sus negocios. Los gendarmes que se ocuparon del caso bajo la dirección del capitán Volnet, de la ciudad de Digne, no pusieron nunca en duda su honestidad. Sin embargo, la historia que nos cuenta este hombre es, además de fantasiosa, absolutamente increíble.

¿Qué impresión le causaron los visitantes a Masse? Por alguna razón, sabe que no querían hacerle daño. En ningún momento se comportaron de manera hostil, sino más bien con una gran indiferencia. Durante ell largo minuto que duró el incidente, Masse pudo deducir que aquellos seres extraños eran «buenos», lo que fue incapaz de justificar porque no podía comprender nada de su extraño lenguaje.

La historia es fantástica. Nos trae a la memoria el relato que Barney y Betty Hill hicieron bajo hipnosis de su rapto en New Hampshire. A su regreso de sus vacaciones en Canadá, en septiembre de 1961, vieron una extraña luz encima de las Montañas Blancas que se acercaba hasta ellos a gran velocidad. Unos instantes después, se encontraban cien kilómetros más al sur. Ignoraban cómo habían llegado hasta allí. Bajo hipnosis, recordaron que fueron abducidos por unos seres pequeños, que los condujeron a su nave, donde los sometieron a un examen «médico». En el relato se describían a unas entidades cuyas expresiones eran casi humanas, que se comunicaban con un leguaje extraño y que mostraban una gran confianza. No había la más mínima impresión de que el incidente hubiera tenido un objetivo determinado o que hubiera sido objeto de un plan preparado inteligentemente. Para un psicólogo es un hecho de considerable interés constatar que las entidades están dotadas de una gran capacidad para huir y que su comportamiento pone en evidencia la misma ignorancia de las leyes de la lógica o de la física, como si fuera el reflejo de un sueño, de los monstruos de nuestras pesadillas y de las brujas de nuestra infancia. Sin embargo, sus máquinas indudablemente dejan huellas profundas en el suelo, de acuerdo con los observadores que estaban perfectamente despiertos para darse cuenta de lo que veían. Tales huellas han sido fotografiadas y medidas en centenares de casos.

¿Qué significa todo esto? ¿Cómo se pueden reconciliar hechos aparentemente tan contradictorios? ¿Tiene algún sentido tratar de buscar interpretaciones pertinentes conforme a nuestro nivel de inteligencia en el comportamiento de una raza que quizá es superior a la nuestra? Más verosímilmente, ¿no encontraremos en sus acciones nada más que datos incoherentes e imágenes desordenadas como lo haría un perro si se encontrara en presencia de fórmulas matemáticas escritas en la pizarra de un físico? Si es así, solamente después de que emerjan conceptos nuevos en nuestra conciencia «descubriremos» verdaderamente el significado de su presencia en nuestro medio ambiente. Y si una raza superior genera lo que ahora observamos como fenómeno ovni, ¿no es precisamente con el propósito de cambiar el curso del destino humano, poniendo en evidencia nuestros límites en el reino de la técnica así como en el de la inteligencia?

Hijos de lo desconocido: si no son reales, ¿debemos considerar esos rumores como una señal de que algo ha cambiado en la imaginación humana, trayendo a la luz, bajo una perspectiva nueva, ciertas áreas hasta ahora desconocidas de nuestro «inconsciente colectivo»? Quizá no son otra cosa que los hijos de nuestra imaginación, y nuestro amor por ellos no es acaso semejante al que tenemos por Batman y Cenicienta. Pero también pueden ser reales. La ciencia moderna rige solamente un universo restringido, una variación particular de un tema infinito.

Es importante comprender a qué necesidad responden estas imágenes y por qué esta comprensión es al mismo tiempo tan exaltante y tan desconcertante para nosotros. Ese es el tema de este libro.

II

Discos alados y galletas crujientes

Hemos dicho ya que existe cierto parelelismo entre las observaciones de ovnis modernas y las tradiciones tan antiguas como el mundo mismo que ponen en evidencia a entidades espirituales. Pero, ¿qué vínculo puede haber entre estas historias? ¿Estamos seguros de que se trata de una continuidad verdadera del resurgimiento de una misma corriente «subterránea»? En este capítulo, vamos a penetrar aún más en el análisis de estas historias y a trazar paralelismos precisos entre las observaciones físicas de los tiempos antiguos y las de los «encuentros cercanos» modernos. Estas manifestaciones físicas son diversas. La forma de los objetos voladores, la representación como «discos alados», los seres que les están asociados, los rayos de luz que estos pueden manipular, la modificación de la percepción del tiempo transcurrido y las características particulares de la interacción entre los testigos humanos y las entidades. Frecuentemente, el diálogo tiene una cualidad absurda de transmitir no un hecho real sino una verdad superior, simbólica. Y este carácter absurdo se puede aplicar también a los objetos intercambiados con los visitantes e incluso a las huellas físicas que dejan: círculos de hierba aplastada, suelo quemado, áreas de presión extrema. No podremos comprender el fenómeno hasta que hayamos encontrado una explicación clara de estos elementos y hayamos reconocido que ya existían en los relatos de la Antigüedad y de la Edad Media.

UN HECHO UNIVERSAL

Si el fenómeno ovni esconde una realidad al mismo tiempo física y psíquica, y si manipula el espacio y el tiempo de una manera que nuestros conceptos científicos son incapaces de describir, ¿existe alguna razón válida para decir que sus efectos están limitados a nuestra cultura o a nuestra generación? Ya hemos observado que ningún país ha tenido el privilegio exclusivo de estas manifestaciones. Ahora llevemos un poco más lejos el razonamiento: si el fenómeno ovni no está vinculado a una condición particular social de nuestra época ni a acontecimientos tecnológicos específicos, entonces puede representar un hecho universal. Puede haber existido, bajo una forma u otra, desde que la raza humana existe sobre este planeta. Nuestras teorías históricas explican mal los hechos que han tenido lugar en los tiempos antiguos. Desde comienzos del siglo II a.C. hasta la caída del Imperio romano, las elites intelectuales del mundo mediterráneo, impregnadas de racionalismo científico, se vieron confrontadas con un elemento irracional (frente al cual fracasaron muy a menudo) semejante al de las apariciones modernas de fenómenos inexplicados, elemento amplificado por el hecho de que su propia ciencia lo rechazó a la ligera. Pero este elemento en cada caso coincidió con la caída de una civilización antigua.

Aimé Michel, escritor científico francés, propone el escenario siguiente a propósito de este paralelismo: tomemos a uno de esos grandes pensadores de Alejandría, un hombre como Ptolomeo, astrólogo del siglo I d.C., instruido con los métodos tradicionales de Arquímedes, Euclides y Aristóteles. Imaginémoslo leyendo el Apocalipsis y otros escritos sobre el Armajedón. ¿Cuál sería su reacción? Levantaría pura y simplemente los hombros, dice Aimé Michel: «Jamás podría dar crédito a semejante revoltillo que describiría como locuras. Semejante escena se produjo seguramente miles de veces hacia finales de la Antigüedad. Y sabemos que siempre se produjo el mismo rechazo, la misma indiferencia, porque no tenemos ningún documento sobre un examen crítico de las doctrinas, ideas y afirmaciones de la contracultura que se expresó a través del Apocalipsis. Era demasiado absurda para llamar la atención de un lector de Platón. Poco tiempo, demasiado poco tiempo después, la contracultura triunfó y Platón fue olvidado durante un milenio. ¿Podría volver a producirse esto?».

Sólo un examen minucioso de los documentos antiguos puede salvarnos de los efectos de semejante miopía cultural. Entre todo tipo de objetos interesantes, los que nos llegan de Fenicia dan que pensar que la creencia en el «contacto» con seres superiores existía ya en la Antigüedad.

AMULETOS FENICIOS

Los manuales de historia nos enseñan que la civilización fenicia se estableció antes de las migraciones de los hebreos, cuando varias tribus semitas fundaron una serie de ciudades al borde del Mediterráneo: Tiro, Sidón, Trípoli, Biblos... Estas ciudades eran gobernadas o bien por un pequeño grupo, o bien por un rey. En la cumbre de su desarrollo, Fenicia se extendía hasta la parte de Siria que va desde Nahr Al Kabir (Eleutherus), al norte, hasta el monte Carmelo, al sur.

Uno de los eruditos más distinguidos de nuestra época en lo que concierne a Egipto y a Mesopotamia, Sir Alexander Wallis Budge, nos dice que los fenicios eran un pueblo literario. Contrariamente a la mayoría de los pueblos semitas, amaban el mar. Construían sus barcos con madera que extraían de sus inmensos bosques. Su trabajo era extremadamente refinado y sus mercaderes vendían sus productos en todo el mundo antiguo, en Europa, Asia, África y la India. En Babilonia, aprendieron el arte del teñido y, en Egipto, a soplar el vidrio. Utilizaban un sistema de pesas muy preciso. De sus creencias religiosas no se conoce gran cosa; tan sólo que los nombres de sus divinidades muestran influencias babilónicas, egipcias y griegas.

De sus prácticas rituales se sabe que sacrificaban a sus primogénitos en períodos de crisis, que mataban a los prisioneros de guerra en el altar de los dioses y que sus hijas sacrificaban su virginidad en los santuarios de Astarté. Por otro lado, los fenicios parece ser que adoptaron el tipo de amuletos mágicos empleados en Babilonia y en Asiria como protección. El Museo Británico alberga una colección de sellos cilíndricos de origen fenicio. Algunos de estos objetos, de los cuales Wallis Budge da ejemplos en su libro *Amuletos y supersticiones*, datan de varios siglos, probablemente de 300 a 400 años después de Jesucristo. Cinco de esos sellos representan un disco alado frecuentemente provisto de apéndices secundarios. Y saliendo de cuatro de esos discos podemos ver a unas figuras que la literatura arqueológica denomina «seres divinos». En cada escena, aparecen varias figuras humanas vestidas con trajes de ceremonia durante algún tipo de ritual.

El primer sello cilíndrico muestra a un héroe sosteniendo en cada mano la pata de una bestia alada. Una de las bestias tiene cuernos y cola. Encima del ser humano hay un disco alado, del que sale un dios («Ahura Mazda u otro dios asirio», escribe Wallis Budge).

En el segundo amuleto aparecen hombres-escorpión y símbolos sexuales. Podemos ver a dos criaturas extrañas, de sexo masculino evidentemente, con un disco alado encima de un árbol sagrado. A su derecha, hay un sacerdote; a su lado, otro hombre está a punto de sacrificar un animal extraño. En este amuleto también aparecen dos figuras divinas saliendo de un disco.

En el tercer amuleto, dos grandes figuras aladas, interpretadas clásicamente como «seres que llevan trajes con alas», rodean a un gran disco con patas. Debajo del disco, aparece un símbolo de relámpago o de rayo, y delante de este hay un hombre en posición de adoración. Un objeto indistinguible aparece suspendido encima del disco.

En el cuarto amuleto, aparecen una esfinge y una cabra a uno y otro lado de un árbol sagrado, por encima del cual planea un disco alado. Dos hombres llevan a cabo un ritual relacionado con esta escena.

En el último amuleto, dos de estos extraños personajes enanos que los eruditos denominan hombres-escorpión (a pesar de su evidente busto femenino en este sello) sostienen un «disco alado», del cual surgen las cabezas de tres seres divinos». Dos hombres están en posición de adoración ante el disco, debajo del cual hay un personaje extraño que se interpreta como «un dios con una gacela o una cabra bajo cada brazo».

Esta colección de objetos plantea serios interrogantes: la interpretación clásica de acuerdo con la cual el disco volador es simplemente una representación primitiva del sol o del alma deja que desear. ¿Es normal que de un disco volador (símbolo religioso muy extendido en la Antigüedad) salgan varios seres? ¿En qué contexto se pueden situar semejantes representaciones? Si el disco es interpretado como un símbolo mitológico relacionado con el cosmos (hecho que es sugerido por la abundancia de símbolos astrológicos en estos amuletos: estrellas, lunas crecientes), ¿se puede concluir con que la representación de un disco con patas extendidas estaría destinada a preservar el recuerdo de una visión, de una observación, de una máquina voladora capaz de aterrizar?

Tal hipótesis no responde a todos nuestros interrogantes, pero nos abre una perspectiva nueva de investigación sobre el simbolismo antiguo. Es curioso que la interpretación mejor aceptada sobre el símbolo en zigzag de algunos amuletos sea la de «un relámpago o un rayo». ¿Por qué un rayo habría de estar asociado a un disco alado y por qué estarían en posición de adoración tres hombres con ornamentos rituales? La escena sugiere un plan y un designio más bien que una aparición debida al azar de algún fenómeno puramente natural. Sugiere un contacto con una máquina voladora.

Igualmente fascinantes para los que estudian los casos de encuentros cercanos son las escenas en las que animales son conducidos al interior del disco. En uno de los casos se puede ver a una divinidad con un animal bajo cada brazo, escena que nos trae a la memoria los relatos de abducción de animales por parte de los ocupantes de los ovnis. Tres de los sellos cilíndricos muestran una escena más o menos similar: un disco situado encima de una estructura en el suelo bastante elaborada, un individuo en posición de adoración y otro sujeto con un animal con cuernos. Los seres mismos pueden ser clasifiacdos en varias categorías:

1. Los seres humanos que los asiriólogos llaman adoradores, sacerdotes, reyes, etc. A veces llevan trajes con alas.
2. Los dioses. Aparecen ya sea saliendo del disco, ya sea caminando al lado del disco. Llevan unos peinados muy elaborados, como en uno de los amuletos en el que una entidad parece llevar tres largas trenzas a cada lado de la cabeza.
3. Los hombres-escorpión, que únicamente en uno de los amuletos presentan atributos masculinos pronunciados, mientras que en los otros podríamos hablar más bien de mujeres-escorpión. Siempre aparecen sosteniendo un disco. Sería interesante saber de dónde viene la palabra «escorpión» en este contexto. Los hombres-escorpión miden alrededor de dos tercios de la altura de los hombres, que a su vez son más pequeños que los dioses. (El padre Douglas Price-Williams, de la Universidad de Los Ángeles, me hace saber que en la epopeya de Gilgamesh los hombres-escorpión eran los guardianes de la montaña del sol. El de la *Enuma Elish* babilónica era un monstruo nacido del caos al principio del mundo. Price-Williams añade: «Estas criaturas podrían entonces ser seres telúricos "ctónicos", en palabras de Jung».)
4. Diversos monstruos, tales como una criatura cornuda o una esfinge.

Resulta difícil interpretar la presencia de un disco volador en el contexto de una escena manifiestamente mágica que no tiene ninguno de los caracteres tradicionales de la religión fenicia. Sabemos que los fenicios tenían las mismas creencias que los hebreos sobre la supervivencia del alma, que enterraban a los muertos con gran cuidado y que sus sacrificios incluían muertes rituales y escenas de prostitución sagradas. Si es cierto que sus sellos están asociados con valores espirituales o religiosos, ¿por qué no nos muestran nada de todo eso? ¿Por qué, por el contrario, nos muestran discos alados que parecen venir del cielo, en los que viajan seres extraños que se llevan a los animales y que lanzan relámpagos? ¿Y por qué los humanos que aparecen llevan vestimentas especiales provistas de alas?

La representación de objetos voladores en la religión no se limita solamente a los fenicios. El símbolo es fundamental en los primeros tiempos de la Iglesia cristiana y se lo asocia con los ángeles. La teología cristiana no tiene mucho que decir sobre los ángeles, del mismo modo que la teología musulmana oficial mantiene una posición discreta sobre el tema de los genios. Sin embargo, existen algunos documentos raros que dan detalles sobre la naturaleza de estos seres. De acuerdo con el investigador japonés Y. Matsumura, en la Biblioteca Nacional de Leningrado existe una copia de la *Sophia*, que contiene el dogma de la Iglesia griega ortodoxa y que describe el proceso de comunicación entre Dios y los ángeles:

¿Cómo guía Dios a su ángel si el ángel no puede ver el rostro de su Señor? Un ángel tiene un objeto encima de los ojos sobre el cual reposa una nube sagrada. Tiene también un objeto para recibir los sonidos que lleva como un casco. Este objeto despide un ruido cuando un ángel recibe una orden de su señor indicándole a dónde debe ir. Entonces mira con viveza en el espejo que lleva en su mano y ve una instrucción proveniente de Dios.

Desafortunadamente, no he podido verificar directamente la existencia de ese documento ni la fidelidad de la traducción, pero coincide con un cierto número de pinturas, iconos y frescos que representan contactos entre Dios y sus mensajeros y entre los mensajeros y sus hombres. Durante mucho tiempo, la comunicación ha sido representada en pinturas más bien que en palabras, de ahí que no resulte sorprendente que haya muy pocas descripciones de tales contactos en el lenguaje escrito.

Estoy inclinado a hacer una interpretación literal más que puramente simbólica de las escenas que muestran los amuletos fenicios; también estoy tentado a aceptar como hipótesis de trabajo que en los tiempos antiguos existieron contactos a distancia entre la conciencia humana y otro tipo de conciencia que ha sido descrita de diversas maneras: como demoníaca, angélica o simplemente extranjera. Esto explicaría una buena parte del poder simbólico que en nuestra época está contenido en el concepto de «señales en el cielo». Esto daría cuenta del hecho que los ovnis actuales parecen presentar rasgos tanto arcaicos como futuristas (como en la representación del signo astrológico árabe de Venus sobre un objeto encontrado en Socorro, estado de Nuevo México, por el policía Lonnie Zamora) y al mismo tiempo explicaría la fascinación que siempre han ejercido sobre los pueblos de todos los países y de todas las razas las entidades extrañas llegadas «de arriba».

Como prueba de la constancia de estas observaciones y visiones, vamos a comparar la historia de los amuletos fenicios con la carta de una mujer que vio a un hombre-escorpión... en nuestra época.

EL HOMBRE-ESCORPIÓN DE OXFORD

Carta de una lectora británica:

> Durante la conferencia que pronunció Jacques Vallée en la Asociación de Arquitectos de Londres el 12 de diciembre de 1973, quedé sorprendida por una de las diapositivas que proyectó, que mostraba un sello fenicio con una esfera alada sostenida por dos criaturas que describió como «hombres-escorpión». Puede que haya visto un hombre como ese...

El incidente tuvo lugar durante el verano de 1968, a eso de las cuatro de la tarde. La señora en cuestión se dirigía en coche, acompañada de otra persona, desde Londres hasta un lugar cerca de Stratford para visitar a unos amigos, cuando vio un disco brillante en el cielo. Rápidamente, detuvo el vehículo para poder verlo mejor. El extraño objeto se desplazaba a gran velocidad de un lado para otro realizando difíciles maniobras. Unos minutos más tarde, otro conductor detuvo su coche con la misma intención. Finalmente, el objeto desapareció entre los árboles. Sin embargo, los momentos más significativos aún estaban por llegar:

> Durante el trayecto entre Burford y Stratford, comprendí cosas sorprendentes y nuevas para mí referentes a algo que no puedo describir más que como la Naturaleza de la Realidad. Estaban relacionadas de un cierto modo con ese disco brillante, y tuvieron un profundo efecto sobre mí, hasta producir incluso lo que se conoce normalmente como un cambio de personalidad. No voy a intentar describir esas cosas porque casi todas las religiones del mundo lo han tratado de hacer en vano (esa tarde, de agnóstica me convertí en gnóstica, si eso puede tener algún sentido). Sin embargo, estas revelaciones me golpearon como truenos salidos de un cielo azul, como provenientes del exterior, una tras otra. Desde entonces no he tenido una experiencia semejante.

La carta continúa con una descripción de lo que la mujer vio esa noche después de la cena, descripción que parecía sacada de una novela de John Fowles. Los invitados se encontraban en el salón, cuyas puertas y ventanas daban al jardín. Durante un momento de la cena, la mujer se levantó de la mesa y se dirigió hacia la ventana para tomar el aire. «Hacía mucho calor», escribió:

> La luz de la habitación proyectaba un arco de unos tres metros a través de la ventana. Cuando me acerqué a esta, vi una extraña silueta. Mi percepción fue amplificada por el estado de pánico helado que produjo en mí. Creí que se trataba sin lugar a dudas de un demonio o de un diablo, debido a mi interpretación occidental, supongo yo, de esta visión de la criatura, del animal o del hombre, sea cual fuera. Como los «hombres-escorpión» y como el Dios Pan, tenía patas de cabra o de perro. Su piel era velluda y sedosa, sombría, aterciopelada y brillante en la oscuridad. Sin duda, se trataba de un humanoide, y me pareció furibundo. Estaba agazapado y me miraba fijamente, sin mover los párpados, con sus ojos luminosos de color uva verde, sin pupila. Sus ojos brillaban intensamente. Era horrible.

La mujer se interroga todavía hoy sobre el significado de este encuentro:

Pienso, retrospectivamente, que trataba de comunicarse conmigo, pero mi pánico interfirió la recepción de cualquier posible mensaje. De pie, debía medir algo menos de un metro y medio. Tenía unas orejas puntiagudas y un hocico largo. Parecía muy delgado; sus manos y sus dedos eran finos como varillas. Convencida finalmente de que no se trataba de una alucinación, me senté durante unos momentos, esperando que se me pasara el pánico, y luego me acerqué otra vez a la ventana para comprobar si seguía ahí. Y allí estaba, pero había abandonado el área iluminada. Tuve cuidado de no acercarme más a aquella ventana durante toda la noche y al día siguiente dejé la casa. No le comenté el incidente a nadie. Sólo después de ver esta diapositiva me he atrevido a hablar de ello.

Tengo en mis archivos otros informes similares que los testigos habían olvidado hasta el día en que su memoria fue estimulada por una diapositiva, la cubierta de un libro o una conferencia.

EL HAZ DE LUZ

Un detalle invariable en todas las tradiciones es el del haz de luz que emana de un punto del cielo o de una nube de forma particular y enfoca a un ser humano. Este haz siempre es interpretado como un signo de «bendición» que transmite una información de origen divino.

Este concepto me intriga porque se encuentra también en los casos contemporáneos de contacto. Robert Monroe describió un fenómeno semejante durante sus propias experiencias de transferencia de la conciencia fuera del cuerpo. El incidente que relatamos a continuación (que he sacado de su libro *Fuera del cuerpo*) tuvo lugar la noche del 9 de septiembre de 1960. Monroe se encontraba tendido en su cama:

> De repente, me sentí bañado y envuelto en un haz muy poderoso que parecía venir del norte, treinta grados por encima del horizonte. Me sentía completamente impotente, en presencia de una fuerza muy poderosa, en contacto personal con ella.

El incidente se repitió la noche del 16 de septiembre:

> El mismo análisis impersonal, la misma potencia. Sin embargo, esta vez recibí la firme impresión de que me encontraba unido lealmente a esta fuerza inteligente, que siempre lo había estado, y que tenía un trabajo que hacer aquí en la Tierra...

Y la del 30 de septiembre:

> Parecía elevarse en el cielo mientras lo llamaba con mis imploraciones. Estaba seguro de que su nivel mental y su inteligencia escapaban a mi comprensión. Es una inteligencia impersonal y fría, sin ninguna de las emociones de amor o de compasión que tanto respetamos, y, sin embargo, quizá se trataba de la omnipotencia que llamamos Dios. Visitas como esta en el pasado del hombre han podido ser la base de todas nuestras creencias religiosas, y nuestros conocimientos actuales no pueden dar respuestas mejores que nuestros conocimientos de hace mil años.
>
> En ese momento, llegó la aurora, y me senté y me puse a llorar como nunca había llorado, porque desde aquel instante sabía, sin la menor duda, y sin esperanza de cambio, que el Dios de mi infancia y de las iglesias, de las religiones del mundo entero, no era como lo adorábamos; sabía que para el resto de mi vida «sufriría» por la pérdida de esta ilusión.

EL CASO DE LA LUZ TRANQUILIZANTE

El siguiente caso tuvo lugar en marzo de 1958 y fue explicado más tarde por el investigador francés Joel Mesnard en la publicación *Flying Saucer Review*. Permite una vez más verificar las propiedades extrañas de las notas asociadas con el fenómeno ovni, tanto en nuestros días como en los tiempos antiguos.

El testigo es aquí un legionario francés de veintiocho años destinado en el campo de Bouah-Mama, en Argelia, situado en el desierto, al sur de Constantino. Poco después de las 12.30 del mediodía, el militar escuchó un silbido que parecía venir del cielo; unos instantes después, vio un objeto enorme, de unos trescientos metros de diámetro. Lo más notable de este objeto no era su gran tamaño, sino el haz cónico de luz verde esmeralda intenso que salía de su parte inferior hacia el suelo. Los recuerdos del legionario en cuanto a lo que sucedió después son bastante vagos y, como admite él mismo, pueden no corresponder con la realidad. En lugar de disparar para alertar a los demás legionarios o de llamar por teléfono de campaña a sus superiores, el joven permaneció observando el objeto durante más de tres cuartos de hora. Interrogado por Joel Mesnard, declaró que los colores verde pálido y esmeralda de la luz eran los más bellos, más apaciguadores y más fascinantes que jamás hubiera visto».

El objeto desapareció de la manera más clásica: primero silbó, luego se elevó a una altitud de unos noventa metros y finalmente se alejó a una «velocidad vertiginosa» en dirección noroeste. Fue entonces cuando el hombre recuperó su conciencia y reemplazó la sensación feliz de éxtasis que había experimentado por la de tristeza. Rápidamente, cogió el teléfono e informó a sus superiores de lo que había visto. Inicialmente, estos pensaron que se trataba de una alucinación como consecuencia del estrés, pero debemos a los militares franceses la suerte de que se haya investigado en profundidad el asunto. En lugar de archivar el caso (la legión tenía otras preocupaciones en Argelia en aquel entonces), diferentes oficiales de la legión acudieron al lugar del incidente y lo examinaron minuciosamente. El esfuerzo fue en vano pues no encontraron ninguna prueba física. Volvieron a interrogar al testigo, quien seguía manteniendo que el incidente no era fruto de su imaginación. No había ninguna razón para poner en duda su sinceridad. El legionario fue enviado a París para ser examinado por otros doctores. Permaneció una semana en observación en el hospital de Val-de-Grace. Sin embargo, las diferentes pruebas a que fue sometido no revelaron nada anormal. Los médicos concluyeron que tenía una buena salud tanto mental como física.

Joel Mesnard encontró al testigo en mayo de 1970. El legionario impresionó al investigador por su pragmatismo. No había buscado ningún tipo de publicidad y se mostraba incluso bastante reticente a hablar de su experiencia. De todas formas, respondió a las preguntas de manera directa y realista. No había vuelto a experimentar una situación similar. Describió aquel momento con las siguientes palabras: «Era como si el tiempo corriera muy lentamente, como si estuviera en otro mundo.»

El mecanismo de las apariciones de los ovnis es una constante en todas las culturas. ¿Acaso nos encontramos cara a cara con otra realidad que trasciende nuestras nociones limitadas de espacio y de tiempo? La hipótesis según la cual los ovnis serían pura y simplemente visitantes del espacio no da cuenta del simbolismo antiguo. No se trata de una simple serie de incidentes que se pueden explicar como un encuentro con viajeros del espacio que habrían descubierto la Tierra y la habrían explorado por casualidad o se habrían detenido en ella de paso hacia otro destino. Por el contrario, nos encontramos ante un grupo de manifestaciones que abren las puertas de lo espiritual, que abren el camino hacia una conciencia diferente y que vienen con acontecimientos irracionales y absurdos.

Los amuletos fenicios, los encuentros modernos con «ocupantes», el haz antiguo procedente del cielo y la luz despedida por los ovnis parecen dar a entender una tecnología capaz al mismo tiempo de manifestaciones físicas y de efectos psíquicos. Una tecnología que toca las profundidades de la conciencia colectiva, que nos inquieta, nos modela, del mismo modo que posiblemente inquietó y modeló a las civilizaciones humanas de la Antigüedad.

«¡MIREN PERO NO TOQUEN!»

Durante la primavera de 1897, una maravillosa aeronave sobrevoló el cielo de los EE.UU. El incidente causó una gran conmoción entre toda la población americana. Gracias al trabajo de investigadores como Donald Hanlon, Jerome Clark y Lucius Farish, la ola asombrosa de informes que surgieron desde ese momento ha proporcionado el vínculo crucial que faltaba entre las apariciones de los tiempos antiguos y las historias modernas de platillos. El resultado de sus investigaciones es asombroso.

En noviembre de 1896, centenares de personas que vivían en los alrededores de San Francisco vieron un objeto grande, oscuro, de forma alargada, provisto de brillantes reflectores y capaz de volar contra el viento. El objeto desapareció completamente entre enero y marzo de 1897. A partir de ese momento, se produjeron numerosas observaciones de un objeto idéntico en el medio oeste. En marzo, Robert Hibbard, un granjero que vivía a unos veinticinco kilómetros al norte de Sioux City, en el estado de Iowa, vio un objeto de apariencia extraña. Hibbard no solamente vio la aeronave, sino también un ancla que colgaba del extremo de una cuerda que estaba amarrada a la misteriosa máquina, que se enganchó a sus ropas y lo arrastró unos siete u ocho metros antes de dejarlo de nuevo en el suelo.

Una presentación metódica de todos los relatos de este período brindaría material para todo un libro. Aquí únicamente proporcionaré algunos detalles del comportamiento de los ocupantes de estas naves. Antes, pero, explicaré brevemente el comportamiento de estas naves. De las descripciones de los testigos, deducimos que se comportaban como los modernos ovnis, con la única diferencia de que nunca fueron vistas en formación y realizando «danzas aéreas». Generalmente, el vuelo de estas aeronaves era lento y majestuoso (también es verdad que un objeto como el de 1897 no corría riesgo alguno de ser perseguido). Otra diferencia a observar entre la «aeronave» y el ovni moderno es que la trayectoria lenta de la primera la conduce frecuentemente a volar por encima de las grandes áreas urbanas. Omaha, Milwaukee, Chicago y otras grandes ciudades fueron así visitadas; en cada caso se reunieron grandes multitudes para ver en directo el objeto. Por lo demás, tanto las aeronaves como los ovnis se comportan de manera muy similar: planean, tiran «sondas» (por ejemplo, el 10 de abril, sobre la ciudad de Newton, en el estado de Iowa), maniobran bruscamente, se elevan y descienden a gran velocidad, dan vueltas, aterrizan, barren la campiña con sus poderosos haces de luz...

Los ocupantes de las aeronaves fueron descritos de forma tan variada como los pilotos de los ovnis. Incluso se podría afirmar, interpretando algunos relatos, que entre ellos había enanos, pero al menos por lo que yo sé ninguno de los testigos pronunció esta palabra. Un testigo los describió como los seres más extraños que jamás había visto.

En el *Chicago Chronicles* del 13 de abril de 1897, se podía leer la siguiente noticia, que llevaba por título «Avistamiento de una aeronave en Iowa».

> Fontanelle, Iowa, 12 de abril. La aeronave fue vista a las 20.30 minutos de esta noche por toda la población. Llegó desde el sureste. No sobrepasó la copa de los árboles de más de sesenta metros. Se desplazaba muy lentamente, a no más de quince kilómetros por hora. La máquina debía tener unos veinte metros de largo. Incluso se pudo observar cómo vibraban las alas. Estaba provista de las habituales luces de color. Se pudo oír el ruido de los motores, así como unos acordes de música propios de una orquesta. De repente, la nave viró hacia el norte y desapareció a gran velocidad. No existe ninguna duda en Fontanelle de que se trataba de una cosa real. Incluso brindaron testimonio de ello las personalidades más importantes de la ciudad.

Esta aeronave podría transportarnos al mundo de las hadas. El paralelismo es aún más sorprendente en el relato que sigue, como lo hace observar el investigador Donald Hanlon. Fue extraído de la edición del 28 de abril del *Houston Daily Post*.

> Merkel, Texas, 26 de abril. Ayer por la noche, un grupo de personas que regresaban a sus casas después de haber ido a la iglesia vieron un objeto pesado tirado por una cuerda a la que estaba amarrado. El objeto se enganchó en un raíl de la vía férrea. Fue entonces cuando se percataron de la presencia de la aeronave. No pudieron precisar sus dimensiones, pero sí observaron luz en algunas de sus ventanas; había una muy brillante en la parte delantera que recordaba el faro de una locomotora.
>
> Unos diez minutos más tarde, vieron deslizarse un hombrecillo a lo largo de la cuerda. Llevaba un traje azul marino. Cuando este descubrió al grupo de personas alrededor del ancla, se detuvo, cortó la cuerda por debajo de él y salió volando en dirección noreste. El ancla está expuesta ahora en la herrería de Elliot y Miller.

Estamos demasiado familiarizados con ese tipo de relato como para tomarlo a la ligera, comenta Hanlon, quien recuerda a sus lectores el incidente de Sioux City en el que Robert Hibbart fue arrastrado por un ancla que pendía de una aeronave, y el relato de los dos incidentes de Drake y Wilkin alrededor del 1211. La siguiente historia es de origen irlandés:

> El episodio tuvo lugar en el municipio de Cloera, un domingo, mientras todo el mundo estaba en la iglesia. En esta ciudad hay una iglesia dedicada a san Kinarus. Según sus habitantes, del cielo cayó un ancla, amarrada a una cuerda, y uno de sus picos se enganchó en el arco que hay encima de la puerta de la iglesia. El estruendoso ruido provocó que todo el mundo saliera corriendo de la iglesia. Fue entonces cuando

advirtieron la presencia de la aeronave, que flotaba delante del ancla. En el interior había varios hombrecillos. Uno de ellos saltó encima del ancla en un intento por liberarla. Parecía como si nadara en el agua. La enloquecida multitud se avalanzó sobre él y lo rodeó. Sin embargo, gracias a la intervención del obispo, este pudo regresar a su nave. A continuación, otro miembro de la tripulación cortó la cuerda y el extraño objeto desapareció.

En *Otis Imperiala* de Gervais de Tilbury, aparece un relato similar. Este tuvo lugar en Gravesend, en Kent, Inglaterra. Como en el relato anterior, el ancla de una aeronave quedó enganchada, esta vez en un montículo de piedras del cementerio. La gente oyó voces que venían de lo alto. La cuerda fue agitada como para liberar el ancla, sin ningún éxito. Entonces un hombre se deslizó a lo largo de ella y la cortó. En una versión del relato, el hombre regresa a la nave, mientras que en otra muere por sofocación.

EL ATERRIZAJE DE EAGLE RIVER

Fue un día poco habitual del año 1961 para el Laboratorio de Productos Alimenticios y Farmacéuticos del Departamento de Salud, Educación y Bienestar. La Fuerza Aérea de los EE.UU. le pidió que procediera al análisis de un pedazo de galleta de trigo que supuestamente había sido elaborada a bordo de un platillo volador. La galleta era propiedad de Joe Simonton, un granjero de sesenta años que vivía solo en una casita en los alrededores de Eagle River, en el estado de Wisconsin. Le habían dado tres galletas. Se comió una, «que sabía a cartón». La Fuerza Aérea de los EE.UU. da una explicación más científica:

> La galleta era una amalgama de materia grasa hidrogenada, de almidón, de vainas de trigo sarraceno y soja, y de salvado de trigo. Las pruebas de búsqueda de bacterias y de radiaciones no detectaron ninguna anormalidad. Se procedió a pruebas químicas de tipo destructivo. El laboratorio concluyó que se trataba de una galleta ordinaria de origen terrestre.

¿Cuál era su procedencia? Es el lector mismo el que debe decidir lo que quiera creer después de haber leído este capítulo. El incidente de Eagle River es el relato directo de un hombre de una sinceridad absoluta. Hablando en nombre de la Fuerza Aérea de los EE.UU., el doctor J. Allen Hynek, que dirigía la investigación sobre este asunto junto con el comandante Robert Friend y un oficial de la base aérea de Sawyer, declaró: «No podemos poner en duda la experiencia del señor Simonton».

El 18 de abril de 1961, a las once de la mañana más o menos, Joe Simonton vio un objeto plateado, «más brillante que el cromo», que planeaba a ras del suelo. El objeto medía unos cuatro metros de alto y unos diez de diámetro. Simonton vio que en su interior había tres hombres. Uno de ellos llevaba un traje negro de dos piezas. Los ocupantes debían medir alrededor de un metro y medio. Iban muy bien afeitados. Sus cabellos eran negros. Vestían una camisa de cuello alto y llevaban una gorra de lana.

Uno de los hombres esgrimió un cazo aparentemente hecho del mismo metal que el platillo, como indicando que necesitaba agua. Simonton cogió el cazo, entró en la casa y lo llenó de agua. Cuando regresó, uno de los hombres que había en el interior del platillo estaba «preparando algo de comer en una especie de parrilla». No había ninguna llama. El interior de la nave era negro «como el ala de un cuervo». Simonton vio varios paneles de instrumentos. A continuación, se interesó por la comida que preparaban. Uno de los hombres, que también vestía de negro, le dio tres galletas pequeñas, de unos ocho centímetros de diámetro, con unos pequeños agujeritos.

La escena duró más o menos cinco minutos. Finalmente, el sujeto que se encontraba más cerca de Simonton cerró la escotilla, el objeto se elevó unos seis metros del suelo y partió a gran velocidad en dirección sur.

El testigo recuerda que en un extremo del platillo había una especie de tubos de escape de unos quince centímetros de diámetro. La escotilla medía aproximadamente dos metros de largo y diez de ancho. El objeto tenía la forma de dos tazones invertidos.

Los ayudantes del sheriff no descubrieron ninguna prueba significativa en el lugar de los hechos.

EL ALIMENTO DEL PAÍS DE LAS HADAS

El caso de Eagle River nunca ha sido dilucidado. El investigador de la Fuerza Aérea de los EE.UU. creyó que Joe Simonton, que vivía solo, lo había soñado todo mientras estaba despierto y que su sueño había pasado a formar parte de la serie de acontecimientos que se desarrollaban alrededor de él y de los que era consciente. He oído decir que varios psicólogos de Dayton, en el estado de Ohio, se mostraron satisfechos con esta explicación. Lo mismo que los ufólogos aficionados más serios. Desafortunadamente, la ufología, así como la psicología, se ha convertido en un campo tan estrecho de especialización que los expertos no tienen tiempo para desarrollar su cultura general. Están tan ocupados en racionalizar los sueños de otras personas que ellos mismos ya no sueñan nunca ni leen cuentos de hadas. Si lo hicieran quizá se interesarían mucho más por el caso de Joe Simonton y de sus galletas. Y conocerían a la Gentry y el alimento del país de las hadas.

En 1909, un investigador americano, Walter Evans-Wentz, autor de una tesis sobre las tradiciones celtas en Bretaña, dedicó mucho tiempo a reunir relatos populares de seres sobrenaturales, de sus costumbres, de sus contactos con los humanos y de su alimentación. En su libro *The Fairy Faith in Celtic Countries* (La creencia en los duendes en los países celtas), relata por ejemplo la historia de Pat Feeney, un irlandés del que únicamente sabemos que tenía una «buena situación económica antes de los tiempos difíciles», probablemente la hambruna de 1846-1847. Un día, una mujer pequeña se le acercó y le pidió unos copos de avena.

> Paddy tenía tan pocos que le dio vergüenza ofrecérselos, así que en su lugar le dio unas patatas; pero ella quería avena, de manera que le dio toda la que tenía. Ella le dijo que la metiera en la hucha hasta que volviera, y así lo hizo, y al día siguiente por la mañana la hucha estaba rebosante de avena. La mujer era de la Gentry.

Es una pena que Paddy no haya guardado esta prueba para que la analizara el Laboratorio de Productos Alimenticios y Farmacéuticos del Departamento de Salud, Educación y Bienestar. Quizá el laboratorio hubiera podido explicar este milagro de la multiplicación de la avena igual que otras propiedades propias de la alimentación de los duendes, ya que, como se dice en Irlanda, el que es raptado por los duendes no debe nunca probar el alimento de su palacio. De otra manera, no vuelve jamás y se convierte en uno de ellos.

Resulta interesante comprobar que el análisis encargado por la Fuerza Aérea no menciona la presencia de sal en las galletas que le dieron a Simonton. A Evans-Wentz le dijo un irlandés que conocía muy bien a la Gentry que «sus miembros nunca probaban la sal, y que sólo comían carne fresca y bebían agua pura». Agua pura es lo que el ocupante del platillo le pidió a Simonton.

La cuestión de la alimentación es uno de los temas más tratados en la literatura tradicional de las leyendas celtas, juntamente con los relatos bien documentados de raptos de criaturas por los elfos y de animales terrestres que cazaban y se llevaban. Antes de estudiar esta abundante literatura, hablemos un poco de esas gentes misteriosas que los irlandeses llaman la Gentry (los Gentiles Hombres) y los escoceses la Sleagh Maith (la Buena Gente): «La Gentry es una bella raza que habita en las montañas. Sus miembros conviven amistosamente. Los malos no tienen cabida en esta raza: son ángeles caídos que viven en los bosques y en el mar», de acuerdo con lo que dicen los informadores de Evans-Wentz.

Patrick Water hace la siguiente descripción de uno de esos seres:

Un día, un grupo de muchachosvieron en un prado a un «duende» con la cabeza cubierta por una gorra roja. Aparte de su talla, era como cualquier otro hombre. Medía más o menos un metro. Los muchachos lo rodearon, pero este chisporroteaba de tal manera al hablar que dejaron que se fuera tranquilamente.

Después de 1985, quedaban muy pocos lugares en los que se pudieran ver todavía hadas, incluso en Gran Bretaña o en Francia. Todos los narradores, todos los almanaques populares, están de acuerdo en que conforme la civilización avanzaba estas pequeñas personas se habían ido haciendo cada vez más tímidas. Sin embargo, aún existen algunos lugares que no han sido desflorados, tales como el valle Yosemite en California o la región de Ben Bulben y Ross Point en el condado de Sligo, en Irlanda. Se sabe que los videntes de Dublín han hecho numerosas incursiones en Ben Bulben, una montaña célebre por sus rutas singulares. Al pie de la montaña, donde «los bancos espesos de nieve blanca flotan encima de Ben Bulben y sus alrededores», alguien contó a Evans Wentz la siguiente historia:

> Cuando era joven, tenía la costumbre de ir a las montañas a pescar truchas o a cazar. Un día de enero frío y seco, nos encontrábamos un amigo y yo cerca de Ben Bulben, cuando vimos a un miembro de la Gentry... Iba vestido de azul. Este se acercó hasta nosotros y nos dijo con una voz dulce y cristalina: «Cuanto menos vengan por esta montaña, mejor, porque sino una dama os raptará». Luego nos dijo que no disparáramos porque a la Gentry le molesta el más mínimo ruido. Nos dio la sensación de que era un soldado de la guardia de la Gentry.

Evans-Wentz describió a la Gentry con las siguientes palabras:

> Es el pueblo más notable que he visto jamás. Sus miembros son muy superiores a nosotros. Todos forman parte de una clase militar-aristocrática, alta y de aspecto noble. Es una raza que difiere de la humana y de la de los espíritus. Sus capacidades son formidables: «Podríamos hacer desaparecer la mitad de la raza humana, pero no queremos hacerlo, dicen, porque creemos en vuestra salvación». Hace tres o cuatro años, inmovilizaron a un hombre. Su mirada es tan penetrante que creo que podrían ver a través de la tierra. Tienen una voz cristalina, rápida y dulce.
> La Gentry vive en el corazón de las montañas, en bellos castillos. Algunos de ellos viven en las montañas Wicklow, cerca de Dublín. Como los militares, tienen cuarteles y se desplazan de uno a otro. Mi guía informador me dijo un día: «Soy comandante de un regimiento, señor».
> Viajan mucho, y pueden aparecer en París, Marsella, Nápoles, Génova, Turín o Dublín, haciéndose pasar por gentes ordinarias. Les gusta particularmente España, el sur de Francia y el sur de Europa.

La Gentry está muy interesada en los asuntos de los hombres y siempre apoyan la justicia y el derecho. A veces, sus miembros luchan entre sí. Asimismo, raptan a las personas jóvenes e inteligentes que les interesan. Lo toman todo, cuerpo y alma, y transforman el cuerpo en uno parecido al suyo.

Un día les pregunté si no morían nunca y me respondieron que no: «Siempre somos jóvenes». Si te raptan y comes lo que sea en su palacio, no puedes volver nunca más atrás. No toman nada que sea salado; sólo comen carne fresca y beben agua pura. Se casan y tienen niños. Y, hombre o mujer, pueden desposarse con un mortal bueno y puro.

Son susceptibles de aparecer bajo cualquier forma. Una vez, uno de ellos, que debía medir algo más de un metro pero que era de complexión sólida, se me apareció y me dijo: «Soy más grande de lo que parezco. Podemos hacer que los viejos sean de nuevo jóvenes, que los grandes sean pequeños y que los pequeños sean grandes».

Las galletas dadas a Joe Simonton estaban compuestas, entre otras cosas, de vainas de trigo sarraceno. Y el trigo sarraceno está íntimamente ligado a las leyendas de Bretaña, una de las regiones más conservadoras de los países celtas. En esta región de Francia, la creencia en las hadas está aún muy extendida, aunque Evans-Wentz y Paul Sebillet hubieran tenido grandes dificultades, alrededor de 1900, para encontrar bretones que dijeran haber visto a estos seres fantásticos. Una de las particularidades de las leyendas tradicionales bretonas es la de la asociación de las *hadas* o *korrigans* con una raza de seres llamados *fions*.

Érase una vez una vaca negra que pertenecía a unos pequeños *fions* que vivían en una caverna. Un día, la vaca destruyó la cosecha de trigo sarraceno de una pobre mujer, quien se quejó amargamente del daño sufrido. Entonces, los *fions* hicieron un pacto con ella: ellos cuidarían de que nunca le faltaran galletas de trigo sarraceno con la condición de que no dijera nada a nadie. Y así fue hasta que un día la mujer le dio un trozo de galleta a un hombre y le explicó su origen mágico. De esta manera, la mujer tuvo que elaborar las galletas como antes.

En la Biblia, también hay ejemplos de alimento mágico que como en el relato anterior no se acaba nunca: es el caso del llamado maná celeste. Por otra parte, existen muchas más historias parecidas a la de Joe Simonton. Edwin S. Heartland, un erudito en las tradiciones populares, incluye el siguiente relato en su libro *La ciencia de los cuentos de hadas*:

Un hombre que vivía en Ystradfynlais, en el Brecknockshire (País de Gales), desapareció un día en la montaña mientras cuidaba de sus carneros. Después de tres semanas de infructuosa búsqueda y cuando su mujer ya creía que estaba muerto, volvió a su casa. Esta le preguntó sorprendida dónde había estado durante esas tres semanas: «¿Tres semanas? Si sólo he estado fuera tres horas?», dijo él. Ante la insistencia de la mujer, este dijo que había estado tocando la flauta (que la llevaba siempre consigo cuando iba a la montaña) en Llorfa, un lugar cerca de Van Pool. En el camino de regreso, se encontró con un grupo de pequeños hombres, los cuales, después de rodearlo, se pusieron a cantar y a bailar. Más tarde, los seres fantásticos le ofrecieron unas galletitas, que después de comérselas le hicieron sentir tan contento como nunca lo había estado en su vida.

Evans-Wentz tiene también algunas historias en las que se hace referencia a la comida del país de las hadas. Las recogió durante sus numerosos viajes por los países celtas en los primeros años de este siglo. John McNeil, de Barre, un anciano que no hablaba inglés, le contó a Michael Buchanan, y este a su vez a Evans-Wentz, la bella historia de una jovencita que había sido raptada por las hadas. Las hadas, dijo, se llevaron a la jovencita a su morada y la condenaron a hacer bizcochos. Por grande que fuera la cantidad de harina que retirara de la alacena, siempre había la misma cantidad sobre la estantería. Un día, un anciano duendecillo se apiadó de ella y le dijo:

Seguramente, tu vida aquí es muy aburrida, por lo que cada día que pasa ardes en deseos de abandonarnos. Te voy a indicar cómo podrás irte: guarda en la alacena toda la harina que caiga de las galletas una vez cocidas y de esta manera mi mujer te dejará marchar.

Naturalmente, hizo lo que le indicó el anciano y pudo irse. John McNeil, que tenía entre setenta y ochenta años, no pudo fechar con exactitud esta historia, pero si tenemos en cuenta que había visto a la jovencita inmediatamente después, el acontecimiento debió haber tenido lugar en la segunda mitad del siglo XIX.

Las personas proclives a la tecnología se burlan de esas historias y se indignan. Así, numerosos investigadores del fenómeno ovni se negaron a investigar el incidente de Eagle River argumentando que tenía cosas mucho más interesantes que examinar.

De acuerdo con nuestros científicos, unos visitantes llegados de las estrellas no se atreverían a aventurarse por nuestro planeta sin haber recibido una invitación amable de nuestros poderosos radiotelescopios. Hubieran intercambiado, desde hace siglos, informaciones científicas importantes con expertos como el doctor Carl Sagan o el profesor Schatzmann a través de refinados circuitos y elaborados códigos. Por otro lado, si llegaran, seguramente aterrizarían en Washington D.C., donde el presidente de los EE.UU. y un grupo de científicos les darían la bienvenida. Después, se procedería al intercambio de regalos. Nosotros les ofreceríamos libros de exobiología y ellos nos darían fotografías de nuestro sistema solar. ¡Pero bizcochos de trigo sarraceno con agujeritos en forma de galletas y con sabor a cartón!

El incidente de Eagle River en efecto ocurrió. Fue una ceremonia simple y al mismo tiempo grandiosa.

Esta última teoría ha sido muy bien expuesta por Hartland, cuando dijo respecto al intercambio de comida con la Gentry:

> Casi en todas partes del mundo se ha conservado el rito de la hospitalidad para conferir obligaciones a la persona que recibe y para unirla al que otorga mediante vínculos especiales.

Hartland llegó a sugerir que la costumbre de enterrar a los muertos con alimentos puede tener alguna relación con la creencia muy extendida de que cuando se llega al más allá, se tiene necesidad de alimento terrestre, sin lo cual se renuncia totalmente a la Tierra. En realidad, tanto en la tradición antigua como en la nueva, la morada de nuestros visitantes sobrenaturales no es siempre distinta de la del mundo de los muertos. Es un punto discutible, de todas formas, ya que se aplica también a los visitantes del cielo. Los teólogos que discuten sobre la naturaleza de los ángeles lo saben muy bien. Pero en ese caso, al menos la idea del alimento induce relaciones de otro tipo. A la luz de las observaciones de Hartland respecto al rito de la hospitalidad, vale la pena citar el siguiente pasaje extraído de la Biblia:

> Haré traer un poco de agua para lavar vuestros pies, y descansaréis debajo del árbol, y os traeré un bocado de pan y os confortaréis; después seguiréis, pues no en vano habéis llegado hasta vuestro siervo. Ellos contestaron: «Haz como has dicho».
>
> Y tomando leche cuajada y leche recién ordeñada y el ternero ya dispuesto, se lo puso todo delante, y él se quedó junto a ellos debajo del árbol, mientras comían. (Gén 18, 4-5, 8)

Y según el Génesis (19,3), Lot condujo a su casa a los dos ángeles que encontró en las puertas de Sodoma, «donde les preparó de comer, y coció panes ácimos, y comieron». De esa forma, después de todo, el relato de Joe Simonton podría ser una ilustración moderna de esta recomendación bíblica: «No olviden recibir bien a los extranjeros ya que así ha sido que algunos han recibido ángeles sin saberlo».

ANILLOS BAJO EL CLARO DE LUNA

Esta sección está dedicada a varios tipos de acontecimientos que la tradición popular considera de origen sobrenatural, tales como los «anillos» de las hadas y los «nidos» de los platillos. Estos fenómenos han sido tratados como casos límites por los especialistas en la investigación del fenómeno ovni. Sin embargo, yo creo que los nidos o anillos merecen más que una atención pasajera, al mismo tiempo que deberían ser estudiados a la luz de las creencias específicas y tradicionales asociadas con el significado de los «círculos mágicos» que, desde hace siglos, los granjeros han descubierto en sus campos. La literatura al respecto es abundante, de manera que seleccionaremos solamente algunos casos para ilustrar el tema.

Durante la noche del 28 de julio de 1966, el señor Lacoste y su mujer estaban paseando por los alrededores de Montsoreau (Maine Et-Loire), en Francia, cuando vieron una especie de esfera roja que atravesaba el cielo como un meteoro. Sin embargo, aquel extraño objeto no se desplazaba como lo hace un meteoro, sino que planeaba a media altura, casi tocando el suelo.

Al día siguiente, Alain Rouillet, un granjero de Montsoreau, explicó que en su campo de trigo había aparecido un círculo misterioso, en el que sólo quedaban restos de una sustancia oleaginosa y amarillenta. Una investigación más minuciosa arrojó detalles sobre la identidad de los testigos y reforzó la idea de que un objeto extraño había aterrizado realmente en el campo. El señor Lacoste es fotógrafo, pero desafortunadamente no llevaba su cámara en ese momento. Explicó que la luz que despedía aquella esfera era tan intensa que iluminaba todo el campo. La esfera planeó durante algunos segundos y luego se puso a ras de suelo. Los testigos creyeron que se trataba de una máquina militar guiada por control remoto. Antes de que pudieran acercarse al objeto, este desapareció. La escena duró cuatro minutos.

Seis meses antes, una cantidad de fenómenos semejantes ocuparon la primera página de los periódicos de Australia: «¡Aparecen más nidos de platillos voladores!» era el gran titular de la primera página del *Sydney Sun Herald* del 23 de enero de 1966. En Queensland, aparecen: grandes claros circulares de cañas muertas rodeados de cañas verdes. Desde que se publicaron los informes, cientos de curiosos se pusieron a buscar más anillos.

El 19 de enero de 1966, a las 9 de la mañana, George Pedley, un joven de veinte años, dueño de una plantación de bananas, conducía su tractor cerca de un pantano llamado Horseshoe Lagoon, cuando de repente oyó un silbido muy fuerte: «Era similar al ruido que hace el aire que se escapaba de una rueda», dijo. Unos instantes después vio cómo se elevaba una especie de máquina. El objeto era de color gris azul, y medía unos ocho metros de ancho por unos veinte de largo. Giró en redondo y se elevó unos veinte metros antes de partir. La escena duró sólo unos segundos: «La máquina se alejó a una velocidad impresionante», dijo Pedley. Rápidamente se acercó hasta el lugar en que aquel objeto había despegado y encontró un círculo misterioso en el sentido de las agujas de un reloj.

El *Sidney Sun-Herald* envió a un reportero, Ben Davie, para investigar el incidente. Este averiguó que docenas de personas habían visto un objeto extraño idéntico al descrito por Pedley. Davie encontró cinco nidos. Escribió en el periódico:

> Las cañas estaban aplastadas en el lugar en el que «aquellas máquinas» supuestamente habían despegado. Los círculos tenían un diámetro de aproximadamente diez metros; las cañas habían sido cortadas y aplastadas en el sentido de las agujas de un reloj. Uno de los nidos es una plataforma flotante hecha de raíces y hierbas amalgamadas, aparentemente torcidas por una fuerza formidable que las arrancó del fondo cenagoso a un metro y medio bajo el agua.

Los nidos segundo y tercero habían sido descubiertos respectivamente por Tom Warren, dueño de una plantación de caña de azúcar en Euramo, y por el señor Penning, maestro de De Tully. Se hallaban a unos veinticinco metros del primer nido y quedaban ocultos por la espesa vegetación del lugar. En el tercer nido, que parecía más reciente, las cañas estaban aplastadas en el sentido contrario a las agujas de un reloj. Todas las cañas estaban muertas, pero no habían sido ni arrancadas ni quemadas. Un cuadrado de hierba de unos 1,20 m cuadrados y situado a un metro del primer círculo había sido cortado al nivel del agua, agregando de ese modo un nuevo elemento de misterio. Los círculos, en su conjunto, variaban entre tres y diez metros de diámetro. En todos, a excepción del más pequeño, las cañas habían sido aplastadas en el sentido de las agujas de un reloj.

Los policías recogieron muestras para examinarlas. Hasta el lugar se acercaron científicos con contadores Geiger. La Fuerza Aérea australiana rastreó todo el terreno. Incluso circularon rumores según los cuales Rusia utilizaba los vastos espacios de Australia para desarrollar sus ideas científicas. No se reveló la razón por la que los rusos no se servían de los vastos espacios de Siberia para llevar a cabo sus ensayos secretos.

Afortunadamente, se encontraron varias explicaciones naturales al descubrimiento de los nidos. Una fue sugerida por un lector del *Sydney Sun Herald* el 30 de enero. Según él, el pánico «cósmico» de Queensland había sido causado por un «gran pájaro tímido de cuerpo azul con puntas rojas en la cabeza». Era un tipo de grulla o de garza azul, pero el hombre no conocía su nombre científico. Muchas veces, cuando erraba descalzo por el monte, había visto, dice él, cómo bailaban estos pájaros, que salían volando a toda velocidad antes de que pudiera llegar a ellos: «Formaban una nube azul vaporosa y hacían un ruido estridente al salir volando». Desgraciadamente, esta bonita historia tan fantástica no obtuvo el apoyo de los biólogos. El ornitólogo H.J. Disney afirmó contundentemente que las grullas no podían hacer nidos circulares con un diseño simétrico. Del mismo modo se mostró escéptico respecto a la «teoría de la gallinácea de agua calva» que proponía otro hombre, Ken Adams. «Nunca he oído decir a nadie que este pájaro tiene semejante costumbre», dijo Disney.

El investigador Donald Hanlon indicó que se había propuesto otra explicación para explicar los círculos misteriosos: según esta, los nidos eran «terrenos de juego de los cocodrilos en celo». Comparto completamente la reserva de Hanlon en cuanto a esta última explicación, porque es difícilmente aplicable a los nidos descubiertos en Ohio, de los cuales hablaremos en seguida, o al campo de trigo dañado en Montsoreau. Un habitante de Queensland, Alex Bordujenko, que sabe mucho de cocodrilos, afirma que las cañas son demasiado espesas en Horseshoe Lagoon para que los cocodrilos puedan moverse entre ellas. En resumen, según unas personas, unas grullas bailadoras han doblado unas cañas que son tan espesas que ni los cocodrilos, según otras personas, pueden moverse entre ellas. ¿Quién ha hecho entonces los nidos? Nadie lo sabe.

Al regresar a su casa aquel miércoles por la noche, George Pedley tomó la decisión de no decirle nada a nadie acerca de la aeronave espacial del pantano. No había visto ni escotillas ni antenas sobre el objeto gris azul, ni ningún signo de vida en el exterior ni en su interior. Además, siempre se había burlado de las historias de platillos voladores. Pero entonces se topó con Albert Pennisi, el propietario de Horseshoe Lagoon, y le dijo lo que había visto. Pedley se sorprendió por completo de que Pennisi lo creyera al instante. Asimismo, le explicó que durante toda la semana había soñado que un platillo volador aterrizaba en su propiedad. Este último detalle coloca a los nidos de platillos en Queensland en la mejor tradición de las «creencias en cuentos de hadas».

El día: seis meses antes de la experiencia en Queensland. El lugar: Delroy (Ohio). El 28 de junio de 1965, un granjero, John Stavano, oyó una serie de explosiones. Dos días más tarde, descubrió una curiosa formación en una de sus propiedades. Del posterior análisis de diferentes muestras de tierra y de trigo se dedujo que no se había producido ninguna explosión. Las espigas de trigo parecían haber sido arrancadas del suelo como las cañas desarraigadas de Queensland o la hierba arrancada en un aterrizaje en Poncey, Francia, en 1954.

El incidente de Ohio fue examinado con cuidado por los investigadores civiles locales A. Candusso y Larry Moyers, acompañados por Gary Davis. Estos encontraron la extraña configuración circular en la granja de Stauano, situada sobre una cresta. En el centro del círculo, había una depresión de unos setenta centímetros de diámetro. El terreno se exploró con una sonda, pero únicamente se localizó un suelo poco compacto a una profundidad de unos veinticinco centímetros. Una buena parte del trigo, con sus raíces, había sido desplazada y terrones de tierra de seis a diez centímetros habían sido desperdigados por todas partes. Las espigas yacían contra la tierra como los radios de una rueda.

En Inglaterra, en septiembre de 1963, Waveney Girvan escribió el siguiente artículo en *The Flying Saucer Review*:

> Durante mucho tiempo permanecerá el recuerdo del 16 de julio de 1963 en los anales de la ufología británica. Algo parece haber aterrizado en los campos del granjero Roy Blanchard en Manor Farm, Charlton, en Wiltshire. Las marcas en el suelo fueron descubiertas por un muchacho de la granja, Reg Alexander. Se extendían sobre un campo de patatas y un campo de cebada. Las marcas formaban una depresión en forma de platillo o cráter, con un diámetro de más o menos dos metros y medio y una profundidad de aproximadamente diez centímetros. En el centro de la depresión, había un hueco de unos ochenta centímetros de profundidad y de diez a treinta centímetros de diámetro, de acuerdo con las versiones. Saliendo del hueco central, había cuatro hendiduras de dos metros de largo y treinta centímetros de ancho. El objeto tuvo que haber aterrizado. Leonard Joliffe, quien también trabajaba en la granja, dijo haber oído un día «una explosión a eso de las seis de la mañana».

El 23 de julio, el *Daily Express de Londres* publicaba que dos semanas antes, el 10 de julio, el oficial de policía Antony Ben había visto un objeto de color naranja atravesar el cielo para finalmente desaparecer cerca del campo de Manor Farm. Basándonos en esta limitada información, podemos afirmar que el cráter de Charlton lo había hecho un meteorito. Después de que se investigara un pequeño pedazo de metal encontrado en el hueco del centro del cráter, el astrónomo británico Patrick Moore declaró en la BBC que este era obra de un «meteorito del tamaño de un langostino», el cual, al estrellarse, se había transformado en un explosivo muy eficaz. Esto puso fin al misterio, al menos desde el punto de vista del público científico. Sin embargo, los hechos reales del incidente, a medida que iban siendo conocidos por algunos hombres de ciencia e ingenieros del ejército que siguieron investigando el asunto, resultaron ser, en su conjunto, diferentes.

El granjero Roy Blanchard había alertado a la policía del incidente, la cual a su vez había alertado al ejército. El capitán John Rodgers, jefe de la unidad de zapadores de minas del ejército, dirigió la mayor parte de las investigaciones sobre el terreno. En su informe preliminar se podía leer que no se había encontrado ninguna huella de la explosión. Y mientras que el capitán Rodgers estimaba que había sido engañado, el granjero Roy Blanchard hacía otras revelaciones:

> No queda ningún rastro de patatas ni de avena donde antes crecían y ahora se encuentra el cráter. Ni tallos, ni raíces, ni hojas. ¡El objeto era lo bastante pesado como

para aplastar las rocas y pulverizar las piedras! Y, sin embargo, se posó suavemente. Cualquiera que sea la energía que utilice, no produce calor ni hace ruido.

Luego, el 19 de julio, se supo que el capitán Rodgers había obtenido la autorización para colocar una sonda. Las mediciones obtenidas fueron muy poco habituales. Indicaban que un objeto metálico de una cierta dimensión estaba profundamente enterrado. Además, se supo que «los detectores trabajaban como locos», probablemente porque la pieza metálica era poderosamente magnética.

Llegados a este punto, debemos resaltar que la investigación estaba aún abierta y se llevaba a cabo con seriedad, probablemente porque el ejército, más que el Ministerio de la Aviación Británica, estaba interesado. El oficial a cargo de las relaciones públicas del Army Southern Command en Salisbury declaró a Girvan que el objeto en cuestión había sido retirado del hueco y había sido enviado a un experto del Museo Británico que rápidamente lo había identificado: según este, se trataba de un pedazo de hierro oxidado ordinario «como los que se encuentran enterrados en todo el sur de Inglaterra». El Museo Británico sugirió que se encontraba bajo tierra desde hacía un cierto tiempo, lo que eliminaba toda idea de mistificación. Por su parte, el doctor F. Claringbull, también del Museo, destruyó la explicación del meteorito y afirmó en el *Yorkshire Post* del 27 de julio: «Ahí hay más de lo que uno quiere ver». La última palabra la tuvo el Southern Command, que hizo el siguiente comentario: «La causa del fenómeno sigue sin explicarse, pero no es competencia del ejército aclarar semejantes misterios».

Si tratamos de resumir lo que estos incidentes (los nidos de Tully, el círculo de Ohio y el cráter de Charlton) nos han enseñado, podemos deducir lo que sigue: 1) el rumor público asocia la observación de platillos voladores con las depresiones circulares en el suelo; 2) en el caso de que haya vegetación en el lugar, esta sufre la acción de una poderosa fuerza; 3) la vegetación frecuentemente es arrancada, a veces incluso con las raíces, las hojas; 4) se observa frecuentemente el efecto de una fuerza vertical muy poderosa que desperdiga tierra y plantas por todas partes; 5) se descubre una poderosa acción magnética en un caso en el que un pedazo de hierro oxidado ordinario aparece enterrado cerca del centro de la depresión, y 6) a veces se observa en el centro un hueco profundo de varios centímetros de diámetro.

¿Es necesario acaso recordar al lector la célebre costumbre de las hadas de dejar tras de sí extraños anillos en los campos y las praderas?

Mientras paseaba un domingo del mes de agosto por las colinas de Howth, Evans-Wentz se topó con algunas personas del país con las que charló amistosamente acerca de estos cuentos antiguos. Después de tomar el te con un campesino y su hija, estos lo condujeron a un campo vecino para mostrarle un «anillo de hada»; de camino, le explicaron lo siguiente:

Sí, las hadas existen. En esta zona, frecuentemente se las ha visto bailar. La hierba nunca es alta en el anillo. En el centro, crecen champiñones, que las hadas utilizan para sentarse. Son gente muy pequeña, a las que les gusta bailar y cantar. Llevan trajes verdes y a veces gorras y chaquetas rojas.

El 12 de noviembre de 1968, la prensa argentina publicó que cerca de Necochea, a 500 km al sur de Buenos Aires, un piloto civil había observado desde su avión un dibujo extraño en el suelo. Varios militares se personaron en el lugar indicado por el piloto y descubrieron un círculo de casi dos metros de diámetro en el que la tierra estaba calcinada. En el círculo, había ocho champiñones blancos gigantes; uno de ellos medía casi un metro de diámetro. En la provincia de Santa Fe, también se descubrieron, en idénticas circunstancias, otros champiñones extraordinarios.

Otro escritor estudioso de las leyendas escandinavas, Leroux de Lincy, en su *Libro de las leyendas*, escribió que los elfos eran seres de cabeza muy grande, piernas muy cortas y brazos muy largos.

Los elfos son los responsables de los círculos de verde brillante, llamados bailes de los elfos, que aparecen en el césped. Incluso en nuestros días, cuando un campesino danés descubre al amanecer un anillo semejante, dice que los elfos estuvieron bailando allí durante la noche.

Durante los primeros tiempos del racionalismo, los anillos de las hadas se interpretaron como un fenómeno eléctrico, consecuencia de los efectos atmosféricos. P. Marranzino, por ejemplo, cita una pequeña copla de Erasmus Darwin, abuelo del naturalista inglés Charles Darwin, escrita en 1789:

De las nubes sombrías surge el relámpago fatuo que arranca de raíces el sólido roble y dibuja los anillos de hadas.

Erasmus Darwin prosigue:

Existe un fenómeno supuestamente eléctrico que aún no ha sido explicado; me estoy refiriendo a los anillos de las hadas, que tan frecuentemente se ven sobre la hierba. Por momentos, grandes partes o protuberancias de nubes, descendiendo lentamente en su camino, caen sobre las zonas más húmedas de las praderas cubiertas de hierbas. Entonces, esta protuberancia, o extremidad de nube, atraída por la tierra, tomará una forma casi cilíndrica, como la lana vaporosa que uno teje, y golpeará la tierra con una corriente de electricidad de entre dos a diez metros de diámetro. Sólo la parte exterior del cilindro es capaz de quemar la hierba.

No hay duda de que los científicos apasionados lograrán traducir dentro de poco esta idea en términos de física moderna. Harían bien, en este caso, en observar el diámetro del cilindro mencionado por el abuelo de Darwin: «... de entre dos a diez metros». Es decir, la media del diámetro de un ovni.

El fenómeno de los círculos sigue produciéndose en la actualidad. En la década de los noventa, se han descubierto un gran número de círculos y de anillos en todo el mundo. Aún no se les ha encontrado ninguna explicación.

¿ÁNGELES O DIABLOS?

Ya hemos dado ejemplos en varias ocasiones de seres desconocidos que se apoderaban de productos agrícolas. Así, estos misteriosos hombres pequeños sustraían con la misma destreza troncos de lavanda, uvas o patatas. En cada historia, ya proceda de América del Norte o del Sur como de Europa, las mencionadas criaturas descienden de su brillante nave, recogen plantas y parten ante la atenta mirada de los asombrados testigos. Semejante comportamiento nos hace creer a los investigadores inocentes que los visitantes recogen muestras como lo haría un biólogo experimentado. Después de todo, ¿no construimos nosotros robots para que examinen la superficie de Marte? En algunos casos, los visitantes incluso interrogan largamente a los testigos sobre diferentes técnicas agrícolas. Esto es lo que sucedió en Tioga City, estado de Nueva York, el mismo día en que se produjo el aterrizaje de Socorro, más o menos diez horas antes de que el oficial Zamora viera el objeto brillante con forma de huevo que es ya tan famoso.

Gary T. Wilcox, propietario de una lechería, se dirigía con su tractor a abonar su campo cuando, un poco antes de las diez de la mañana, se detuvo para examinar unos terrenos situados a un kilómetro y medio de su granja. Quería comprobar si el suelo era apto para plantar maíz. Entonces, vio un objeto brillante que primeramente creyó que era una nevera abandonada y luego un receptáculo de ala o un fragmento de avión. Cuando se acercó a él, se dio cuenta de que era un objeto con forma de huevo, que medía más o menos seis metros por cinco y que parecía estar hecho de un metal sólido. Nunca había visto nada igual.

Lo tocó. No estaba caliente.

No vio ninguna puerta ni trampa de ninguna clase. De repente, se le aparecieron dos criaturas muy parecidas a los humanos. Medían aproximadamente 1,20 metros. Vestían trajes sin costuras, y llevaban un gorro y un pasamontañas, de manera que Wilcox no pudo ver sus caras. Parecían tener brazos y piernas. Le hablaron en un inglés suave, pero la voz no salía de sus bocas, sino de sus cuerpos. «No tenga miedo, hemos hablado con otras personas antes que con usted. Venimos de lo que ustedes llaman el planeta Marte», dijeron. Gary pensó que le estaban gastando una broma. La extraña conversación continuó. Los dos seres le preguntaron qué tipo de abono utilizaba para fertilizar la tierra. Explicaron que en Marte tenían problemas para cultivar la tierra. Sus preguntas eran del todo infantiles. Cada uno de ellos llevaba un plato lleno de tierra.

«Cuando hablaban del espacio o de su nave, me resultaba muy difícil comprender sus explicaciones. Dijeron que solamente podían venir a nuestro planeta cada dos años y que actualmente estaban estudiando el hemisferio oeste», dijo Wilcox.

Explicaron que solamente aterrizaban de día «porque su nave es menos visible a la luz del sol» y que les había sorprendido que Wilcox se hubiera percatado de su presencia. Gustosamente, le explicaron algunos de sus viajes por el espacio. Finalmente, le pidieron a Wilcox si les podía dar un saco de abono y aprovecharon para salir volando mientras este se disponía a buscarlo. Wilcox dejó el saco de abono en el lugar en el que se había posado la nave; al día siguiente, ya no estaba ahí.

En un gran número de aterrizajes que tuvieron lugar en América del Sur, las entidades se fueron provistas de muestras de tierra, de plantas e incluso de piedras. Todo en su comportamiento nos parece calculado para hacernos creer que estos seres extraños y sus máquinas son de origen cósmico. Y, en verdad, tales incidentes han impresionado a numerosos investigadores, en particular a mí, que durante largo tiempo pensaron que los ovnis eran sondas espaciales enviadas por una civilización extraterrestre.

El 1 de noviembre de 1954, la señora Rosa Lotti-Dainelli, de cuarenta años de edad, iba camino del cementerio de Poggio D'Ambra, en Bucine, cerca de Arezzo, Italia, cuando vio una máquina. El espíritu de esta italiana devota en ese momento debía estar muy lejos de las especulaciones de la ciencia ficción. La señora Lotti-Dainelli descubrió el extraño objeto en un lugar lleno de hierbas. La máquina tenía forma de torpedo y presentaba una especie de extremidades puntiagudas. Según sus palabras, la nave eran dos conos con una base común. En el cono inferior, había una apertura, a través de la cual se podían ver dos pequeños asientos. El aparato parecía de metal. Nunca había visto nada parecido. Entonces, de detrás del objeto, salieron dos seres. Medían entre un metro y un metro y veinte centímetros. Parecían divertidos. Sus sonrisas dejaban ver unos dientes blancos y muy pequeños. Vestían ropas de color gris y llevaban cascos de cuero rojizo semejantes a los de los chóferes militares. Parecían tener una especie de «convexidad» en medio de la frente. Hablando entre ellos con un lenguaje incomprensible, los dos seres se acercaron a la mujer. Uno de ellos se apoderó del florero que esta llevaba en las manos. La señora Lotti-Dainelli trató de recuperarlo inmediatamente, pero los dos seres la ignoraron y regresaron a su aparato. Entonces comenzó a gritar y se alejó de allí corriendo. Unos minutos más tarde, regresó con otros testigos, entre los cuales había un par de agentes de policía. Pero ya era demasiado tarde: no había ni rastro del objeto. Eso sí, varias personas afirmaron haber visto alejarse un objeto que dejó tras de sí una estela roja y azul.

Estas historias parecerían extrañas y nada más si no dejaran traslucir un hecho bien conocido por los que estudian el folclore: así, una característica persistente, común a un cierto tipo de leyendas de criaturas sobrenaturales, es que estos seres vienen a nuestro mundo para robar nuestros productos, nuestros animales e incluso, como veremos en uno de los capítulos siguientes, para secuestrar seres humanos. Pero de momento ocupémonos solamente de aquellos seres que «recogen muestras» y piden productos terrestres.

En una leyenda algonquina que contiene todos los ingredientes de una excelente historia de platillos, un cazador vio descender del cielo una especie de «cesto», en el que había doce jovencitas de gran belleza. El hombre trató de acercarse a las criaturas celestes, pero estas regresaron rápidamente al «cesto» y se alejaron de allí. Entonces, el cazador preparó una estratagema para apoderarse de una de las jovencitas. La estratagema dio resultado: así, cuando el cesto descendió de nuevo, se apoderó de una de aquellas bellas mujeres, con la que se casó y tuvo un hijo. Desafortunadamente, nada pudo consolar a su mujer de verse privada de la compañía de sus hermanas, que se habían ido volando en el vehículo. Un día, esta confeccionó un pequeño cesto y, según Hartland:

> Se metió en él con su hijo y se puso a entonar el canto encantador del que ella y sus hermanas se servían antes. Rápidamente, el cesto se elevó en dirección a la estrella de la que había venido.

Permaneció dos años en esta morada celeste cuando le dijeron:

> Tu hijo quiere ver a su padre, de manera que deberás regresar a la tierra para buscar a tu marido. Al mismo tiempo, le dirás que nos traiga especímenes de todos los animales que mate.

Así lo hizo. Y el cazador se subió al cesto con su mujer y pudo ver de nuevo a su hijo. Asimismo, tomó parte en un gran festín durante el cual se sirvieron todos los animales que había traído consigo.

La historia algonquina ofrece una mezcla compleja de diferentes temas. Algunos de ellos aparecen en las historias modernas de ovnis. Otros derivan de conceptos tradicionales tales como el intercambio de comida. Aparecen nuevos elementos: 1) el deseo expresado por los seres celestes de recibir especímenes de todos los animales matados por el cazador, y 2) la idea de que un matrimonio entre dos razas diferentes es posible.

Hasta ahora hemos visto a nuestros visitantes robar plantas y pedir diversos objetos. Pero, ¿han matado ellos mismos animales? ¿Se han llevado ganado? De creer las historias relatadas por numerosos testigos, sí lo han hecho. Pero el punto interesante es que aquí también observamos un rasgo común entre los ovninautas modernos y la Buena Gente del folclore. Así, sabemos de elfos que cazan vacas y caballos. Evans-Wentz recogió la siguiente historia de un hombre que «si aún está vivo, permanece en América, hacia donde partió hace varios años».

> Al sur de Irlanda, al caer la noche, un hombre estaba dando de beber a su vaca en un pozo, cuando al otro lado de un muro vio a un grupo de extraños personajes. Uno de ellos se acercó, le propinó un golpe a la vaca y, volviéndose hacia el hombre, le cortó el rostro y el cuerpo.

El 6 de noviembre de 1957, Everett Clark, de Dante, en el estado de Tennessee, abrió la puerta para dejar salir a su perro Frisky, cuando vio un objeto extraño en un campo situado a unos cien metros de su casa. Pensó que se trataba de un espejismo y volvió a entrar. Unos veinte minutos más tarde, volvió a salir para llamar a su perro: el objeto continuaba allí y Frisky estaba a su lado, en compañía de otros perros del vecindario. Entonces vio a dos hombres y dos mujeres que llevaban unas vestiduras de lo más ordinarias. Uno de ellos trató en varias ocasiones de atrapar a Frisky y luego a otro perro, pero tuvo que desistir en su intento por miedo a ser mordido. Unos minutos más tarde, los extraños personajes entraron en la nave y se alejaron sin hacer el más mínimo ruido. El objeto era oblongo y «no tenía ningún color particular».

Por una de esas coincidencias extraordinarias que se han hecho familiares a los investigadores de los ovnis, el mismo día se produjo un incidente parecido, pero esta vez en Everittstown, en el estado de Nueva Jersey.

John Trasco había salido de su casa para dar de comer a su perro cuando vio un objeto brillante con forma de huevo planear delante de su granja. En su camino, se topó con un ser de unos noventa centímetros de alto, «de rostro de color cemento y de grandes ojos parecidos a los de una rana», quien le dijo en un mal inglés: «Somos gente pacífica, solamente queremos a su perro».

El señor Trasco le dijo al extraño personaje que se fuera por donde había venido. Este entró en el objeto y desapareció. La señora Trasco afirmó haber visto el objeto desde la casa, pero no a la entidad. Asimismo, explicó que cuando su marido trató de atrapar a la criatura, esta le lanzó un polvo de color verde que desapareció al lavarse. Al día siguiente, el señor Trasco advirtió que tenía restos del polvo bajo las uñas. El ovninauta llevaba un traje verde adornado con botones brillantes, una gorra de tipo escocés y guantes.

Que las criaturas desciendan en platillos voladores o en cestos musicales, que salgan del mar o de las piedras, poco importa. Lo que importa es lo que dicen y hacen: la huella que dejan en el recuerdo o en la memoria del ser humano, que es el único intermediario tangible de la historia. Este comportamiento nos ofrece un ejemplo de situaciones y de reacciones humanas que suscitan en nosotros interés, preocupación o risa. La historia de la galleta de Joe Simonton es divertida; los cuentos relacionados con la comida de las hadas nos intrigan pero son difíciles de situar; los anillos y los nidos son reales, pero el sentimiento que inspiran es más romántico que científico. Luego está también el deseo particularmente insistente de estos seres extraños de apoderarse de objetos terrestres, flora y fauna. Las historias citadas al respecto son casi cómicas. Pero llevar más adelante la investigación conduce al horror. Es una faceta del fenómeno que no podemos ignorar durante más tiempo.

Quizá he logrado despertar en el espíritu del lector un nuevo tipo de toma de conciencia: un paralelismo posible entre los rumores de nuestra época y las creencias de nuestros ancestros, creencias en luchas asombrosas con superhombres misteriosos, anillos aparentemente mágicos y enanos que recorren el país. He querido, en este segundo capítulo, limitar la exposición a la simple yuxtaposición de creencias modernas y más antiguas. Planea la leve sospecha de un misterio gigante más grande que nuestra preocupación actual sobre la vida en otros planetas, bastante más profundo que los relatos de luces zigzagueantes: quizá podemos tratar de comprender los efectos que sobre nosotros ejercen estos cuentos, estos mitos, estas leyendas. ¿Qué imágenes se supone que deben transmitirnos? ¿A qué necesidades ocultas responden? Si es una invención, por que habría de ser tan absurda? ¿Hay precedentes en la historia? ¿La fuerza de la imaginación puede acaso ser mayor cuando provoca las acciones de los hombres que cuando se expresa en dogmas, en estructuras políticas, en iglesias reconocidas o en ejércitos? De ser afirmativa la respuesta, ¿podría uno servirse de esta fuerza? ¿Acaso uno se sirve de ella? ¿Existe acaso una ciencia del engaño en acción aquí, a gran escala, o bien el espíritu humano acaso puede generar por sí mismo todas sus propias fantasías y crear una mitología colectiva? «La imaginación del hombre, como toda fuerza conocida, trabaja de acuerdo con leyes fijas.» Estas palabras de Hartland escritas en 1891 nos ofrecen un indicio. Sí, hay una corriente profunda subyacente que descubrir y que delimitar detrás de estas historias que parecen absurdas. Algunas partes aparentes de este modelo han sido descubiertas y escrutadas en el pasado por científicos muertos hace ya tiempo. En la actualidad, se nos brinda la oportunidad única de constatar la reaparición de esta corriente, con toda libertad, indistinta y naturalmente, de nuestras nuevas tendencias humanas, de nuestro interés por la ciencia, de nuestra aspiración por la tierra prometida de otros planetas.

Teníamos necesidad de una mitología nueva para establecer un puente sobre el abismo prodigioso más allá del presente insensato. Ellos nos lo ofrecen. ¿Pero quiénes son ellos? ¿Seres reales o seres fantasmas de nuestros propios sueños? Se han comunicado con nosotros en un «inglés incorrecto». Se han cominicado con nuestros hombres de ciencia, no han enviado señales sofisticadas en códigos excepcionalmente difíciles de descifrar, como todo extranjero bien educado lo haría antes de penetrar en nuestro sistema solar. No, en lugar de eso, la tomaron con Gary Wilcox. Y con Joe Simonton. Y con Maurice Masse. ¿Qué dijeron? ¿Que venían de Marte? ¿Que eran vecinos nuestros y por encima de todo que eran nuestros superiores? ¿Que debíamos obedecerles? ¿Que eran buenos? Vayan a Valensole a preguntárselo a Masse. Él les dirá, quizá, como a mí, cuál fue su asombro cuando de repente, sin signo precursor, sintió en el fondo de sí mismo una impresión calurosa, reconfortante; qué buenos eran nuestros buenos vecinos. La Buena Gente. Se interesaban mucho por los asuntos de los hombres y «defendían la justicia y el derecho». Podían aparecer bajo diferentes formas.

Con ellos, Joe Simonton intercambió alimentos, igual que en el pasado lo hicieron los irlandeses que hablaron con seres semejantes. ¿Qué decían ellos en aquel entonces?

«Somos con mucho superiores a ustedes. Podríamos hacer desaparecer la mitad de la raza humana.»

Todo eso comienza a tomar sentido. Son hechos lo que nos ha hecho falta. Los hechos históricos sin los cuales no podríamos jamás ensamblar los pedazos del rompecabezas ovni. Los sacerdotes y los eruditos han dejado libros de leyendas de sus tiempos sobre estos seres. Ha sido necesario buscar estos libros, reunirlos, estudiarlos. Todas juntas, estas historias ofrecen ahora un panorama coherente de la apariencia, la organización y los métodos de nuestros extraños visitantes. Su apariencia era, aunque le sorprenda, exactamente la de los pilotos de los ovnis. Los métodos eran los mismos. Se producían apariciones repentinas de casas luminosas por la noche, casas que podían volar, que contenían lámparas extrañas, luces radiantes que no necesitaban combustible. Las criaturas podían paralizar a sus testigos y sacarlos fuera del tiempo. Cazaban animales y también se llevaban a algunos testigos.

En *The Magic Casement*, un libro editado por Alfred Noyes en 1910, encontré este pequeño poema de William Allingham, que invito a los ufólogos a que se lo aprendan de memoria en honor a Joe Simonton.

Arriba, rodeados por el aire de las montañas,
Abajo, en el valle de juncos,
No osamos ir a cazar solos por miedo a los pequeñuelos;
Gente pequeña, buena gente,
Marchando todos unidos;
Traje verde, gorra roja,
¡Y pluma de búho blanco!

Abajo, a lo largo de la playa rocosa,
Algunos tienen su morada,
Viven de galletas crujientes,
De espuma amarilla de la marea;
Algunos, entre las cañas
del lago de montaña negro,
Teniendo ranas por guardianes,
Vigilan toda la noche.

III
La organización secreta

Vamos a progresar, etapa por etapa, en un bosque de informes y de hechos oscurecidos por las especulaciones y las teorías. Trato de desbrozar el terreno. En los dos capítulos precedentes, ya hemos comenzado a ver más claro en este asunto. Es tranquilizante constatar que el fenómeno sigue ciertas leyes, aunque sean extrañas y hayan intrigado a nuestros ancestros tanto como nos desafían a nosotros.

Sería un error grave creer que nosotros somos los primeros en ser lo bastante espabilados como para reconocer que vale la pena estudiar el fenómeno y que este obedece a ciertos modelos invariables. He dedicado mucho tiempo a reunir, estudiar y reconstituir los informes detallados de que disponían los investigadores serios de los siglos precedentes, y en reconstruir los pasos que dieron. El hecho de que hayan sido eruditos en teología y en filosofía natural, más bien que físicos aguerridos, no me molesta. Aplicaban los mismos principios que nosotros. Partieron de historias que les relataron, fueron a visitar a sus testigos para hacerse una opinión personal y, de vuelta a casa, en la tranquilidad de su monasterio o de su estudio, compararon las observaciones nuevas con las que ya habían coleccionado. Como yo, sacaron libros antiguos de sus anaqueles polvorientos. Abrieron los sellos junto a los de Paracelso y los de Wier para consultar las ideas que habían guiado a sus predecesores. Hubiera sido igualmente fácil para ellos sacar conclusiones apresuradas como para nosotros declarar que los ovnis son visitantes extraterrestres. Hubieran podido afirmar que las criaturas venían de la Luna o que eran habitantes de los infiernos. Sin embargo, mantuvieron un espíritu abierto y nos transmitieron un estado asombrosamente claro de las cosas vistas en el cielo y sobre la tierra durante siglos; sus relatos se leen igual que los informes modernos de avistamientos de ovnis y de abducciones.

Uno de esos investigadores, el reverendo Kirk, que vivía en Escocia a finales del siglo XVII, incluso nos dejó una lista de 16 conclusiones concisas y precisas sobre la forma de inteligencia que controla el fenómeno y la organización de las entidades mismas. Denomina a esta estructura «la organización secreta».

EL FANTASMA Y EL TELETIPO

El 9 de septiembre de 1966, llegó un teletipo a Dayton vía militar. El texto completo, de unas cuatro páginas de largo, era del todo ininteligible para el que no conociera el procedimiento de transmisión de los informes ovni de las Fuerzas Aéreas de los EE.UU.

Este mensaje en particular provenía de la Base de la Fuerza Aérea de Kelly, en Texas. En el encabezamiento se podía leer «Asuntos corrientes diversos». Debajo, aparecía el siguiente título: «Informe ovni transmitido de acuerdo con AFR 200-2». La Base de la Fuerza Aérea de Kelly enviaba algo que se parecía mucho a una historia de fantasmas. El informe hacía referencia a dos acontecimientos separados que tuvieron lugar respectivamente el 6 de agosto y el 3 de septiembre de 1966 en una pequeña ciudad de Texas. El autor del informe era un padre de cuatro niños, que llamaremos Robert. Su casa estaba situada en un lugar bastante aislado. Nunca comentó de estos acontecimientos a sus vecinos. El 6 de agosto, los tres hijos más jóvenes de Robert (de edades entre seis y nueve años) observaron un objeto oscuro con forma de tazón invertido. A pesar de que el incidente tuvo lugar al mediodía, los niños no vieron llegar al objeto. (Por supuesto, no explicaron por sí mismos estos detalles; la historia fue reconstruida durante la investigación de las Fuerzas Armadas.) El objeto era oscuro, «sin color y sin luz». Entonces, se abrió una puerta y surgió un resplandor amarillo. En medio de ese cuadrado de luz, apareció una pequeña figura. La entidad, que medía de noventa centímetros a un metro y veinte centímetros, vestía un traje negro con reflejos amarillos o dorados. El espectáculo duró algunos minutos; luego, la puerta se cerró. Se oyó un sonido sordo, como un zumbido, y el objeto desapareció a una velocidad excepcional. El objeto nunca llegó a tocar el suelo, sino que planeó a una altura de cuatro metros y medio aproximadamente. La segunda manifestación tuvo lugar el 3 de septiembre. Casi toda la familia había salido, a excepción de la hija mayor que se había quedado en casa en compañía de una amiga. Estas estaban viendo la televisión tranquilamente cuando de repente el aparato se apagó. A continuación, una extraña lu, roja y amarilla iluminó la casa. Las dos niñas se asomaron por la ventana y vieron un objeto que planeaba en el mismo lugar en que lo había hecho el primero. Era idéntico a aquel: era como un tazón invertido colocado sobre un círculo plano, es decir, un platillo. El objeto, bañado por una intensa luz, despegó poco después. No había ningún signo de vida aparente ni en el interior ni en el exterior del aparato.

Dos noches más tarde, Robert estaba sentado en su cama, desde donde controlaba la entrada sombría de la habitación de sus hijos. De pronto, vio a un ser pequeño, de un metro a un metro y veinte centímetros de alto, vestido con un traje blanco pegado al cuerpo, que entraba en la habitación sombría. Robert creyó que era su hija pequeña que quería hablar con su madre en la habitación de los niños. Diez minutos después, vio cómo se desmoronaba una «barra de luz». Se levantó y se dirigió a la habitación de los niños. Todos habían visto la barra de luz. Su mujer le dijo entonces que su hija no había puesto los pies en la habitación. No se encontró ninguna prueba concluyente que confirmara la presencia de aquella extraña criatura en la casa.

LAS ROCAS ESTABAN LLENAS DE ELLAS

En la isla de Aramore, un hombre llamado «Old Patsy» le contó a Walter Evans-Wentz un «verdadero cuento de hadas»:

> Hará unos veinte años, en los alrededores de Bedd de Dermot y de Grannia, justo encima de nosotros, en la colina, un grupo de hadas se disponía a cazar un gamo. En su intento por cazarlo, llegaron hasta el final de la isla. Otro día, el mismo grupo persiguió un caballo. Las rocas estaban llenas de ellas. Eran muy pequeñas.

Otra persona le dijo a Evans-Wentz:

> Mi madre solía contar que veía a las hadas bailar en los campos cerca de Cardigan; otras personas las habían visto alrededor de los Cromlechs, en lo alto de la colina. Eran como niños pequeños vestidos de soldado, con boinas rojas.

Ahora que ya estamos más cerca de la idea principal de este libro, citaré otras dos historias, ambas referentes a «aterrizajes» del período más rico de la historia de los ovnis, al menos en cuanto a la cantidad de informes, es decir, el otoño de 1954. Las dos historias vienen de Francia.

El primero de estos aterrizajes tuvo lugar el 9 de octubre. Cuatro niños que vivían en Pournoy-la-Chétive (Moselle) contaron que a eso de las 18.30, mientras patinaban, vieron algo luminoso cerca del cementerio:

Era una máquina redonda de unos dos metros y medio de diámetro, que reposaba sobre tres patas. Un hombre salió de ella. Llevaba en la mano una linterna eléctrica que nos cegó por unos momentos. Sin embargo, pudimos ver sus grandes ojos y su rostro cubierto de pelos. Era una criatura muy pequeña: medía alrededor de un metro y veinte centímetros de altura. Vestía un traje negro, ancho como la sotana que lleva el señor cura. Nos miró y nos dijo algo que no comprendimos. El extraño personaje apagó su linterna. Entonces nos entró pánico y salimos corriendo. Cuando nos giramos para mirar hacia atrás, vimos algo en el cielo. Estaba muy alto, era muy brillante y volaba a gran velocidad.

El segundo era un caso clásico. Se produjo el domingo 26 de septiembre en Chabeuil, departamento de Drôme. A eso de las 14.30, la señora Leboeuf recogía moras a lo largo de una valla cuando:

El perro comenzó a ladrar y luego a emitir aullidos lastimeros. La mujer se dio la vuelta y vio al pequeño animal al lado de un campo de trigo frente a algo que primero tomó por un espantapájaros. Pero al acercarse vio que el «espantapájaros» no era más que un pequeño traje de submarinista hecho de una materia plástica translúcida con un casco igualmente translúcido. De pronto se dio cuenta de que dentro del traje había una Cosa y que dentro del «casco», cuya transparencia estaba un poco empañada, dos ojos la observaban. Al menos creyó que eran unos ojos, porque eran más grandes que los humanos. Mientras tomaba conciencia de todo aquello, el traje de submarinista comenzó a caminar hacia ella, apresuradamente, balanceándose de un lado a otro.

La señora Leboeuf, aterrorizada, salió corriendo y se escondió entre la espesa vegetación. Cuando trató de localizar de nuevo a la entidad, no la encontró, pero todos los perros del vecindario ladraban furiosamente. De repente, un objeto grande, metálico y redondo se elevó por detrás de un grupo de árboles y se dirigió hacia el noreste. Un grupo de personas que habían oído a la mujer gritar corrieron hacia ella. En el lugar donde se había visto el objeto redondo elevarse, se descubrió un círculo de unos tres metros de diámetro, en el que los arbustos estaban aplastados:

En el borde de esta huella circular, colgaba una rama de una de las acacias de un grosor de más de seis centímetros partida por una fuerza que presionaba desde arriba. Una rama de otra acacia estaba totalmente desprovista de sus hojas. También había trigo aplastado.

¿Es acaso necesario subrayar la similaridad entre la presión dejada por el objeto y los diversos tipos de anillos o de nidos de los que ya hemos hablado?

Volvamos ahora a los *fions*, la raza de enanos que acompañan a las *korrigans*, las hadas de Bretaña. Solamente se les ve durante el crepúsculo o cuando ha caído la noche. Algunos llevan una antorcha, «semejante al cirio de los muertos del País de Gales». Tienen sables no más grandes que alfileres. De acuerdo con el escritor francés Villemarqué, hay que hacer una distinción precisa entre las *korrigans* y los enanos. Estos últimos son una raza odiosa de piel oscura o cubierta de pelos, con voces parecidas a las de un viejo y pequeños ojos negros chispeantes.

Un hombre que había leído uno de mis libros me escribió para decirme que, aunque no estuviera convencido de la existencia de los ovnis, había descubierto algo que, pensaba él, podía interesarme:

> Desde hace varios años, llevo investigando la vida de los indios cherokees, una rama de la tribu de los iroqueses. Cuando los cherokees emigraron a los montes de Tennessee, se encontraron con una raza extraña de gente, de «ojos parecidos a la luna», que no podían ver durante el día. Los cherokees, incapaces de comprender a esos «miserables», les dieron caza... En 1797, Barton declara que «esa gente pertenecía a una raza blanca muy avanzada, que vivía en casas». Veintiséis años más tarde, Heywood declara que los invasores cherokees encontraron blancos cerca de Little Tennessee, cuyos túmulos se extendían hasta más allá de la cala de Chickamauga. Describió la situación de tres de estos túmulos.

Se puede encontrar la confirmación del informe de mi correspondiente en el excelente libro de Robert Silverberg *Mound Builders of Ancient America -–The Archeology of a Myth*.

Sería agradable seguir creyendo que los ovnis son naves de una civilización superior proveniente del espacio, porque es una hipótesis que la ciencia ficción ha hecho aceptable intelectualmente. Desde el punto de vista científico así como desde el punto de vista estratégico, esta idea no nos choca en absoluto. Desafortunadamente, la teoría que afirma que los platillos voladores son objetos espaciales materiales, tripulados por una raza proveniente de otro planeta, no es una respuesta adecuada ante la variedad de las observaciones y el abanico histórico de informes de contactos». Por fuerte que sea la creencia en los platillos provenientes del espacio, no puede ser más fuerte que la creencia celta en los elfos y las hadas, o que la creencia medieval en los duendes, o que el miedo de todos los países cristianos, en los primeros siglos de nuestra era, a los demonios, a los sátiros y a los faunos. No puede ser más fuerte que la fe que inspiran los autores de la Biblia y de los Evangelios, una fe enraizada en sus experiencias cotidianas con lo que consideraban como visitas de ángeles o demonios.

Los que plantean que las apariciones de ovnis son el resultado de experiencias de naturaleza «científica» o incluso «supercientífica» llevadas a cabo por una raza de viajeros del espacio son, a mi entender, víctimas de su ignorancia del folclore antiguo. Los pedantes, por una reacción común que los psicólogos serían suceptibles de explicar si ellos mismos no fueran las primeras víctimas, han cubierto la creencia en las hadas con el mismo ridículo con el que los otros pedantes cubren hoy el fenómeno ovni. Tales cuentos ponen en movimiento una mecánica mental poderosa que hace que la aceptación de estos relatos sea muy difícil. Los hechos en cuestión ignoran las fronteras, las creencias y las razas, desafían la opinión general y contradicen las predicciones más lógicas como si no fueran otra cosa que juguetes.

Evans Wentz, como hemos visto, encontró en los países celtas a varias personas que habían visto a miembros de la Gentry o habían conocido a gentes que habían sido raptadas por duendes. En Bretaña, pasó muchas más dificultades.

> La creencia general, en el interior de Bretaña, es que los *duendes* han existido, pero que desaparecieron cuando la provincia se vio transformada por las condiciones de la vida moderna. En la región de Mené y de Ercé (Ille-et-Vilaine), se dice que desde hace más de un siglo ha dejado de haber *duendes*, y en la costa se cree firmemente que los *duendes* tenían la costumbre de vivir en ciertas grutas de los acantilados. La opinión es que desaparecieron a comienzos del último siglo. Los bretones más ancianos dicen que sus padres o abuelos frecuentemente hablaban de *duendes* que habían sido vistos; pero muy pocas veces dicen haberlos visto ellos mismos. El señor Paul Sebillot solamente ha encontrado a dos personas que afirman haberlos visto. Una de ellas era una vieja costurera de Saint-Cast, que les tenía un miedo horrible. La otra era Marie Chehu, una mujer de ochenta y ocho años.

En mi opinión, la creencia moderna en los platillos voladores y sus ocupantes es idéntica a la creencia antigua en la Gentry. Las entidades descritas como pilotos de las naves no se distinguen de los elfos, silfos y duendes de la Edad Media. A través de las observaciones contemporáneas de los ovnis, nos encontramos de nuevo ante una organización que nuestros ancestros conocían muy bien y que algunos han llamado la organización secreta.

¿Podemos establecer con certeza que las dos creencias son verdaderamente idénticas? Yo creo que sí. Ya he dado varios ejemplos de medios de transporte que utilizaban los silfos. La capacidad de los duendes de atravesar los continentes no puede haber escapado a la atención del lector. Resta sacar del folclore popular los relatos que refuerzan más directamente la idea de que se han visto, a lo largo de toda la historia, objetos voladores extraños al mismo tiempo que gente menuda.

RAZAS AÉREAS: *FARFADETS Y SLEAGH MAITH*

Hasta 1850, una raza de duendes sobrevivió en Francia, concretamente en la región de Poitou, que en los últimos años se ha convertido en el lugar favorito de aterrizaje de algunos platillos voladores. Los duendes de Poitou eran conocidos con el nombre de *farfadets*.

¿Cuáles eran las características principales de los *fadets* o *farfadets*? En primer lugar, se puede decir que eran unos hombrecillos muy negros y velludos, que se pasaban todo el día en sus cavernas y salían de noche para aterrorizar a todo el mundo. Se han podido localizar sus moradas de manera bastante precisa. C. Puichaud, por ejemplo, explicó durante una conferencia que los *farfadets* habían vivido durante mucho tiempo en La Boulardiere, cerca de Terves (Deux-Sevres), en túneles subterráneos. En La Boissière, los habitantes describen a los *fadets* como unos enanos peludos que gastan todo tipo de bromas.

Una noche de 1850, cerca de la ribera del río Egray, un grupo de mujeres que regresaban a sus casas vieron una especie de carro tirado por unos cuantos *farfadets*. Las aterrorizadas mujeres se apretaron unas contra las otras. Entonces, el extraño carro saltó por encima del viñedo y se perdió en la oscuridad. Las mujeres regresaron apresuradamente a sus casas y les contaron el incidente a sus maridos, que, valientemente, se dirigieron hasta el lugar de los hechos en cuanto salió el sol. Por supuesto, no encontraron nada.

Ya sabemos cuáles eran las costumbres de la Buena Gente cuando viajaban. Lo que no sabemos aún es que, especialmente en Irlanda, se creía que algunas condiciones de la vida de los humanos dependían de los viajes de los duendes. Evans-Wentz recogió la siguiente historia que le contó John Glynn, empleado municipal de Tuam:

> En 1846-1847, la cosecha de patatas en Irlanda fue muy mala, lo que dio lugar a muchas penalidades. En aquella época, los campesinos de estas regiones atribuyeron la hambruna a los problemas existentes en el mundo de los duendes. El viejo Tedhy Stead me habló un día de las condiciones que imperaban en aquella época. «Seguro que no podía ser de otro modo, he visto a la Buena Gente y centenares como yo también la ha visto combatir en el cielo encima de Knoch Magh, y más lejos hacia Galway.» Y he oído a otros decir que también habían visto el combate.

De acuerdo con otra creencia irlandesa, los elfos celebran dos grandes fiestas al año. La primera tiene lugar a comienzos de la primavera, cuando el héroe O'-Donoghue, que reinaba sobre la tierra, sube al cielo en un caballo blanco rodeado de la brillante compañía de los elfos. ¡Qué dichoso el irlandés que puede verlo salir de las profundidades del lago de Killarney!

En 1537, la gente de Franconia, entre Pabenber y el bosque de Theeringe, vio una estrella de un tamaño asombroso. Esta descendió cada vez más bajo y apareció como un gran círculo blanco del que escapaban torbellinos y bolas de fuego. Al caer en la tierra, las bolas de fuego derretían las puntas de las lanzas y todo lo que era de hierro, sin dañar a los humanos ni sus casas.

Sin embargo, la morada favorita de la Gentry no era siempre una morada aérea. En numerosos cuentos recogidos por los especialistas del folclore, como en la literatura de los ovnis, los seres extraños vienen frecuentemente del mar. Evans-Wentz supo que:

> Hay una isla invisible... entre Innismurray y la costa frente a Grange, en la que se cree que reside una parte de la Gentry. Sólo es visible durante muy poco tiempo.

En las leyendas de Europa, es, entre los siglos VIII y X que se vieron más frecuentemente prodigios celestes. Pero los libros de magia y de demonología asocian a los seres sobrenaturales con los signos celestes. Henri-Corneille Agrippa describe en *The Magical Work* una extraña categoría de diablos llamados «demonios del viernes». Estos diablos son de talla mediana y bastante bellos. Su llegada viene precedida por la aparición de una estrella brillante. De acuerdo con los cabalistas orientales, los silfos cruzaban el aire a la velocidad del relámpago cabalgando sobre una «nube singular». Vale la pena señalar también que en Francia algunos duendes llevan una piedra luminosa, objeto que frecuentemente forma parte del equipamiento de los ocupantes de los platillos voladores. Más de un «hombre menudo» lleva una luz en su cintura, en su pecho o en su casco. En la tradición francesa, que sobrevive en las novelas modernas, el mortal dichoso que pueda robar la piedra luminosa del duende estará seguro de vivir feliz durante mucho tiempo.

Un antropólogo americano, Brian Stross, ha dedicado muchos años al estudio de las leyendas de los indios tzeltals. En estos relatos, los protagonistas son unos seres con formas humanoides, pequeños (medían entre ochenta y noventa centímetros), negros y velludos llamados *ikals*:

> Hace aproximadamente veinte años o menos, era fácil ver a estas criaturas. Mucha gente luchó contra ellas con sus machetes. A un hombre le seguía una pequeña esfera. Después de numerosos intentos, finalmente la alcanzó con su machete y la desintegró, dejando solamente una sustancia semejante a la ceniza.

Se han visto seres semejantes desde los tiempos más antiguos. Vuelan por los aires, atacan a la gente, y, en los informes modernos, llevan sobre la espalda una especie de cohete y raptan a los indios. Stross explica que muchos indios quedaban paralizados nada más ver a un ikal. Los ikals viven en cavernas, en las que los indígenas toman precaución de no entrar.

Gordon Creighton, director de la publicación *Flying Saucer Review*, experto en lingüística y antiguo diplomático del Ministerio de Asuntos Exteriores británico, ha tenido la oportunidad de estudiar el folclore indio durante los viajes que ha realizado a América latina. En su estudio del informe de Stross, Creighton ha observado que palabras tales como *ik* e *ikal* se encontraban en todos los dialectos del grupo lingüístico maya-soke:

> Las palabras tzeltals *ikh* e *ihk'al* (adjetivos) significan simplemente criatura negra o «negro»... En el lenguaje maya, encontramos que *ik* significa «aire» o «viento», e *ikal*, «espíritu», mientras que *ek* quiere decir «negro». En el maya kekchi, en Alta Vera Paz, región de Guatemala, encontramos el término *kek*, que significa «negro» en el dialecto kekchi de los mayas. El término *kek* se utiliza para designar a un ser parecido a un centauro, encargado de cuidar la morada de su dueño durante la noche y asustar a la gente durante el crepúsculo. Negro, feo, velludo, medio humano, tiene manos de hombre y pezuñas de caballo.

Las leyendas mexicanas muestran de manera concluyente que numerosas regiones del mundo poseen tradiciones propias sobre este tipo de criaturas, que asocian manifiestamente a la idea de que son de origen sobrenatural. En la cosmología tzeltal, la Tierra es plana y está soportada por cuatro pilares. En la base de estas columnas vive una raza de negros enanos. Creighton afirma que su negrura se debe, según la teoría india, al hecho de que son quemados por el sol cuando pasa cerca de ellos todas las noches en su viaje a través del mundo subterráneo.

Según los indios paiuta, California fue poblada en otros tiempos por una raza de una civilización superior, los *hav-masuvs*. Entre otras invenciones interesantes, se servían de «canoas voladoras», que eran plateadas y estaban provistas de alas. Volaban como águilas y emitían un peculiar ronroneo. Se servían igualmente de un arma muy extraña: un pequeño tubo que podían sostener en una mano y con el que aturdían a sus enemigos, a los que causaban una parálisis duradera y una sensación semejante a un «chaparrón de espinas de cactus»... ¿De qué manera las tribus primitivas podían describir mejor el mismo fenómeno vivido por Maurice Masse, entre otros testigos actuales?

Los archivos de la Iglesia católica romana también están llenos de incidentes como estos, y uno no podría poner en duda que muchas acusaciones de brujería se han debido a la creencia en estos seres extraños que podían volar en el aire y acercarse a los hombres en el crepúsculo o en la noche. A veces, los hombres vieron a estos «demonios» en plena luz del día. Y no hago alusión aquí a la confesión vaga que se obtenía, bajo tortura, de los pobres hombres y mujeres que caían en las garras de la Inquisición (aunque habría materia para un estudio paralelo). Cito documentos oficiales de esos tiempos, testimonios reunidos por eclesiastas y policías, informes cuyo relato es más divertido que creíble.

A principios del siglo XVII, había en el techo de la catedral Quimper-Corentin una pirámide revestida de plomo. El 1 de enero de 1620, entre las 19 y las 20 horas, un rayo cayó sobre esta pirámide. Como consecuencia, la pirámide comenzó a arder, explotó y cayó al suelo. El desastre provocó un ruido tremendo. De todos los rincones de la ciudad, la gente se precipitó hacia la catedral. Una vez allí, en medio de las llamas y del humo, vieron un demonio de color verde con una larga cola que movía de un lado para otro para atizar el fuego. Este relato, que fue publicado en París, es mucho más largo en una versión más completa imprimida en Rennes. Esta última versión añade que el demonio «fue claramente visto por todos, en el interior del fuego, a veces verde, a veces azul y amarillo».

¿Qué debían hacer las autoridades? Echaron al fuego que bramaba ciento cincuenta cubos de agua y de cuarenta a cincuenta carretas de abono, al mismo tiempo que una buena cantidad de objetos benditos, pero todo fue en vano. El demonio seguía ahí y el fuego continuaba vivo. Había que tomar medidas radicales: se introdujo una hostia consagrada en el interior de una migaja de pan que se arrojó a las llamas, y luego se preparó una mezcla con agua bendita y la leche de una nodriza con una conducta irreprochable, y se tiró sobre el demonio y la pirámide en llamas. El visitante no resistió; emitió un silbido abominable y desapareció.

No puedo hacer otra cosa que recomendar esta receta a la Fuerza Aérea de los EE.UU., si llega a encontrar la nodriza adecuada.

Ochocientos años antes (es decir, allá por el año 830 de nuestra era), en la época del emperador Lotario, criaturas semejantes a los elementales aparecían muy frecuentemente en las regiones situadas al norte de los Países Bajos. De acuerdo con Corneil van Kempen, quien las compara con las ninfas de la Antigüedad, eran conocidas como las Damas Blancas. Vivían en cavernas y atacaban a la gente que viajaba de noche. Perseguían también a los pastores y sentían una especial predilección por los recién nacidos. En su guarida, se podían oír ruidos extraños de todo tipo, palabras confusas que nadie podía comprender y sonidos musicales.

LAS DIECISÉIS CONCLUSIONES DEL REVERENDO KIRK

En la segunda mitad del siglo XVII, un sabio escocés reunió todos los escritos que pudo encontrar sobre la Buena Gente y, en 1691, escribió un manuscrito que llevaba el siguiente título: «La organización secreta de los elfos, los faunos y las hadas». Fue el primer intento sistemático de describir los métodos y la organización de estas extrañas criaturas que atormentaban a los granjeros de Escocia. El autor, el reverendo Kirk de Aberfoyle, había estudiado teología en Saint Andrew y había obtenido su licenciatura en Edimburgo. Más tarde, sirvió como pastor en las parroquias de Balquedder y Aberfoyle, donde murió en 1692.

Kirk inventó la expresión «Organización Secreta» para describir el mundo de los elfos. Desafortunadamente, es imposible citar el texto completo de su tratado, pero podemos resumir sus descubrimientos sobre los elfos y otras criaturas aéreas de la manera siguiente:

1. Su naturaleza es intermedia entre la del hombre y la de los ángeles.
2. Físicamente, tienen unos cuerpos ligeros y «fluidos», que son comparables a una nube espesa. Son principalmente visibles por la noche. Pueden aparecer y desaparecer a voluntad.
3. Intelectualmente, son inteligentes y curiosos.
4. Tienen el poder de llevarse todo lo que les gusta.
5. Viven bajo tierra en cavernas, a las que llegan a través de cualquier falla u obertura por donde pase el aire.
6. Cuando los hombres no vivían en la mayor parte del mundo, ya vivían ahí. Tenían su propia agricultura. Su civilización ha dejado huella en las montañas altas; fue floreciente en aquella época, cuando toda la campiña no era otra cosa que bosques.
7. Al comienzo de cada trimestre, cambian de cuartel, porque son incapaces de permanecer en un lugar fijo. Además, les gusta viajar.
8. Sus cuerpos camaleónicos les permiten atravesar el aire junto con su familia.
9. Se dividen en tribus. Como nosotros, tienen hijos, nodrizas, celebran matrimonios y entierros, etc., a menos que hagan todo eso solamente para burlarse de nuestras propias costumbres o para predecir los acontecimientos terrestres.
10. Sus casas son extraordinariamente grandes y soberbias, pero al mismo tiempo son invisibles a los ojos de los humanos. Kirk las compara con islas encantadas. Las casas están equipadas con lámparas que arden sin cesar.
11. Hablan muy poco. Su lenguaje es como un silbido.
12. Son capaces de adoptar las costumbres y el lenguaje propios de cada lugar de la tierra.
13. Su sistema filosófico está basado en las ideas siguientes: nada muere; cada cosa evoluciona de acuerdo con un ciclo, de manera que en cada ciclo se renueva y mejora. El movimiento es la ley universal.
14. Entre ellos hay líderes, pero no tienen ninguna devoción aparente por Dios ni por ninguna religión.
15. Tienen muchos libros encantadores y ligeros, pero también libros serios y complejos que tratan de temas abstractos.
16. Pueden aparecer a voluntad ante uno por medios mágicos.

Las similaridades entre estas revelaciones y el relato hecho por Facius Cardan, que precede en 200 años exactamente al manuscrito de Kirk, son claras. Cardan y Paracelso escriben, igual que Kirk, que se puede establecer un pacto con estas criaturas, y que pueden aparecer y desaparecer a voluntad y responder a las preguntas. Paracelso no quería revelar el contenido del pacto «por temor a las desgracias que podían abatirse sobre los que quisieran hacerlo». Kirk es igualmente discreto respecto a este punto. Y, naturalmente, penetrar más profundamente en ese tema sería abrir el campo entero de la brujería y de los ritos mágicos, lo que iría más allá del objetivo de este libro.

La conclusión de Kirk es que cada época ha dejado un secreto por descubrir. Antes de lo que pensamos, dice él, las relaciones con las criaturas del aire serán para nosotros tan naturales como la imprenta o la navegación, las cuales crearon una sorpresa considerable cuando fueron introducidas por primera vez.

Es curioso que no se pueda encontrar un solo escritor que pretenda conocer la naturaleza física de las hadas. Todos nos dicen su opinión personal sobre el tema o las diversas teorías emitidas en su época, pero no nos dan la seguridad de haber descubierto una respuesta definitiva. Para Kirk, la Buena Gente tiene un cuerpo tan

> flexible, dada la sutileza de los espíritus que lo agitan, que puede aparecer o desaparecer cuando le plazca. Algunos tienen cuerpos o vehículos tan esponjosos, delgados y delicados que se nutren solamente succionando algunos buenos licores o bebidas espiritosas que penetran como el aire puro y el aceite.

De acuerdo con los ocultistas medievales, todos los seres invisibles pueden dividirse en cuatro categorías: los ángeles, dioses de los antiguos; los diablos o demonios, ángeles caídos; las almas de los muertos, y los espíritus elementales que corresponden a la organización secreta de Kirk. En el cuarto grupo, se encuentran los gnomos que viven en la tierra y que corresponden a las hadas que encantan las minas, los goblins, pixies, korrigans y leprechauns, y los *domovoys* de las leyendas rusas y los silfos que viven en el aire. Estas subdivisiones son evidentemente arbitrarias y Paracelso mismo admite que es extremadamente difícil dar las definiciones. El cuerpo de los elementales está hecho «de una sustancia elástica, semimaterial y suficientemente etérica como para no ser vista, y puede cambiar de forma debido a ciertas leyes. Evans-Wentz se enteró por John MacNeil de Barra de que:

> Las personas de edad decían que no sabían si las hadas estaban hechas de carne y de sangre o si eran espíritus. Las veían como unas criaturas de pequeña estatura. He oído a mi padre decir que las hadas solían venir a hablar a nuestra gente y al

mirarlas desaparecían. Las mujeres hadas tenían la costumbre de entrar en las casas, conversar durante un rato y luego desaparecer. Se creía generalmente que las hadas eran espíritus que podían dejarse ver o no a voluntad. Y cuando se secuestraban a personas, tomaban el cuerpo y el alma juntos.

Otro de los testigos entrevistados por Evans-Wentz subrayó que «las hadas del aire son diferentes de las de las rocas». Paralelamente, en Bretaña, la tradición popular divide a las hadas en dos grupos: por un lado, están las entidades de la talla de pigmeos, dotadas con poderes mágicos y con el don de la profecía; por el otro, están las hadas blancas, aéreas. Los seres de la primera categoría son negros y velludos, con unas manos que terminan en garras. Tienen rostros de anciano, con unos ojos hundidos, pequeños y brillantes como carbones ardientes. Su voz es baja, como «rota por la edad».

Esta observación respecto a la profecía nos conduce a considerar de nuevo la relación existente entre las actas de la organización secreta y los asuntos de los hombres. Evans-Wentz, observando esta relación en la poesía antigua, dijo que durante la última batalla del gran héroe del Ulster Cuchulainn (que era el favorito de las *sidhe* o hadas), una de las criaturas llamada Morrigu voló por encima de la cabeza de Cuchulainn mientras se batía en su carro de guerra. Las hadas tomaron parte también en la batalla de Clontarf (el 23 de abril de 1014), asegurando de esa manera lo que en lenguaje militar moderno llamaríamos la «cobertura aérea» del campo irlandés. Antes de la batalla, un hada fue a ver a Dunlang O'Hartigan y le suplicó no batirse; sabía que para ella el asunto no podía significar más que su propia muerte (volvemos a encontrar aquí los poderes proféticos de las hadas). Este le aseguró que estaba dispuesto a morir por Irlanda. De acuerdo con la traducción de W. H. Hennes en *Review Celte*, los dos ejércitos se encontraron cerca de Dublín:

> Será una de las maravillas del juicio final rememorar la descripción de este fabuloso asalto. Por allá se elevó un *badb* salvaje, impetuoso, ardiente, loco, inexorable, furioso, sombrío, lacerante, implacable, agresivo y camorrista, que daba gritos estridentes sacudiendo las alas por encima de las cabezas. Y por acá se elevaron también los sátiros y los espíritus... y los demonios destructores del aire y del firmamento, y el ejército demoníaco.

¿Acaso se pueden estudiar los informes modernos de ovnis sin recordar el problema histórico de las apariciones en su conjunto? Para la mayoría de los ufólogos, la respuesta es sí. Los ovnis, concluyen, dejan huellas materiales y se comportan como sondas espaciales. Para ellos, es evidente que los ovnis son invenciones *científicas* que no tienen nada que ver con el contexto místico religioso de las apariciones medievales, ni nada que ver con las criaturas estudiadas por Kirk, que califican de rumores folclóricos vagos.

Este enfoque que ignora el contexto histórico del problema no puede seguir reprimiéndose. Informes de observaciones recientes se refieren a objetos y seres que aparecen y desaparecen a voluntad, como los elfos del reverendo Kirk, pero no son dados al conocimiento del gran público. Los estudiosos de los ovnis tienen repugnancia a publicarlos. Y los testigos mismos no quieren relatar lo que ocurrió porque saben que nadie creerá sus historias. Durante una discusión al respecto, Aimé Michel me señalaba las reacciones negativas de los científicos respecto a los análisis que él ha hecho de las apariciones francesas. Concluían que historias tan fantásticas solamente podían provenir de cerebros trastornados. «¿Qué hubiera dicho esta gente, observó Michel, si yo hubiera publicado todos los datos?»

Entre los casos que merecen ser examinados de cerca pero que han sido desechados por los ufólogos mismos, citaremos el incidente que tuvo lugar el 30 de septiembre de 1954 en Nouatre (Indre-et-Loire). Eran alrededor de las 16.30 cuando Georges Gatay, contramaestre responsable de un equipo de ocho albañiles, se separó de sus obreros. Invadido por una «cierta torpeza», comenzó a caminar sin rumbo alguno, cuando de repente se topó con un hombre cuya cabeza estaba cubierta por un casco de vidrio opaco, provisto de una visera que descendía hasta su pecho. Llevaba un traje gris y unas botas pequeñas. En la mano tenía un objeto alargado. En su pecho había un proyector. Este estaba de pie delante de una cúpula grande y brillante, que «flotaba» a unos noventa centímetros del suelo:

> El hombre extraño desapareció en un instante, no puedo explicarme cómo, pues juro que no le quité los ojos de encima; desapareció como una imagen que se borra de un solo golpe.
>
> Oí entonces una especie de silbido, tan fuerte que silenció el ruido de nuestras excavadoras. El platillo se elevó dando saltos y desapareció entre una bruma azul, como por milagro.

Gatay trató de huir, pero estaba como clavado al suelo. Estuvo «paralizado» durante toda la escena, al igual que sus obreros. Este es un caso único de reacción fisiológica colectiva. Antes del incidente, ninguno de ellos creía en la existencia de los platillos voladores.

Tan pronto como pudo moverse de nuevo, Gatay se precipitó hacia sus obreros gritando: «¿Vieron algo?». El señor Beurrois le respondió: «¡Sí, un platillo volador!». El señor Lubanovic, el hombre que conducía la excavadora, añadió: «Yo he visto a un hombre vestido con una especie de traje de submarinista». Otros cuatro obreros, los señores Sechet, Villeneuve, Rougier y Amirault, confirmaron todos los detalles de la escena. Curiosamente, los ocho hombres siguen sin estar convencidos de que los platillos voladores vienen de otro mundo. Están seguros de que forman parte de experiencias secretas de una nación muy terrestre, probablemente Francia misma.

A principios de septiembre de 1965, un objeto pilotado por una criatura vestida de negro, con ojos brillantes como los de un gato aterrizó en Jalapa, México. La entidad descendió de la nave y luego desapareció en una calle de Jalapa ante la mirada atenta de un periodista local, dos taxistas y un torero, quienes confirmaron que llevaba una barra brillante en la mano..

En Carazinho, Brasil, el 26 de julio de 1965, fueron vistos cinco enanos vestidos con un uniforme negro y pequeñas botas. Según un testigo, «uno de ellos tenía en la mano un objeto asombrosamente luminoso, como una barra mágica».

Hacia las 13.45 del 28 de enero de 1967, se produjo un relámpago en Studham Common, cerca del zoo de Whipsnade Park, un lugar aislado en los montes Chiltern, en Inglaterra. Estaba lloviendo y la atmósfera era pesada, relata en *The Flying Saucer Review* R.H.B Winder, investigador inglés encargado del caso. Siete muchachos jóvenes se dirigían a la escuela bordeando el Dell, un valle bajo ideal para jugar al escondite cuando uno de ellos. Alex Butler, de diez años de edad, vio a un «hombre azul pequeño con un sombrero alto y una barba». Rápidamente, llamó a sus amigos, que comenzaron a correr hacia la silueta. Cuando se encontraban a unos veinte metros, esta «se esfumó como una bocanada de humo». Los muchachos quedaron muy sorprendidos, naturalmente. Más tarde afirmarían que nada en la actitud de la silueta extraña les había inspirado un sentimiento de miedo o de amenaza. Es por eso que continuaron buscando al «hombrecito azul», que de nuevo estaba en el mismo lugar de la primera vez. Los chicos se dirigieron hacia él, pero como antes desapareció para volver a aparecer esta vez un poco más lejos. Entonces, unas «voces» procedentes de unos arbustos circundantes asustaron a los pequeños. Eran unas voces ininteligibles. Estos vieron al extraño hombre una cuarta vez antes de que el silbato de la escuela los avisara para entrar.

Su institutriz, la señorita Newcombe, rápidamente advirtió que los chicos mostraban un estado de excitación anormal. Estos le explicaron a grandes rasgos lo que habían visto, pero esta no creyó su historia. Entonces los separó e hizo que la escribieran individualmente. Estos relatos fueron reunidos en un libro titulado *El hombrecito azul de Studham Common*. Según Winder, el libro constituye una lectura fascinante y sin duda alguna «ocupará un lugar de honor en los archivos de la escuela primaria del pueblo de Studham. Unas investigaciones posteriores revelaron que en esa región se dieron más escenas como aquella. Naturalmente, los investigadores se interesaron por el relato de los niños, que describían detalladamente a la criatura. Winder escribió:

Estiman que el hombrecito medía unos noventa centímetros, a lo que hay que sumar otros seis centímetros de su sombrero o casco, que según ellos era como un bombín grande sin alas, es decir, redondo en su parte superior. El color azul era más bien un resplandor gris azuloso que ensombrecía el contorno y los detalles. Sin embargo, pudieron discernir una línea que bien podía ser un mechón de cabello, bien el borde inferior del sombrero, dos ojos redondos, un pequeño triángulo aparentemente claro en el lugar de la nariz, un traje de una sola pieza y un cinturón ancho que le llegaba hasta los tobillos, en el cual había suspendida una caja cuadrada de unos doce centímetros cuadrados. Tenía unos brazos muy cortos, que colgaban a lo largo del cuerpo. Las piernas y los pies apenas eran visibles.

En cuanto a la «bocanada de humo», era aparentemente una nube movediza de niebla azulada enviada contra los perseguidores.

EL COFRE MÁGICO

El reverendo Kirk no tiene duda alguna al respecto: en un determinado momento, las hadas ocuparon el país. Hoy, en el norte de Escocia, todavía se cree que las *sith* o hadas existieron, creencia que sobrevivió con el nombre de «Buenos Vecinos», aunque en ocasiones puedan ser hostiles al hombre.

Los sith, a pesar de no albergar un antagonismo innato hacia los humanos, se molestaban con facilidad, eran muy caprichosos y disfrutaban gastando trastadas a sus vecinos los mortales. Estos tenían que soportar sus bromas pacientemente, ya que la resistencia o la hostilidad podían conducir a represalias terribles, como «el rapto de niños o incluso de adultos».

Walter Scott hace referencia a estas tradiciones cuando Bailie Nicol Jarvie, en *Rob Roy*, le dice a su compañero al pasar frente a una colina habitada por las hadas, cerca de Aberfoyle:

Las miman... Daoine Sith, lo que significa, si comprendo bien, hombres de paz; es decir, que hacen su voluntad. Y nosotros también haríamos bien, señor Osbaldistone, en mimarlas, ya que no está bien hablar mal del Señor en el interior de sus tierras.

Un erudito gaélico, de nombre Campbell, pastor de Tiree, publicó una historia llamada «Na Amahuisgean, los enanos o pigmeos». En ella podemos leer lo siguiente:

La existencia de pigmeos en una región desconocida situada en la frontera, si no en el interior del «reino del frío», es interesante pues indica la relación que hay entre la estatura pequeña de una persona y el clima frío, y de esa manera nos conduce a examinar la cuestión de la primera dispersión de la raza humana y del vínculo entre las tribus ahora alejadas unas de otras en apariencia, en su vestir, su modo de vida y sus dialectos.

Aunque la relación entre el clima y la estatura no sea una hipótesis válida, las observaciones de Campbell abren el camino a otras consideraciones interesantes. Escribe que el término *Lapanach* se aplica a un cierto «tipo de hombrecillo rechoncho insignificante», que se encuentra en un gran número de cuentos, y agrega:

En los Highlands, hay numerosos cuentos tradicionales de gran interés... en los que los hombrecillos del tamaño de enanos, e incluso de pigmeos, son considerados unos excelentes arqueros, capaces de matar a gente de alta estatura gracias a la habilidad con la que se sirven del arco y la flecha.

A pesar de su pequeña estatura, pasaban por tener una fuerza considerable. No eran «pequeños como los niños, sino como adultos de una estatura por debajo de la media; además, eran vigorosos o musculosos».

Estos enanos o pigmeos son llamados *Na Amhuisgean*, o más exactamente *Na h-Amhuisgean*. La fonética inglesa de la palabra gaélica «amhuisg» es «awisk». A estos mismos seres a veces se los llama con los nombres de *tamhaisg* y *amhuish*. Resulta irónico, pues, que en un cuento, *The Lad with the Skin Garments* (El muchacho de la ropa de piel), citado por MacDougall, los awisks se dirigen a un hombre extranjero con los términos «oh hombrecillo», mientras que el hombre, por su parte, los llama «hombrazos».

¿Había o no razas de enanos que vivían con los europeos del oeste y del centro en el pasado? ¿Las leyendas de hadas o de elfos tienen acaso su origen en el hecho de que los antiguos habitantes de las regiones del norte de las islas británicas eran de esta raza? La mayoría de historiadores y arqueólogos que han realizado investigaciones al respecto responden negativamente. Sin embargo, algunos escritores, como por ejemplo el especialista en folclore David MacRitchie, afirman que han encontrado indicios en este sentido.

En una obra de Tyson publicada en Londres en 1894, *Essay Concerning the Pygmies of the Ancients*, el doctor Windel, de Birmingham, observa que una raza de enanos producía los «mejores guerreros» y los guardaespaldas de ciertos reyes. Tyson realizó un estudio en profundidad de las razas de enanos. En él cita al historiador griego Ctesias:

En la India central, hay unos hombres negros llamados pigmeos, que hablan la misma lengua que los otros indios... El rey de los indios tiene tres mil de estos pigmeos en su corte, puesto que son unos excelentes arqueros.

Y añade:

Parece ser que cerca del lago Zerrah, en Persia, hubo tribus Negrito «de pigmeos negros», que son probablemente aborígenes. De estas salió la guardia negra histórica de los antiguos reyes de Susania.

La obra de Tyson, con un prefacio de Windle, fue escrita en el siglo XVII. Después de haber atraído la atención del lector sobre la observación de Ctesias, prosigue:

Talentonius y Bartholine piensan que lo que Ctesias dijo de los pigmeos, a saber, que eran muy buenos arqueros, ilustra perfectamente el texto de Ezequiel.

El texto de Ezequiel que se menciona se encuentra bajo esta forma en la Biblia del Rey Jaime I de Inglaterra:

Hijos de Arvad y de Jelec guarnecían tus murallas, y los Gammadim tus torres; todos en torno, en tus murallas colgaban sus escudos, coronando tu belleza. (Ez 27, 11)

De hecho, la Biblia de los obispos ingleses de 1572 y 1575 no menciona a los «gammadim», sino a los «pigmeos». Sin entrar en detalles lingüísticos, está claro que esta historia gaélica de una guardia compuesta de guerreros enanos no es un caso aislado.

Si volvemos ahora a la cita de MacRitchie tomada del diario de folclore flamenco *Ons Volskleven*, obtenemos más información:

Los fenlanders (una raza que habitaba en nuestro país antes de los celtas) eran pequeños, pero fuertes, hábiles y buenos nadadores. Vivían de la caza y de la pesca. Adam De Brême, en el siglo XI, describe así a sus descendientes: «Tenían cabezas grandes, rostros planos, narices aplastadas y bocas grandes. Vivían en las cavernas de las rocas, que dejaban cuando llegaba la noche con el fin de cometer atrocidades sanguinarias». El pueblo celta y más tarde los de raza germánica, tan grandes y tan fuertes, apenas tomaban a esa gentecilla por seres humanos. Deben haberlos considerado como criaturas extrañas y misteriosas. Y cuando esos negros o fenlanders hubieron vivido bastante tiempo escondidos en sus grutas por temor a los nuevos habitantes, especialmente cuando, a fin de cuentas, cayeron en decadencia o murieron debido a su pobreza, se transformaron en la imaginación de los alemanes soñadores en criaturas misteriosas, una especie de fantasmas o de dioses.

En una nota a pie de página, MacRitchie indica que «no sabe en qué base se apoya este autor para llamarlos negros», pero admite que estos fenlanders enanos podrían ser los awisks de la leyenda gaélica.

Una tradición de las islas Órcadas ofrece un paralelismo con la historia anterior. En la primera parte del siglo XV, el obispo Thomas Tulloch, en el libro *De Orcadibus de Insulis*, da numerosos detalles sobre la tradición que afirma que el archipiélago había estado habitado seis siglos antes por los papae y una raza de dwarfs. Los papae, de acuerdo con numerosos eruditos, eran sacerdotes irlandeses. Y los dwarfs eran picts. En esto, MacRitchie está de acuerdo con Barry, quien escribe en su obra *Orkney*:

> En realidad, no hay otros más que los peiths, picts o piks... Los escritores escandinavos llaman generalmente a los piks con el nombre de peti o pets: uno de ellos utiliza el término petia en lugar de pictland; además, el estuario que separa a Orkney de Caithness... es llamado generalmente petland fiord en las sagas o historias islandesas.

FOLCLORE EN PROCESO DE FORMACIÓN

Si es interesante especular sobre el origen de estas antiguas creencias, aún es más atractiva la oportunidad de observar el folclore «cuando está en proceso de formación». Cuando los rumores modernos parecen corresponder a hechos que han intrigado a generaciones de científicos, teólogos y eruditos hombres de letras, uno siente una mezcla de asombro y entusiasmo. Cuando el teléfono suena en la base aérea de Wright Paterson y una oficina local de los servicios secretos transmite el informe de un motociclista que acaba de ver al lado de la carretera lo que dice ser un platillo volador tripulado por unos enanos peludos, estamos en presencia de una correlación única entre el mundo moderno, con la sofisticación de su tecnología, y los antiguos terrores, con toda la potencia de su naturaleza súbita, fugitiva e irracional. Nos encontramos en una posición muy privilegiada. Ni Evans-Wentz ni Hartland pudieron interrogar a la gente que acababa de observar el fenómeno que estaban tratando de elucidar. La mayoría de sus testigos hablan de días pasados, de historias escuchadas al lado del fuego. En contraste con esto, nos parece que podríamos casi penetrar en la noche y asir estas entidades. Estamos detrás de sus huellas, muy cerca de ellos, la atmósfera aún está brillante de excitación, el olor a azufre aún planea cuando se pone por escrito la historia o se graba el relato en la grabadora.

Tomemos, por ejemplo, el relato de este coronel de aviación que conducía de noche por una carretera desierta del estado de Illinois cuando constató que un objeto extraño sobrevolaba su coche. Se parecía, dijo, a un pájaro, pero era del tamaño de un pequeño avión. Batió las alas y salió volando. Que un adolescente un poco nervioso cuente este tipo de historia a su madre cuando regresa con retraso a su casa, de acuerdo, pero, ¿un coronel de aviación?

Ahora, examinemos este otro informe:

> El intruso era grande, delgado y fuerte. Tenía una nariz prominente y unos dedos huesudos como garras. Era increíblemente ágil. Llevaba una capa larga flotante, como la que lleva la gente que va a la ópera, los soldados y los comediantes ambulantes. Sobre la cabeza llevaba un casco alto que parecía de metal. Bajo la capa, llevaba un traje pegado al cuerpo de una materia brillante como de lona encerada o una maya metálica. En su pecho colgaba una lámpara. Lo que resultaba más chocante eran sus orejas, que eran cortas y puntiagudas como las de un animal.

¿Era un bromista disfrazado de Batman? Es muy posible. Sobre todo si se tiene en cuenta que «el pájaro» llevaba algo sobre su espalda, daba unos brincos increíbles e incluso una vez fue visto volando. Sin embargo, hay un problema con esta explicación: el último episodio no tuvo lugar en West Virginia en 1966, sino en las callejuelas sombrías de un suburbio de Londres en noviembre de 1837. Como en el caso del Hombre Polilla, las autoridades intentaron ignorar tanto tiempo como fue posible al misterioso hombre volador de Londres. Finalmente, un habitante de Peckham escribió una carta al señor alcalde y se tuvo que levantar la censura. Llegada la noche, patrullas a caballo registraron la campiña; el almirante Codrington ofreció una recompensa (nunca reclamada, dicho sea de paso). Y J. Vyner, en un remarcable artículo sobre este misterio, nos informa que el mismo viejo duque de Wellington fijó unas pistolas a su silla y montado en su caballo partió en la oscuridad a la búsqueda de Jack Tacón-con-Muelles.

El 20 de febrero de 1838, una jovencita de dieciocho años, Jane Alsop, de Old Ford, en Londres, oyó un violento golpe de campanilla en la puerta de entrada. Al salir, se encontró cara a cara «con la más odiosa apariencia» de Jack «Tacón-con-Muelles». Llevaba un traje brillante y una lámpara encendida sobre su pecho. Sus ojos parecían balas de fuego chisporroteantes. La señorita Alsop gritó aterrorizada. El intruso la cogió por el brazo con sus dedos como garras. Pero entonces la hermana de la jovencita se precipitó contra él. El visitante envió un gas ardiente a la cara de Jane, que cayó desvanecida. Finalmente, Jack salió huyendo. En su huida, se le cayó la capa, que de inmediato fue recogida por otra sombra que huyó detrás de él.

En 1877, vestido con un traje pegado al cuerpo y un casco brillante, Jack apareció de nuevo en Aldershot, Hampshire, en Inglaterra. Ese día, voló por encima de dos centinelas que le dispararon. Este respondió con un chorro de llamas azules que los dejó aturdidos y después desapareció. Vyner cree que Jack es también responsable del terror que se extendió a finales de agosto de 1944 en Mattoon, en el estado de Illinois. Lo vieron de noche mirando por las ventanas «como si buscara a alguien que conociera de vista». La mayoría de los testigos eran mujeres.

En la primavera de 1960, un joyero italiano, Salvatore Cianci, conducía su vehículo por una carretera de Sicilia, cuando vio a una pequeña criatura, que vestía ropa brillante y una gorra de submarinista. Según su descripción, no tenía brazos, sino dos pequeñas alas. Cianci sufrió una crisis nerviosa.

El sábado 16 de noviembre de 1963, cuatro jóvenes paseaban por Sandling Park, cerca de Hythe, en Kent, Inglaterra, cuando vieron un objeto que tomaron primero por una estrella. Uno de ellos, John Flaxton, describió con las siguientes palabras el incidente:

> Era fantástico. La luz, amarillo rojiza, venía del cielo en un ángulo de sesenta grados. Al acercarse al suelo, pareció planear más rápidamente.

Repentinamente, una luz brillante, de color dorado, iluminó el campo vecino, después de que el primer objeto hubiera desaparecido tras árboles:

> Se encontraba a unos ochenta metros de nosotros, flotando a unos tres metros del suelo. Parecía seguir nuestros movimientos, deteniéndose cuando nos deteníamos, como si nos observara. La luz era oval.
>
> Desapareció detrás de los árboles. Unos cuantos segundos después, una silueta sombría descendió pesadamente. Era toda negra, del tamaño de un hombre, pero sin cabeza. Parecía tener alas en cada lado del cuerpo, como un murciélago. Se acercó a nosotros temblando. No esperamos a saber lo que era.

El folclore en proceso de formación... Unos *farfadets*, henos aquí en los tiempos modernos, con Jack «Tacón-con-Muelles» y el «hombre polilla». La linterna de Jack y el arma de rayos sobrevivieron en los datos modernos, en los cómics del siglo XX y en los folletines de televisión. Pero la verdadera pregunta es la siguiente: ¿se trata de fenómenos reales? y, si no, ¿cómo podemos explicar la continuidad de estas descripciones en una época en la que no había ni cómics ni televisión?

El artista italiano R.L. Johannis hizo una observación remarcable en 1947 en una época en la que el nombre de «platillo volador» ya era conocido en los EE.UU., a pesar de que todavía no había documentación sobre ningún aterrizaje. Era el 14 de agosto. Estaba paseando solo por la ribera de un pequeño riachuelo en una región montañosa situada entre Italia y Yugoslavia, cuando de repente, en medio de las rocas, vio un gran objeto, de color rojo brillante, con forma de lente, de unos diez metros de diámetro. A su lado, había dos personas, que primero tomó por unos muchachitos, pero que luego se dio cuenta de que se trataba de enanos, de un tipo nunca visto hasta entonces.

Los dos seres medían menos de un metro; su cabeza era más grande que la de un hombre. No tenían ni cabellos ni cejas ni pestañas. Su rostro era verdoso; su nariz, derecha. Su boca era como la de los peces, con una gran hendidura. Sus ojos eran enormes, redondos y prominentes, de color verde amarillo. Cuando Johanni se movió, uno de los seres se llevó la mano a la cintura. Inmediatamente, del centro del cinturón salió una especie de rayo y un chorro de vapor. Johanni sintió como una descarga eléctrica y cayó al suelo exhausto. Tuvo que utilizar toda la energía que aún le quedaba para volver la cabeza y ver cómo los dos seres se retiraban. Algunos segundos después, se habían ido.

En 1965, se informó de un caso casi similar al de Johannis a la Fuerza Aérea de los EE.UU. El doctor J. Allen Hynek y yo mismo tratamos en vano de obtener información sobre este a través del Proyecto Libro Azul de la Fuerza Aérea de los EE.UU. Este proyecto tenía como objetivo investigar los numerosos avistamientos de ovnis que se produjeron en los años sesenta. Finalmente, se informó del caso a un grupo de civiles, que hizo un estudio rápido y serio del testimonio dado por un único testigo, un cierto señor S... Se pueden encontrar los detalles de este testimonio en un libro excelente redactado por los dirigentes de este grupo civil, los Lorenzen. Calificado por ellos como «el informe más espectacular que hayamos examinado», el incidente tuvo lugar el 4 de septiembre de 1964 en las montañas del norte de California, a doce kilómetros aproximadamente de Cisco Grove. M.S.... estaba cazando con un grupo de amigos, cuando, sin saber cómo, se separó de ellos y se perdió. Al caer la noche, encendió varios fuegos para llamar la atención sobre el lugar donde se encontraba.

Pronto, observó en el cielo una luz que creyó ser un helicóptero enviado en su búsqueda. Sin embargo, cuando este se detuvo y se puso a planear silenciosamente por los alrededores, descubrió que se trataba de un objeto poco común. Entonces, trepó a un árbol para observar mejor la situación. La luz comenzó a dar vueltas alrededor del árbol. S... vio cómo caían un relámpago y un objeto oscuro. Luego vio una silueta que caminaba pesadamente entre los árboles, por debajo de él, y otra que venía de otra dirección. Las dos se acercaron al árbol y lo observaron. Medían poco más de un metro y medio de altura, estimó el testigo, y vestían un uniforme que les cubría incluso la cabeza. Una tercera criatura apareció un poco después. Caminaba como un robot. Era más oscura que las otras y sus «ojos» eran de un color rojo anaranjado. No tenía boca, sino una hendidura.

Las entidades trataron por todos los medios de hacerlo caer del árbol. Pero S... se las arregló para mantenerlas a distancia tirando sobre ellas pedazos de papel y de vestiduras encendidas, a lo que reaccionaban con temor. Entonces, la entidad que parecía un «robot» le lanzó una bocanada de humo... Según S..., el humo se extendió como una niebla y, al alcanzarlo, seguramente le habría hecho perder el conocimiento.

Es difícil creer esta historia. Seres como estos, ¿no serían capaces de trepar a un árbol? Si disponían de un platillo volador, ¿no podían volar hasta su refugio? Pero es igualmente difícil de probar que fue simplemente víctima de una pesadilla. El testigo no acostumbraba a tener visiones y cuando se despertó por la mañana, aún atado al árbol con su cinturón, tenía a su alrededor todos los objetos que había lanzado. Además, está la descripción del gas extraño y potente, que juega un papel muy importante tanto en esta historia como en los incidentes relatados en relación con Jack «Tacón-con-Muelles» en la escena de Johannis.

La siguiente historia también es muy interesante. El 9 de octubre de 1954, en Lavoux dans la Vienne, Francia, un campesino que iba en bicicleta se detuvo de pronto al ver una silueta vestida con un «traje de submarinista» que le apuntaba con un rayo doble de luz. El individuo, que parecía llevar unas «botas sin tacón», tenía unos ojos muy brillantes y un pecho peludo. En la parte delantera de la vestimenta, llevaba varios «faros».

Nueve días más tarde, en Fontenay-Torcy, siempre en Francia, un hombre y su esposa dijeron haber visto en el cielo un objeto rojo con forma de cigarro. De repente, este se dirigió hacia ellos dejando tras de sí un rastro rojizo y aterrizó detrás de unos arbustos. Al llegar a la cima de una colina, los testigos se encontraron cara a cara con un individuo corpulento, de apariencia humana, pero que no medía más de un metro de alto. Llevaba un casco. Sus ojos despedían un resplandor anaranjado. Uno de los dos testigos perdió el conocimiento. Desde otro lugar, cuatro personas vieron también el objeto volando. Un tercer grupo de testigos, de otra ciudad, Sanson-la-Poterie, vio a la tripulación salir volando a una velocidad extraordinaria en dirección oeste. Según todos los testigos dos o tres kilómetros de campiña quedaron iluminados.

Los siguientes versos de Robert Herrick, extraídos de «The Night-Piece to Julia», podrían ser apropiados para los que investiguen este caso:

> Que las luciérnagas te presten sus ojos,
> Que las estrellas fugaces te acompañen,
> Y que también los elfos,
> Cuyos ojillos brillan
> Como chispas de fuego, te brinden su amistad.

Los ocupantes de los ovnis, igual que los elfos de antaño, no son extraterrestres. Son los habitantes de otra realidad.

SEGUNDA PARTE

Otra realidad

Durante el trayecto entre Burford y Stratford, comprendí cosas sorprendentes y nuevas para mí referentes a algo que no puedo describir más que como la Naturaleza de la Realidad. Estaban relacionadas de un cierto modo con ese disco brillante, y tuvieron un profundo efecto sobre mí, hasta producir incluso lo que se conoce normalmente como un cambio de personalidad. No voy a intentar describir esas cosas porque casi todas las religiones del mundo lo han tratado de hacer en vano.

Carta de un testigo de un ovni al autor

La cuestión esencial que plantea el fenómeno ovni es la siguiente: ¿Qué les sucede a los testigos que tienen un encuentro cercano? Las «abducciones», ¿son reales? Y si lo son, ¿a dónde va esa gente?

En este caso, una vez más vale la pena sacar los relatos del contexto norteamericano del siglo XX y compararlos con los informes mucho más vastos de otros tiempos y otros lugares. Como hemos visto, la Organización Secreta también ha raptado a gente ordinaria. Y no podemos olvidarnos de Magonia y del pueblo celeste de los indios americanos. La segunda parte de este libro está dedicada a la interacción directa entre los seres humanos y estas entidades en función de lo que se sabe hoy de su realidad física y de su impacto sobre nosotros.

Capítulo tras capítulo, el lector descubrirá cómo un rasgo principal surge desde la bruma de las teorías y de los sueños frágiles del hombre. No se trata simplemente de cuentos que relatan los encuentros entre humanos y extrañas criaturas celestes. Más bien se trata de un mito mundial que ha conformado las estructuras de nuestras creencias, nuestras expectativas científicas y nuestra imagen de nosotros mismos.

No empleo aquí la palabra *mito* para representar algo que sea imaginario, sino, por el contrario, algo tan cierto que ejerce influencia sobre los elementos fundamentales de nuestros pensamientos. Ese mito está formado por cuatro componentes:

La componente *emocional* examinada en el capítulo 4, que tiene la forma de una seducción cósmica, comprende algunas historias de contactos sexuales que frecuentemente parecen chocantes o escandalosos, pero que son parte integrante del conjunto del problema.

En el capítulo 5, nos encontramos con la componente *celeste*, que comprende los signos celestes, y los relatos de contactos con ángeles y con criaturas de otros planetas; en otras palabras, explica la intervención exterior en los asuntos humanos. Por precaución, sustituyo aquí la palabra *extraterrestre* por la de *celeste*, más precisa y más práctica debido a los sentidos desafortunados que la primera tiene en nuestra cultura.

En el capítulo 6, abordaremos el tema más difícil de la investigación en materia de ovnis: la componente *psíquica* de las observaciones. Es un aspecto del fenómeno que todos los estudios oficiales, y la mayoría de las investigaciones privadas, han tratado de evitar, pero que existe y ante el cual no podemos seguir cerrando nuestros ojos y nuestro espíritu. La lógica ordinaria no se aplica a lo paranormal. He inventado la palabra *metalógica* para describir la sustancia de la experiencia que frecuentemente implica observaciones que la lógica considera en apariencia absurdas.

Finalmente, en el capítulo 7, trataremos el aspecto más poderoso y más atemorizante del mito ovni: la componente *espiritual*, que nos ha dado lo que he bautizado como una «morfología de los milagros». Desde la columna de nubes y desde la zarza ardiente de la Biblia hasta las apariciones de la Virgen de Fátima y las visiones del ángel Moroni por parte del profeta mormón Joseph Smith, todos los grandes milagros registrados en la historia del hombre concuerdan con el marco mítico que hemos trazado. En lugar de sentir satisfacción, siento miedo mezclado con humildad ante las dimensiones del problema que tratamos de describir con nuestra comprensión humana limitada, con recursos científicos que no han sido sumergidos en los fuegos del mundo subterráneo ni bendecidos por el rozar de las alas de los arcángeles.

IV
La componente emocional: la seducción cósmica

EL CASO DE GERRY IRWIN

En su libro sobre el folclore de los países celtas, Walter Evans-Wentz nos explica que las personas que regresan del país de las hadas no recuerdan generalmente nada de lo que han visto ni hecho en ese lugar. Esto es igualmente válido para los informes modernos de ovnis. El soldado Gerry Irwin no se acordaba de nada cuando se despertó el 2 de marzo de 1959 en el hospital de Cedar City. Había estado inconsciente durante veintitrés horas, durante las cuales sólo había murmurado palabras incoherentes respecto a «un chaquetón que estaba entre arbustos». Cuando volvió en sí, lo primero que preguntó fue: «¿Ha habido supervivientes?».

La historia del soldado Irwin es realmente misteriosa. Sin embargo, hay que decir al respecto que se ha hecho muy poco, o casi nada, para aclararla. Esta solamente se menciona en una ocasión en la extensa literatura ovni (el placer de ser el único es para James Lorenzen, entonces director del grupo APRO, quien citó el caso de Irwin en uno de sus informes). Sinceramente, creo que una investigación seria hubiera podido arrojar luz sobre el contexto sociológico de los informes ovni. Quizá, como sugiere Lorenzen, se ha llevado a cabo una investigación militar totalmente secreta. Si este es el caso, el hecho de que las autoridades guarden el secreto con vistas a mantener la tranquilidad de ánimo de la nación no es la mejor decisión a tomar. Los hechos bien establecidos del caso Irwin, que servirán de introducción a una discusión del problema del «contacto», prueban de manera clara que deben llevarse a cabo, imperativamente, investigaciones oficiales de todos los aspectos del fenómeno. En el atardecer del día 28 de febrero de 1959, Gerry Irwin, especialista en misiles, regresaba en coche de Nampa, en el estado de Idaho, a su cuartel en Fort Bliss, cerca de El Paso, en el estado de Texas. Al llegar a Cedar City, en el estado de Utah, tomó la carretera 14 en dirección sureste. Unos diez minutos más tarde, observó un fenómeno poco ordinario. De pronto, el paisaje se despejó y un objeto brillante atravesó el cielo de derecha a izquierda. Irwin detuvo el coche y se bajó de él. El objeto volaba en dirección este. Finalmente, desapareció detrás de una cresta.

Irwin pensó que se trataba de un avión de pasajeros que se había incendiado y que estaba intentando realizar un aterrizaje forzoso; en ese caso, no tenía tiempo que perder. Dejó una nota en el volante de su coche en la que indicaba que avisaran con urgencia a las autoridades del accidente de un avión y rápidamente se dirigió hacia el lugar en que creyó que este había caído.

Unos treinta minutos después, un inspector de caza y pesca detuvo su vehículo al ver el de Irwin en medio de la carretera. Después de leer la nota, avisó al sheriff de Cedar City, Otto Pfief, de lo que sucedía. Este reunió rápidamente a algunos voluntarios para rastrear la zona. Después de una hora y media de infructuosa búsqueda, un voluntario halló a Irwin inconsciente. No se encontró ningún rastro del avión estrellado.

En el hospital, el doctor Broadbent observó que la temperatura y la respiración de Irwin eran normales. Este parecía dormir tranquilamente; sin embargo, no lograron despertarlo. El doctor Broadbent diagnosticó que había sufrido una crisis histérica. Cuando Irwin se despertó, se sentía perfectamente, aunque todavía se mostraba algo inquieto. La desaparición de su chaqueta también le inquietaba; le aseguraron que no la llevaba puesta cuando se le halló inconsciente. Irwin fue llevado en avión a Fort Bliss, donde estuvo en observación durante cuatro días en el hospital militar William Beaumont. Después, volvió a su servicio. Sin embargo, se le prohibió el acceso a los archivos de seguridad.

Algunos días más tarde, Irwin se desmayó mientras paseaba por el campo, pero se recuperó rápidamente. Algunos días después, el domingo 15 de marzo, se desmayó de nuevo en una calle de El Paso. Se le realizaron más pruebas médicas, que tampoco encontraron nada extraño. A las dos de la mañana del lunes, se despertó y preguntó: «¿Ha habido supervivientes?». Entonces le dijeron que no era el 28 de febrero, sino el 16 de marzo. Fue conducido una vez más al hospital William Beaumont y puesto en observación por los psiquiatras. Permaneció allí más de un mes. A través del capitán Valentine, Lorenzen supo que los resultados de las pruebas no arrojaron nada anormal. Fue liberado el 17 de abril.

Al día siguiente, movido por un impulso irracional, Irwin abandonó sin autorización y tomó un autobús en El Paso a Cedar City. Llegó la tarde del domingo 19 de abril y rápidamente se dirigió hacia el lugar en el que había visto el objeto.

Después de caminar durante un buen rato, Irwin vio su chaqueta, que estaba enganchada en un arbusto. En uno de los ojales, había un lápiz atravesado, alrededor del cual había un pedazo de papel fuertemente enrollado. Cogió el papel y lo quemó. Entonces pareció salir de una especie de estado de trance. Tuvo que buscar la carretera. Sin comprender por qué había llegado hasta allí, regresó a la ciudad y fue a ver al sheriff Otto Pfief, quien le dio los detalles del primer incidente.

Los Lorenzen tuvieron una entrevista con Irwin a su regreso a Fort Bliss, después de pasar una nueva prueba psicológica tan inútil como la primera. Su caso atrajo la atención del inspector general, quien ordenó una nueva investigación. El 10 de julio, Irwin volvió a ser ingresado en el hospital. El 1 de agosto, no se presentó a la llamada. Un mes más tarde, fue declarado desertor. No se le volvió a ver nunca más.

REGRESO A NEW HAMPSHIRE

El caso de Irwin nos trae a la memoria otro incidente, un clásico del folclore americano moderno y tema permanente de discordia entre los escépticos y los partidarios de los ovnis: nos estamos refiriendo al informe de Betty y Barney Hill y su examen bajo hipnosis por parte del doctor Benjamin Simon. El incidente lo encontramos en el excelente libro de John Fuller *The Interrupted Journey* (El viaje interrumpido). El lector recordará a grandes rasgos los casos de Irwin y de los Hill a fin de seguir la discusión que vamos a presentar en este capítulo.

Informe nº 100-1-61, archivos de la Centésima Escuadrilla de Bombarderos del Comando Aéreo Estratégico, en la Base Aérea de Pease, en el estado de New Hampshire, redactado por el mayor Paul W. Henderson. Este es el único documento oficial relacionado con el caso Hill, y contiene un detalle que el doctor Simon y John Fuller no conocían: el objeto visto por los Hill había sido detectado por un radar militar.

En el transcurso de una conversación informal que tuvo lugar el 22 de septiembre de 1961, entre el mayor Gardiner B. Reynolds y el capitán Robert O. Daughaday de la Base Aérea de Pease, en New Hampshire, salió a la luz que el 20 de septiembre y concretamente a las 2.14 hora local, se produjo un incidente extraño, al que en aquel momento no se le dio importancia.

Conozcamos de manera resumida los detalles de este incidente:

En la noche del 19 al 20 de septiembre, entre las 12 de la noche y la 1 de la madrugada, el señor y la señora Hill viajaban por la carretera 3 en dirección sur, cerca de Lincoln, New Hampshire, cuando vieron a través del parabrisas de su coche un objeto extraño en el cielo. La luz que despedía el objeto era mucho más intensa que la de las estrellas. El cielo estaba claro en ese momento.

En el informe mismo leemos el relato que Betty Hill hizo de la escena. Este fue elaborado por las autoridades de la Base Aérea de Pease.

Los testigos iban en coche en dirección sur, por la carretera 3, al sur de Lincoln, New Hampshire, cuando vieron un objeto brillantemente iluminado delante de su coche, formando un ángulo aproximadamente de 45 grados. Les pareció extraño debido a su forma y a la intensidad de sus luces, en comparación con las de las estrellas del cielo. El cielo estaba claro. Siguieron observando el objeto durante varios minutos, mientras conducían, y finalmente se detuvieron. Una vez fuera del coche, utilizaron unos prismáticos para verlo mejor.

Declaran que el objeto volaba muy rápido en dirección norte. Declaran que cambió de dirección más bien bruscamente y giró hacia el sur. Poco tiempo después, se detuvo y planeó en el aire. Hasta esos momentos no habían oído ningún ruido. Fue entonces, utilizaron los prismáticos. Entonces, el objeto desplegó una especie de alas en forma de «V». Las «alas» tenían unas luces rojas en sus extremos... El objeto continuó descendiendo hasta colocarse unos metros por encima de su coche. Entonces decidieron escapar de allí lo más rápidamente posible.

Declaran que cuando el objeto se colocó encima de ellos, oyeron una serie de «zumbidos» cortos y fuertes, que describieron como si alguien hubiera dejado caer un diapasón. Agregan que podían oír los zumbidos en su coche. No se hizo ninguna otra observación visual del objeto. Continuaron su viaje y cuando llegaron a las inmediaciones de Ashland, New Hampshire, a cuarenta y cinco kilómetros más o menos de Lincoln, volvieron a oír los «zumbidos» del objeto; sin embargo, esta vez no lo vieron.

La señora Hill declaró que la forma de volar del «objeto» era excéntrica: cambiaba rápidamente de dirección y se elevaba y descendía a gran velocidad.

Este informe es notable debido a lo que *no contiene*. Al respecto, podría ser uno más de los relatos extensamente difundidos por la Fuerza Aérea de los EE.UU. (la mayoría de ellos refiriéndose al acercamiento de un ovni), en los que, ya sea debido a la reticencia del testigo a hablar, ya sea debido a una falta de seguimiento adecuado, las informaciones más importantes son eliminadas. En el caso actual, los testigos no informaron a la Fuerza Aérea sobre los seres que habían podido ver a bordo de la nave cuando la siguieron con los prismáticos. Y una investigación adecuada hubiera hecho resaltar un elemento del cual no se habían dado cuenta inmediatamente: el matrimonio Hillque incapaz de decir lo que había sucedido durante el tiempo transcurrido entre que oyó el primer zumbido y el segundo. En efecto, ninguno de los dos pudo ni siquiera acordarse de los cincuenta kilómetros que habían recorrido entre Indian Head y Ashland, dato que el informe de la Fuerza Aérea sólo menciona de manera lacónica.

Seguidamente, los dos testigos tuvieron una serie de pesadillas extrañas que les hicieron consultar un psiquiatra. Este recurrió a la hipnosis para descubrir la clave del problema; según sus conclusiones, el origen de las pesadillas había que buscarlo en esas dos horas de las que no recordaban nada. Bajo hipnosis, cada uno por separado, Betty y Barney Hill dijeron que habían sido conducidos al interior de un ovni por seres extraños.

He oído el fragmento de las casetes en el que se hace referencia a la «abducción de Betty y Barney Hill». Pasé dos días en New Hampshire con los testigos, el doctor Simon y John Fuller. Este caso no es un acontecimiento aislado, sino que forma parte de un todo indisociable, de un fenómeno general.

En primer lugar, es interesante señalar que, a medida que otros detalles volvían a la memoria de los Hill después del tratamiento médico, el caso se asemejó más al de otros aterrizajes de ovnis de los que los Hill no podían haber oído hablar. Así, Betty Hill recordó haber visto a un grupo de «hombres» acercarse a ellos después de detenerse el coche, haber abierto la puerta y haberlos apuntado con algo puntiagudo. Cuando le pregunté a qué se parecía el objeto pequeño, me respondió: «Pudo haber sido un lápiz».

No es necesario repetir las descripciones hechas por los Hill sobre la forma en la que fueron raptados o sobre las condiciones en el interior del objeto. Estos detalles se encuentran abundantemente reproducidos en la literatura. Baste decir que las declaraciones hechas bajo hipnosis por Betty y Barney concuerdan en su conjunto. También es útil examinar los relatos detallados de los testigos referentes a las entidades. Betty declara:

> La mayoría de los hombres eran de mi tamaño... Ninguno era tan alto como Barney, de manera que debían medir un metro y medio aproximadamente. Su pecho era más ancho que el nuestro; su nariz, más grande y más larga, aunque he visto a muchas personas con una nariz igual que la suya, como, por ejemplo, Jimmy Durante. Su tez era gris; sus labios, azulados. Sus cabellos y sus ojos eran muy oscuros, quizá negros...
>
> De una cierta manera, se parecían a los mongólicos... con su cara redonda, su frente grande y una cierta grosería en sus gestos. Su epidermis parecía de un gris azulado, pero sin duda era más blanca. Sus ojos se movían rápidamente y tenían pupilas. Eran como los ojos de los gatos.

Por su parte, Barney dijo lo siguiente:

Las entidades tenían una cabeza un poco rara, con un cráneo grande. Su tamaño disminuía al acercarse al mentón. Sus ojos tenían un mayor recorrido lateral que los nuestros. Eso me impresionó. La boca era una línea horizontal que terminaba a cada lado con un pequeño rasgo perpendicular. Esta línea representaría los labios, sin el músculo que nosotros tenemos. Esta se separaba ligeramente cuando emitían una especie de zumbido. Su piel era de color grisáceo, casi metálico. No recuerdo cómo eran sus cabellos ni cómo iban peinados. Tampoco noté ningún apéndice nasal, sólo dos pequeñas aperturas que representaban la nariz.

Hay contradicciones manifiestas en estas dos descripciones. Betty habla de cabellos muy negros; Barney no los vio. ¡Los hombres descritos por Barney no evocan exactamente en mí la imagen del simpático actor americano Jimmy Durante! Por otro lado, las criaturas nos recuerdan de manera sorprendente a los pilotos de ovnis de una gran cantidad de historias, en esa época conocidas solamente por un número muy pequeño de especialistas.

Aparte de las contradicciones en lo que se refiere a la nariz y los labios, se puede decir que la declaración de Betty concuerda con la de Barney en cuanto a la cabeza y el color y aspecto de la piel. Hay otra observación de Betty que reviste un significado particular al respecto: «Tuve la impresión de que el jefe y la criatura que me examinaba eran diferentes de los otros miembros de la tripulación. Sin embargo, no estoy muy segura de esto porque bajé la cabeza para no verlos».

Otros dos elementos de importancia son patentes en este caso. Uno de ellos tiene que ver con la manera de comunicarse. Así se comunican entre ellos en un lenguaje audible pero absolutamente incomprensible para los testigos. Sin embargo, cuando se dirigieron a los Hill, sus pensamientos eran emitidos en inglés. Betty afirmó que su inglés tenía cierto «acento»; por su parte, Barney tuvo la impresión de que las palabras y la presencia de la entidad no tenían nada que ver:

En realidad, no escuché ninguna voz. Pero en mi mente, yo sabía lo que estaba diciendo. Fue como si las palabras formaran parte de mí mismo y que él no tuviera nada que ver con la creación de las palabras mismas.

Esta declaración muy notable puede ser la clave del episodio completo y coloca el caso en el dominio de la teoría de las apariciones, como la trata, por ejemplo, el pionero de la parapsicología, G. Tyrrell, en sus célebres conferencias en la Sociedad Británica de Investigaciones Psíquicas. De esa manera, vale la pena observar que el absurdo aparente en la sucesión de hechos que constituyen el episodio podría reducirse al desencadenamiento de modos de percepción de alto nivel en el cerebro del testigo y no necesariamente a un proceso psíquico normal. Y esta característica a su vez nos recuerda al mismo tiempo algunas experiencias de neurofisiología y los informes que observadores muy fiables han hecho sobre fantasmas». Mientras que es probable que una teoría completa sobre los fantasmas pudiera limitar los fenómenos a parámetros internos del ser humano, esto no es cierto en cuanto a los ovnis. Esa es la razón por la que es vital proseguir la investigación de casos de apariciones antiguas para compararlas con los informes como el de los Hill.

La «experiencia» vivida por los Hill es también notable. Mientras se encontraba en la nave, Betty fue sometida a una prueba médica. Bajo hipnosis, declaró que le introdujeron en el ombligo una aguja larga que le causó bastante dolor, pero este desapareció cuando el jefe le hizo cierto gesto con la mano delante de los ojos. Un calendario francés del siglo XV, el *Kalendrier des Bergiers*, informa sobre las torturas infligidas por unos demonios a las personas que secuestraban. Estos les introducían unas agujas largas en el abdomen a sus víctimas. En efecto, uno no puede equivocarse respecto a la constante psicológica de estas historias. El problema consiste en vincular este aspecto psicológico, de una manera racional, a las características físicas descubiertas durante las observaciones; por ejemplo, la detección del ovni visto por los Hill por parte de un radar militar.

LLEVADO POR EL VIENTO

Hemos examinado varias historias de raptos o tentativas de raptos por parte de los ocupantes de platillos voladores. Estos episodios forman parte del conjunto del problema ovni y no pueden resolverse separadamente. Los datos históricos recogidos en otra época por Evans-Wentz van en el mismo sentido.

> Este tipo de creencia que afirma que las hadas son capaces de raptar a la gente era muy corriente y está viva aún en una buena parte del oeste de Irlanda. Frecuentemente, se ve a la Buena Gente allá [en Knoch Magh], jugando a la pelota. Y frecuentemente se ve entre ellos a gente joven, mujeres y niños que han sido raptados.

Aparte de raptos, también hay que hablar de abducciones, como en las historias de platillos voladores. Un hombre llamado John Campbell le dijo a Evans-Wentz:

> Conozco a un hombre, Roderick MacNeil, que fue abducido y luego liberado a cinco kilómetros del lugar en el que fue raptado. Lo dejaron a eso de la media noche.

El reverendo Kirk cita algunas historias semejantes de raptos extraordinarios, pero la más fantástica de todas es la protagonizada por él mismo. En efecto, se cree que el buen reverendo fue raptado por las hadas.

La señora J. MacGregor, que guarda la llave del viejo cementerio donde está la tumba de Kirk, a pesar de que muchos afirman que en el ataúd sólo hay piedras, me dijo que Kirk fue llevado a la colina de las hadas, que según me indicó se hallaba después de un pequeño valle. En ese lugar tienen sus casas la Buena Gente. Y añadió que Kirk se apareció a uno de sus parientes después de ser raptado.

Evans-Wentz, que fue quien informó de este interesante relato, investigó las circunstancias de la muerte de Kirk. Para ello se entrevistó con el sucesor de Kirk en Aberfoyle, el reverendo Taylor, quien aclaró la historia:

La gente dijo que había sido raptado porque a las hadas no les gustó que hubiera revelado sus secretos. En efecto, parece ser que Kirk sufrió súbitamente una crisis de apoplejía mientras se encontraba en la Colina de las Hadas y murió allí. Recorrí los archivos del presbiterio y no encontré nada sobre la forma como Kirk había muerto, pero, naturalmente, no hay lugar a dudas de que su cuerpo se encuentra efectivamente en la tumba.

Kirk creía en la capacidad de la Buena Gente para llevar a cabo raptos, y esta idea se expandió de tal forma que ha llegado hasta nosotros por distintas vías. Esto nos lleva a examinar en detalle cuatro aspectos de las costumbres de las hadas ligados directamente a nuestro estudio: 1) Las circunstancias y el fin de los raptos; 2) los casos de liberación del país de las hadas y las formas que toma la gratitud de estas cuando el ser que ellas han raptado les ha rendido un servicio durante su estancia; 3) la creencia en la práctica de los raptos por parte de las hadas, y 4) lo que yo llamaría los aspectos relativistas del viaje a Magonia.

Hartland nos dice que un libro sueco publicado en 1775 contiene una declaración legal hecha bajo juramento el 12 de abril de 1671 por el marido de una comadrona que había sido raptada y conducida hasta el país de las hadas para ayudar a la esposa de un «troll» a dar a luz.

Basándonos en esta declaración, estamos inclinados a creer que el acontecimiento relatado sucedió, en efecto, en el año 1660. Peter Rahm afirma que él y su mujer se encontraban en su granja una noche, cuando apareció un hombrecillo, negro de piel y vestido de gris. Este suplicó a la mujer del testigo que ayudara a su esposa, que sufría los dolores propios del parto. El testigo, viendo que estaban tratando con un troll, oró por su mujer, la bendijo y le dijo, invocando el nombre de Dios, que fuera con el extranjero. Parecía transportada por el viento.

Se dice que volvió a su casa «del mismo modo», después de rechazar tocar el alimento que le había sido ofrecido mientras se encontraba en compañía del troll.

En otro relato, el marido de la comadrona la acompaña hasta el bosque. Son guiados por el «hombre de la tierra», el gnomo que les pidió ayuda. Para llegar al interior de la tierra, deben atravesar una puerta de espuma, luego una puerta de madera y finalmente una puerta de metal brillante. Ya en el interior de la tierra, una escalera los conduce a un cuarto en el que la mujer del gnomo está acostada. Kirk explica que en un caso en el que él conocía personalmente a los interesados, la mujer que había sido raptada encontró la casa de los diminutos inundada de luz, a pesar de que no pudo ver ninguna lámpara ningún fuego.

El reverendo Kirk también dijo que, más tarde, «en compañía de otro pastor», visitó a una mujer que por aquel entonces tendría unos cuarenta años para hacerle una serie de preguntas respecto a las hadas. Corría el rumor de que durante años no había tomado ningún alimento, por así decirlo, y de que frecuentemente se quedaba hasta muy tarde en los campos vigilando sus ovejas. Allí se encontraba con gentes con las que charlaba amistosamente. Una noche se quedó dormida en una colina y fue raptada antes de la salida del sol. Esta mujer, dice Kirk, estaba siempre melancólica y silenciosa.

Magonia, tal como aparece en estos relatos, a veces es un país lejano, una isla invisible, un lugar alejado al que se puede llegar solamente después de un largo viaje. En algunos cuentos, es un país celeste. Esto viene a engrosar la creencia en el origen extraterrestre de los ovnis tan extendida hoy en día. Otra teoría, igualmente extendida, quiere que Magonia sea un tipo de universo paralelo que coexiste con el nuestro. Se vuelve visible y tangible solamente a personas escogidas, y las «puertas» que lo atraviesan son puntos tangenciales conocidos solamente por los elfos y algunos iniciados.

Hartland cita cuentos que ilustran esta teoría, como el siguiente:

En Nithsdale, un hada recompensó la gentileza de una joven madre a quien ella había confiado su bebé como nodriza llevándola a visitar el país de las hadas. La nodriza y su guía entraron por una puerta que se abría en una colina verde. La puerta daba a un porche. Una vez dentro, la dama vertió tres gotas de precioso rocío sobre el párpado izquierdo de la nodriza. De esta manera, penetró en un país maravilloso lleno de arroyos ondulados, de campos de trigo dorados y de árboles cargados de frutas de las que manaba la miel. Las hadas le hicieron numerosos regalos mágicos. Después, la dama vertió una nueva gota de rocío verde sobre su ojo derecho y la nodriza pudo contemplar todavía más maravillas. En el camino de regreso, el hada pasó la mano por el ojo de la mujer y eliminó sus poderes.

Este cuento nos conduce a nuestro segundo punto, el de la gratitud que testimonian las hadas por los favores hechos por los humanos y la forma que toma semejante gratitud. Encontramos más pruebas de ello en los numerosos regalos hechos por los elfos en los cuentos de hadas de Escandinavia y del Noreste de Europa, como por ejemplo el siguiente:

> Una comadrona alemana, a quien una ondina había dado la orden de ayudar a una mujer en estado de parto, recibió esta confidencia que le dio la parturienta: «Yo soy como usted una mujer cristiana y me trajo aquí un ondin que me transformó. Cuando llegue mi marido y le ofrezca dinero, no le pida más de lo que generalmente pide, porque si no le torcerá el cuello. ¡Tenga mucho cuidado!».

En otra historia, se le pide a la comadrona cuánto quiere. Esta responde que no quiere pedirles más de lo que les pide a las otras gentes, y el elfo le responde: «¡Tienes suerte! ¡Si me hubieras pedido más las habrías pasado muy mal!», y llenaron su delantal con el oro que pidió.

En una historia pomerania, la matrona responde del mismo modo a la misma pregunta, y el hombrecillo le dice: «¡Pues bien, coge tu delantal y llénalo con los desperdicios que hay allí, señalando hacia un rincón del cuarto!» Luego, este coge la lámpara y cortésmente la escolta hasta su casa. Sorprendentemente, cuando la mujer sacudió su delantal, lo que cayó al suelo fue oro puro.

Los regalos de los elfos tienen un carácter mágico que casi todos los países ilustran en sus cuentos. El folclore chino, en particular, da numerosos ejemplos de ello. En un cuento típico, el enano llena el delantal de la mujer, que no debe mirar hasta no haber llegado a su casa. Naturalmente, le echa un vistazo en cuanto el enano desaparece y se da cuenta de que lo que lleva son pedazos de carbón. Furiosa, los tira todos al suelo menos dos, que guarda como prueba de la deshonestidad del enano. Cuando llega a su casa, descubre que los pedazos de carbón se han transformado en piedras preciosas. Sin embargo, cuando regresa a buscar los otros pedazos, ya han desaparecido.

Existen numerosas historias de humanos que fueron a Magonia por consentimiento propio, ya fuera para llevar un mensaje o para ir a buscarlo, ya fuera para hacer un favor cualquiera a los seres sobrenaturales que viven allí. Pero, y este es mi tercer punto, también tenemos numerosos relatos de abducciones directas por parte de las hadas. Como en los casos de abducciones por ovnis publicados por Budd Hopkins en su libro *Intrusos*, las hadas secuestran a hombres o a mujeres, especialmente mujeres en estado o madres jóvenes, así como a niños pequeños. A veces, se dice que cambian a los niños por otros o bien, en lugar del niño verdadero, dejan una escoba envuelta en trapos viejos o a uno de sus hijos:

> Por creencia en los intercambios, entiendo la creencia en que las hadas u otros seres imaginarios están al acecho para secuestrar a niños pequeños... o a veces incluso

a adultos. Así, cuando pueden o cuando los encuentran solos, se apoderan de ellos y se los llevan dejando a uno de los suyos en su lugar.

Esta creencia no se limita sólo a Europa. Existe en regiones tan alejadas del Viejo Continente como China y la costa americana del Pacífico. Y cuando los padres advierten que su niño ha sido raptado, ¿cómo deben actuar? Hartland explica el siguiente método:

> En el norte de Escocia, se realiza una ofrenda de pan, mantequilla, leche, queso, huevos, carne o aves.

Los padres se retiran entonces durante una hora o dos. Si sus regalos han desaparecido cuando vuelven, entonces recuperarán a su hijo. A veces se han empleado métodos más radicales y sólo podemos sentir pena por los pobres niños que han sido maltratados porque sus padres, supersticiosos, encontraban que se parecían a elfos. El 17 de mayo 1884, el *Daily Telegraph* de Londres publicó que dos mujeres habían sido detenidas en Clonmel por haber hecho sufrir cruelmente a un niño de tres años. Creían que no era su niño y, maltratándolo, ¡esperaban que las hadas les devolverían al verdadero»! En la Edad Media, la misma superstición provocó la muerte de niños afectados de deformaciones de nacimiento. A veces, los adultos que han sido «intercambiados» sufren el mismo tratamiento. Hartland nos cita un ejemplo muy extraño de un caso semejante:

> Según un cuento de Badenoch, un hombre descubre que le han cambiado a su esposa, que de carácter calmado, de repente se ha vuelto insoportable. Entonces reúne material para hacer una gran hoguera y la amenaza con arrojarla en ella a menos que le diga dónde está esposa. Entonces esta confiesa que su esposa fue secuestrada y que ella fue la escogida para reemplazarla. Gracias a su carácter resuelto, pudo recuperar a su mujer en una colina de hadas cerca de Inverness.

El mito asociado a los ovnis aún no ha alcanzado semejantes proporciones, pero a lo mejor no estamos demasiado lejos de eso. Recientes series americanas de televisión tales como La *cuarta dimensión* han puesto en escena este aspecto en episodios en los que extraterrestres se infiltran en la raza humana. Estos sólo se diferencian de los humanos en pequeños detalles. Esta idea no es nueva como lo muestra la creencia en los intercambios.

Pero, ¿cuál es la finalidad de tales abducciones? La opinión de los especialistas del estudio de los cuentos populares es muy cercana a la de una teoría corriente relativa a los ovnis: la finalidad de semejante contacto es de orden genético. De acuerdo con Hartland:

El motivo de las hadas en los cuentos nórdicos es el de preservar y mejorar su raza, por un lado raptando a niños humanos para criarlos entre los elfos y para que se unan a ellos, y por otro raptando a madres humanas para obtener su leche y sus cuidados para su propia progenie.

Así, Budd Hopkins, un artista neoyorquino que ha investigado muchos informes de abducciones, escribió en 1987:

Los ocupantes de los ovnis ¿estarán acaso deseosos de reducir la distancia entre nuestra raza y la suya con vistas a aterrizar finalmente y unirse a nosotros en nuestro planeta? ¿O quizá estos seres venidos de otra parte quieren únicamente enriquecer su propio linaje para irse después tan misteriosamente como han llegado?

Este no es siempre el motivo de la abducción; los elfos con frecuencia liberan a sus víctimas después de haber estado danzando o jugando con ellas. Frecuentemente, tiene lugar un fenómeno extraño: las personas que han pasado un día en el país de las hadas regresan a su mundo habiendo envejecido un año o incluso más.

Esto constituye nuestro cuarto punto, quizá el más remarcable. El tiempo no transcurre allí igual que aquí. Y en esas historias se hace patente por primera vez la relatividad del tiempo. ¿Cómo es que esta idea se les ha ocurrido a los narradores de épocas tan remotas? ¿Qué es lo que los ha inspirado? Nadie es capaz de responder a estas preguntas. Pero es un hecho el que la disimetría del elemento tiempo entre Magonia y nuestro mundo está presente en los cuentos de todos los países. A propósito de este flujo sobrenatural del tiempo, Hartland cita la historia de Rhys y Llewellyn registrada hacia 1825 en el valle de Neath, en el País de Gales. Rhys y Llewellyn eran unos muchachos que trabajaban en una granja. Una noche, de vuelta a su casa, Rhys se detuvo para escuchar una música, que, sin embargo, Llewellyn no oía. Rhys se puso a bailar siguiendo una tonada que había oído cientos de veces... Entonces le pidió a Llewellyn que fuera tirando que ya lo alcanzaría. Pero Llewellyn llegó solo a la casa. Al día siguiente, sospechoso de haber matado a Rhys, lo metieron en la cárcel. Entonces, gracias a la actuación de un granjero «conocedor del mundo de las hadas», se descubrió la verdad. Un grupo de hombres, entre los que se encontraba el narrador de esta historia, condujo a Llewellyn hasta el lugar en el que dijo que su compañero había desaparecido. De repente, «¡Shhh!», exclamó Llewellyn. «Oigo música, oigo el suave sonido de unas arpas.» Todos escucharon atentamente, pero nadie oyó nada. Llewellyn estaba pisando el anillo de las hadas. Entonces le dijo al narrador que también pisara el anillo. Este así lo hizo y pudo oír la música de numerosas arpas. Después, bajó la cabeza y vio una gran cantidad de seres diminutos bailando en un círculo de unos seis metros de diámetro. Todo el grupo hizo lo mismo. Entonces pudieron ver que entre las pequeñas hadas que bailaban se encontraba Rhys. Llewellyn lo cogió por al abrigo cuando pasó cerca de ellos y lo sacó del círculo. De inmediato, Rhys preguntó: «¿Dónde están los caballos?». Y le pidió a sus amigos que le dejaran acabar el baile, que sólo llevaba allí cinco minutos. Nunca se le pudo persuadir del tiempo que había estado perdido. Se puso melancólico, enfermó y, poco después, murió.

Podemos encontrar historias semejantes en *The Fairy Mythology* de Keightley y en otros libros. La historia de Rhys y Llewellyn es remarcable porque, desde el siglo XIX, nos permite medir la continuidad entre las costumbres de las hadas y las de los ovnis. Otros cuentos de este tipo ofrecen diversos medios para recuperar a las personas secuestradas por las hadas. Uno de ellos consiste en tocar a la persona raptada con un pedazo de hierro; la repulsión de los seres sobrenaturales por este metal es uno de los temas de la doctrina de las hadas.

Cerca de Bridgend, en el País de Gales, hay un lugar en el que una mujer fue raptada por las hadas y no regresó hasta diez años después. La mujer creyó que había estado ausente nada más que diez días. Hartland cita una bonita historia sobre el mismo tema en la que el protagonista es un muchacho joven llamado Gitto Bach, o Little Griffith, el hijo de un granjero que desapareció:

> No se oyó hablar de él durante dos años enteros. Luego, un día por la mañana, su madre, que había llorado amargamente durante todo este tiempo porque se le creía muerto, abrió la puerta, ¿y qué vio? A Gitto sentado en el umbral con un paquete bajo el brazo. Iba vestido exactamente de la misma manera y no había cambiado desde que lo había visto por última vez, pues no había crecido ni un centímetro: «¿Dónde has estado durante todo este tiempo?», le preguntó su madre. «¿Qué? ¡Si sólo he estado fuera un día!», y abriendo el paquete le mostró el traje que los «niños pequeños», como él los llamaba, le habían dado por haber bailado con ellos. La vestimenta estaba hecha con papel blanco, sin costuras. Por prudencia maternal, lo tiró al fuego.

Los relatos más conocidos sobre la relatividad del tiempo son, naturalmente, los del tipo «Rip van Winkle», inspirados en un gran número de historias folclóricas supuestamente basadas en hechos reales. Es raro que encontremos este mismo tema en el antiguo folclore chino. En Dinamarca, en cambio encontramos una tradición similar. En un cuento típico de este género, una mujer casada paseaba sin rumbo por el campo durante los festejos de su boda «cuando pasó sobre un montículo en el que unas hadas se divertían». (De nuevo tenemos aquí una descripción de los seres diminutos cerca de un objeto mágico que a veces se designa como una mesa larga, plana y redonda, y otras veces como un montículo. Un disco o un gran cono reposando en el suelo satisfaría esta descripción. Al describir la colina de las hadas, Hartland escribe: «El montículo se apoyaba, como de costumbre, en tales circunstancias, sobre pilares rojos.»)

El «pequeño mundo» ofreció a la futura mujer casada una copa de vino y ella, correspondiendo su amabilidad, se puso a bailar con ellos. Luego se apresuró a regresar a su casa pero no encontró a su familia. Todo había cambiado en el pueblo. Finalmente, una mujer muy vieja que la oyó llorar exclamó: «¿Eres tú quien desapareció en la boda del hermano de mi abuelo hace cien años?» Al oír estas palabras, la pobre mujer cayó de espaldas y murió.

Es fascinante descubrir tales relatos que preceden en varios siglos al viajero relativista de Einstein y de Langevin.

El paso sobrenatural del tiempo en Magonia muchas veces está relacionado con el tema del amor entre el ser humano raptado y uno de los seres que viven ahí.

No es necesario perder el tiempo aquí examinando en detalle los cuentos de la isla de Avalon, el hada Morgana, la leyenda de Ogier el danés y los periplos mágicos del rey Arturo. Todas estas tradiciones insisten sobre la naturaleza singular del tiempo en «el otro mundo». Y esto no se limita a la historia de Europa, como Hartland de nuevo nos lo muestra:

> Numerosas razas tienen tradiciones concernientes a un dios de la cultura —es decir, un ser superior que les ha enseñado la agricultura y las artes de la vida, y los ha llevado a la victoria sobre sus enemigos— y añaden que este los ha dejado por un cierto tiempo pero que un día volverá. Quetzalcoatl y Viracocha, los dioses de la cultura de México y de Perú, son ejemplos familiares.

> Igualmente, Vishnu se encarna una decena de veces para llevar a cabo la destrucción final de este mundo malvado. Al final de nuestra época actual, aparecerá en el cielo, montado sobre un hermoso caballo blanco y sosteniendo un sable resplandeciente.

Estas grandes tradiciones son muy conocidas, tanto como los raptos de Enoc, de Ezequiel, de Elías y de otros personajes bíblicos. Lo que se sabe menos es que tales leyendas nacieron de la creencia popular en numerosas y auténticas historias, del tipo menos glorioso, más ordinario y «personal» de las que hemos pasado revista aquí. Por ejemplo, mientras que todos los libros sobre México mencionan a Quetzalcoatl, ignoran generalmente las creencias locales en estos pequeños seres negros, los ikals, cuyas bromas ya hemos mencionado. Si bien es cierto que su relación con la ciencia ficción latinoamericana está clara, del mismo modo nos proporcionan un paralelismo evidente con la creencia en las hadas.

En su estudio de los cuentos de Tenejapa, el antropólogo Brian Stross dice de los ikals:

Se cree que son seres venidos de otros mundos, y hemos visto volar a algunos con algo parecido a un cohete sobre la espalda. Se dice que con este cohete han raptado a personas.

Igualmente, Gordon Creighton cuenta:

El ikal de los tzotzils vuela por el aire. Algunas veces rapta a mujeres y las mujeres así raptadas son notablemente prolíficas: muchas de ellas se quedan embarazadas una vez a la semana, o una vez al mes, o incluso todos los días. Los recién nacidos son negros y aprenden el arte de robar en la caverna de su padre.

Los informadores indios de Brian Stross declararon haber visto a un grupo de ikals «hace más o menos veinte años»: esto nos llevaría más o menos a 1947, el año del avistamiento del piloto Kenneth Arnold sobre el monte Rainier en el estado de Washington.

MÁS ALLÁ DE LA RAZÓN

Durante estos últimos veinte años, los informes ovni han sido estudiados por personas serias que han tratado de colocarlos en el marco de la ciencia espacial, de la física moderna, de la psicología, de la sociología o de la historia de la superstición.

La teoría más atractiva que se ha propuesto es la de los extraterrestres: según esta hipótesis popular, los ovnis serían sondas provenientes de otros planetas. Ahora bien, esta es insuficiente para explicar el desarrollo histórico del fenómeno. No se pueden juzgar los platillos actuales sin referirse a la aeronave de 1897 o a los otros avistamientos anteriores de objetos similares. Por otra parte, la teoría de la simple visita debe ser confrontada con la constatación de que los supuestos visitantes tienen muchos más conocimientos que nosotros de física —sobre todo si tenemos en cuenta que una interpretación en términos de los conceptos físicos que conocemos no podría dar lugar más que al fracaso y a la contradicción. Un segundo y serio fallo en todas las teorías propuestas hasta hoy reside en la descripción misma de las entidades y de sus comportamientos. Como veremos más adelante, toda teoría puede aplicarse a algunos de los informes, pero al precio del rechazo arbitrario de un grupo de casos aún más importante.

Hablando claro, no hay ninguna evidencia de que el fenómeno ovni sea un hecho extraterrestre. Sí parece ser interdimensional y manipulador de realidades físicas fuera de nuestro propio continuo espacio-tiempo.

Doce de octubre de 1963. Eugenio Douglas conducía su camión cargado de carbón a través de una intensa lluvia entre Monte Maíz e Isla Verde, en Argentina. Estaba amaneciendo. De repente, Douglas vio un punto brillante delante de él. Entonces, frenó bruscamente para esquivar aquella extraña cosa. La luz se volvió tan intensa que tuvo que bajar la cabeza y aparcar el camión a un lado de la carretera. Cuando bajó del vehículo, la luz había desaparecido. Sin embargo, a través de la lluvia, Douglas pudo ver una nave redonda, metálica, de unos diez metros de alto. A continuación, vio cómo se abría una especie de puerta. En una luz menos intensa que la anterior, se dibujaron tres siluetas. Su aspecto era humanoide. Llevaban un peinado extraño y algo parecido a una antena. Debían medir algo más de tres metros y medio. No había nada de repulsivo en aquellas entidades, dijo Douglas, quien a pesar de todo estaba aterrorizado.

Cuando los tres personajes se percataron de su presencia, le dispararon un rayo de luz roja que quemó los arbustos que había a su alrededor. Douglas repitió el ataque con su revólver y echó a correr hacia el Monte Maíz. Pero la luz abrasadora lo siguió hasta la ciudad, donde interfirió con las luces de las calles, que se volvieron de color violeta y verde. Douglas pudo sentir el olor picante de un gas. Esta escena de una belleza y de un carácter dramáticos es impresionante.

Douglas corrió hacia la primera casa que vio y pidió socorro. Ribas, el propietario, había muerto la noche anterior; su familia, reunida alrededor del cuerpo, explicó que en el momento en que escucharon la llamada de Douglas la luz de las velas de la habitación y la de las lámparas de la casa se volvieron verdes, al mismo tiempo que también sintieron el mismo olor raro. Todos corrieron a abrir la puerta: Douglas estaba allí, bajo la intensa lluvia, con su impermeable sobre la cabeza y un revólver en la mano. Detrás de él, las luces de la calle cambiaban de color. Sin ninguna duda, esta es una de las escenas más fantásticas, visualmente hablando, que se pueden encontrar en los ricos archivos de la ufología.

Eugenio Douglas fue conducido hasta la comisaría, donde confirmaron la presencia de diferentes quemaduras en la cara y sus manos. La policía recibió numerosas llamadas telefónicas respecto al tema del cambio de color de las luces, que se atribuyó a irregularidades en la central eléctrica, hipótesis que, sin embargo, ¡no explicaba muy bien el cambio de color de las luces de las velas! Douglas fue examinado por un médico, quien declaró que las quemaduras habían sido causadas por una radiación de tipo ultravioleta (según Douglas, el rayo rojo que dispararon aquellas criaturas le produjo las quemaduras). Los vecinos del pueblo que se desplazaron hasta el lugar donde permanecía aparcado el camión de Douglas, descubrieron grandes huellas de pies, de casi cincuenta centímetros de largo. Estas fueron rápidamente borradas por la lluvia.

A finales de agosto de 1963, cerca de la ciudad de Sagrada Familia, en Brasil, tres muchachos jóvenes, Fernando Eustagio, de once años, su hermano Ronaldo, de nueve, y un vecino llamado Marcos, se encontraban en el jardín de los Eustagio sacando agua de un pozo, cuando vieron una esfera que planeaba por encima de los árboles. Unos segundos después, la nave se posó en el jardín. En su interior, había varias personas. Entonces se abrió una especie de puerta, de la que salieron proyectados hacia el suelo dos rayos de luz. Un ser delgado, de unos tres metros de altura, descendió de la nave como si se deslizara sobre los dos rayos de luz y se puso a caminar hacia nosotros de una manera extraña, con la espalda rígida, las piernas arqueadas y los brazos abiertos. Balanceaba su cuerpo de izquierda a derecha, como buscando el equilibrio. La entidad se sentó sobre una piedra.

Los tres muchachos observaron que el gigante llevaba un casco transparente y que en medio de la frente tenía lo que ellos describieron como un «ojo» oscuro. Llevaba unas botas altas, cada una de las cuales estaba equipada con un extraño garfio triangular que dejaba una huella particular en el suelo. La entidad llevaba un traje brillante que se infló nada más tocar tierra. El pantalón parecía estar fijado a las botas. En el pecho tenía un extraño paquete cuadrado que emitía rayos intermitentes.

En el interior de la esfera, que se mantenía suspendida inmóvil encima del jardín, había más entidades, «delante de lo que parecía ser un cuadro de mandos». El gigante que se encontraba en el jardín hizo un movimiento como para atrapar a uno de los muchachos. Entonces, Fernando cogió una piedra para lanzársela, pero antes de que pudiera hacerlo el gigante lo miró directamente a los ojos y lo dejó sin fuerzas. El gigante regresó a la nave y esta se alejó rápidamente. Los niños se dieron cuenta entonces de que el «gigante del espacio» no quería hacerles daño y de la misma manera irracional sabían que volvería.

En Brasil, seis años antes, sucedió un incidente que en la actualidad ocupa un lugar muy importante en la literatura ovni. La investigación fue llevada a cabo por el profesor Olavo Fontes, de la Escuela Nacional de Medicina de Río de Janeiro. El profesor Fontes interrogó y examinó al testigo Antonio Villas-Boas, habitante de Sao Francisco de Sales, en las Minas Gerais.

En la noche del 5 de octubre de 1957, Antonio y su hermano estaban a punto de acostarse, cuando aquel percibió una luz plateada como la de una poderosa linterna. La luz permanecía inmóvil en el mismo lugar. Luego, se desplazó en dirección a la casa barriendo el techo antes de desaparecer.

El 14 de octubre, a eso de las 10 de la noche, Antonio estaba trabajando con el tractor cuando vio una luz blanca cegadora que venía del norte. Cada vez que trataba de acercarse a ella, la luz se alejaba. Esto se repitió una veintena de veces. La luz parecía que estuviera jugando con él. Su hermano observaba atentamente la escena. Finalmente, Antonio renunció a seguir jugando y la luz desapareció. Al día siguiente por la noche, Antonio regresó solo al mismo lugar. Era una noche fría, clara y estrellada. A la una de la mañana, vio algo parecido a una estrella roja, que se hizo más grande hasta convertirse en un objeto brillante con forma de huevo. El objeto planeó por encima de su tractor y luego aterrizó suavemente. Antonio trató de huir, pero el motor de su tractor se detuvo. Rápidamente, se bajó de él y cuando se disponía a salir corriendo, alguien lo cogió por el brazo. Después de una breve lucha, cuatro hombres lo condujeron al interior de la nave. Los seres se comunicaban entre sí emitiendo gruñidos que el testigo fue incapaz de imitar a pesar de que no eran «ni agudos ni muy bajos». Contra su voluntad, las criaturas lo desvistieron, le lavaron el cuerpo con una especie de esponja mojada y lo condujeron a otro cuarto a través de una puerta en la que había inscritos numerosos signos.

No tengo la intención de transcribir aquí todos los detalles de la experiencia relatada por Villas-Boas; estos fueron expuestos con buen tino por Fontes y Creighton y más tarde por los Lorenzen, que en su libro *Flying Saucer Ocupants* proporcionaron una reimpresión completa del testimonio, acompañada de la opinión profesional del doctor Fontes después del examen médico a que fue sometido el testigo.

Antonio permaneció solo en la habitación durante un tiempo que le pareció muy largo. Entonces, oyó ruido procedente del exterior de la habitación, se giró y sintió «un golpe terrible». A continuación, se abrió la puerta y apareció una mujer que estaba desnuda como él. Sus cabellos, peinados con la raya en medio, eran rubios. Sus ojos eran azules, más alargados que redondos. Su nariz era recta; sus pómulos, salientes, y su rostro, muy grande, «más grande que el de un indígena indio». Terminaba en un mentón puntiagudo. Tenía unos labios muy delgados, casi invisibles. Sus orejas eran finas pero ordinarias. Era bastante más pequeña que él: la cabeza apenas le llegaba a la altura de su hombro. Muy rápidamente, la mujer le hizo comprender cuál era el objetivo de su visita. Poco después de la relación sexual, otro hombre entró y le hizo una señal a la mujer, quien, mostrando su vientre con un dedo, sonrió, señaló al cielo y abandonó la habitación.

Los hombres volvieron con las vestimentas de Antonio y luego lo condujeron a otra habitación, donde algunos miembros de la tripulación, que estaban allí sentados, gruñían entre ellos. El testigo, seguro ahora de que no le harían daño, examinó cuidadosamente todo lo que lo rodeaba. Entre otras cosas –todas sus reflexiones son interesantes–, vio una caja provista de una tapa de vidrio parecida a un despertador. El «despertador» tenía una aguja y varios signos que parecían corresponder a los números 3, 6, 9, y 12 de un reloj ordinario. Sin embargo, las agujas no se movían, por lo que concluyó que no se trataba de un reloj.

El simbolismo en esta observación de Villas-Boas está claro. Nos recuerda a los cuentos de hadas, citados anteriormente, el país en el que el tiempo no cuenta y al poeta que tenía en su habitación un péndulo inmenso blanco sin agujas donde aparecía escrito: «Es mucho más tarde de lo que piensas». La calidad poética de esos detalles en muchas de las escenas ovni es lo que llama la atención –a pesar del carácter irracional y evidentemente absurdo del relato– y lo que las hace tan similares a los sueños. Antonio debió haber tenido el mismo pensamiento porque pensó que tenía que llevarse una prueba, así que trató de robar el «despertador». De inmediato, uno de los hombres le propinó un empujón, furioso. Este deseo de proveerse de una prueba es un rasgo constante de los cuentos de hadas y nos trae a la memoria los esfuerzos de Betty Hill por convencer a sus secuestradores de que le dejaran llevarse un «libro» singular que había en el interior de la nave. Como en el caso de Villas-Boas, estos no permitieron que se llevara ninguna prueba para convencer al mundo de que su experiencia había sido real. (Betty Hill también había observado un extraño mapa sobre el que hablaremos en otro capítulo.)

Finalmente, uno de los hombres le hizo una señal a Antonio para que lo siguiera hasta una plataforma circular, desde donde descendió hasta tierra. Antonio se quedó con todos los detalles que pudo. Después, la nave desapareció a gran velocidad. Miró su reloj y vio que eran las 5.30: había permanecido cuatro horas en el interior de la extraña máquina.

Hay que observar que el testigo explicó voluntariamente su caso después de leer en un periódico un anuncio en el que se pedían informes de ovnis. Se mostró extremadamente reticente cuando tuvo que hablar de los aspectos más personales de su experiencia y sólo los explicó después de que el doctor Fontes lo interrogara con insistencia. Como Maurice Masse, Villas-Boas sufrió un exceso de sueño después del incidente que duró aproximadamente un mes.

LOS EPISODIOS SEXUALES

Cuando el folclore va degradándose hasta no ser más que una forma de literatura menor, al igual que los relatos de hadas se degradaron para convertirse en los cuentos que conocemos hoy, pierde, naturalmente, mucho de su contenido: en particular, los detalles «adultos» que no son admitidos en los libros infantiles. La censura de los detalles picantes de estas historias maravillosashace que perdamos una gran ocasión para quedar asombrados. El caso de Villas-Boas no es muy adecuado para ser explicado en un colegio de niños pequeños, pero eliminando a la mujer, la historia se reduciría a un cuento sin valor simbólico ni psicológico profundo. El contexto sexual es precisamente lo que brinda a tales relatos su significado y su impacto. La componente sexual (y a veces sadomasoquista en algunos casos recogidos por Budd Hopkins) de las historias de abducción brinda una «codificación» emocional que las hace inolvidables.

Sin el contexto sexual sin las historias de intercambios, de comadronas humanas, o de matrimonios mixtos con miembros de la Gentry sobre las que nunca oímos hablar en los cuentos de hadas modernos–, es dudoso que la tradición concerniente a las hadas hubiera sobrevivido a través de los tiempos. Y eso no sólo es cierto respecto a las hadas: los casos más notables de contacto sexual con los no humanos no se encuentran en los libros picantes de ciencia ficción ni en las leyendas de las hadas; permanecen seguramente guardados aparte, en los archivos de la iglesia. Para encontrarlos, es necesario primero aprender latín y luego poder acceder a las pocas bibliotecas en las que se conservan estos archivos únicos. Pero los relatos que uno descubre ahí hacen palidecer el caso de Villas-Boas por comparación; el lector estará de acuerdo conmigo, creo yo, antes del final de este capítulo.

En primer lugar, debemos establecer de manera clara que la creencia en la posibilidad de matrimonio mixto entre las razas humana y no humana que estamos estudiando es un corolario de las apariciones en todos los contextos históricos.

Esto es tan evidente en los textos bíblicos que no tengo necesidad de hablar de ello. El sexo de los ángeles es la más clara de todas las cuestiones teológicas. En *La Revolte des Anges*, de Anatole France, Arcade, una de las criaturas celestes, le dice al joven francés llamado Maurice, el cual lo acusa de haberle arrebatado a su amiguita:

> No hay nada mejor que tener buenas referencias. Para asegurarte que no te estoy engañando, Maurice, respecto a este tema de los abrazos amorosos entre ángeles y mujeres, consulta a Justin, *Apologías* I y II; Flavius Josèphe, *Antigüedades judaicas*, libro I, capítulo III; Atenágoras, *Sobre la resurrección*; Lactancia, libro II, capítulo XV; Tertuliano, *Sobre el velo de las vírgenes*; Marcos de Efesos, en *Psellus*; Eusebio, *Preparación evangélica*, libro V, capítulo IV; San Ambrosio, *Noé y el arca*, capítulo V; San Agustín, *Ciudad de Dios*, libro XV, capítulo XXIII; el padre Maldonado, el jesuita, *Tratado de los demonios*, página 248.

Así habló Arcade, el ángel guardián del pobre Maurice, tratando de excusarse por haberle robado a su amante, la bonita Gilberte, y añadió sin vergüenza:

> Lo que fue tuvo que ser. Todos los demás ángeles en rebeldía como yo hubieran hecho lo mismo que yo con Gilberte. «Las mujeres, dice el apóstol, deben orar cubiertas por un velo debido a los ángeles.»

Eso está bastante claro. Pero, ¿las hadas y los elfos? ¿Están sujetos a tales deseos carnales? Considérense los hechos que siguen.

En el prefacio de la *Saga de Hrolf*, Torfeus, un historiador danés del siglo XVII, reunió las declaraciones hechas respecto a los elfos por Einard Gusmond, el erudito islandés:

> Estoy convencido de que existen realmente y que son criaturas de Dios; que se casan como nosotros y tienen niños de los dos sexos; la prueba nos la brinda lo que sabemos de los amoríos de algunas de sus mujeres con simples mortales.

William Grant Stewart, en *The Popular Superstitions and Festive Amusements of the Highlanders of Scotland*, dedica la segunda parte de su discusión a las hadas. En un capítulo titulado «De la pasión y de las inclinaciones de las hadas», he aquí lo que dice respecto a las relaciones sexuales con ellas:

> Las hadas son sorprendentes por sus disposiciones amorosas y no tardan mucho en apegarse y unirse con gentes de las que no se puede decir, hablando con propiedad, que sean de su propia especie.

Esto es un ejemplo soberbio de fraseología alambicada. Stewart, evidentemente, se siente menos turbado cuando observa que tales acontecimientos parecen no producirse entre hombres y hadas:

> Haciendo justicia tanto a la comunidad humana como a la de las hadas, debemos decir que actualmente la relación que hemos descrito que tiene lugar entre ellos es extremadamente rara, con la única excepción de un viejo zapatero que vive, o últimamente vivía, en el pueblo de Tomantoul y que confiesa haber hecho algunas locuras con una «lanan-shi» en su juventud; personalmente, no conocemos a nadie que haya llevado este asunto hasta ese punto.

Si Stewart viviera hoy, tendría que revisar esta afirmación después de haber leído el material de los ovnis. El reverendo Kirk planteaba el caso más claramente cuando decía: «En nuestra Escocia hay numerosas criaturas soberbias de ese género aéreo que frecuentemente se citan con hombres jóvenes lascivos como súcubos o como alegres amantes y prostitutas llamadas Leannain Sith o espíritus familiares». ¿Tengo acaso necesidad de recordar al lector la importancia de tales «espíritus familiares» en el ocultismo medieval, particularmente en las teorías rosacruces? ¿Es necesario mencionar la cantidad de brujas acusadas y condenadas a muerte porque se había probado que poseían ese mismo tipo de espíritus familiares? Como las personas abducidas examinadas por Budd Hopkins, la mujer acusada de brujería llevaba generalmente sobre su cuerpo una marca o una cicatriz extraña.

No existe abismo alguno entre la creencia en las hadas y la ufología respecto a la cuestión sexual. Esto es evidente en el estudio de Evans-Wentz, quien recoge, por ejemplo, la historia siguiente:

> Mi abuela Catherine MacInnis solía hablar de un hombre llamado Laughlin, que , según ella, estaba enamorado de un hada. El hada había decidido ver a Laughlin todas las noches y él, cansado de ella, comenzó a tenerle miedo. Las cosas se echaron a perder hasta el punto de que decidió irse a América para escapar de ella. Cuando estaba a punto para marchar, unas mujeres que ordeñaban sus vacas al atardecer en la pradera oyeron muy claramente al hada cantar esta canción:
>
> > ¿Qué hará la mujer de cabellos castaños
> > Cuando Lachie esté sobre las olas?
>
> Lachie embarcó en Cape Breton y desembarcó en Pictu, en Nueva Escocia. En la primera carta que envió a sus amigos, confesó que el hada lo había seguido hasta allí.

Los comentarios de Evans-Wentz sobre el caso son importantes:

> Descubrir un cuento tan raro y curioso como este... es muy interesante. Así, aparte de su gran valor literario, prueba a fin de cuentas que las hadas que seducen a los mortales en nuestra época son más o menos iguales, sino completamente iguales, que los súcubos de los místicos de la Edad Media.

Esto nos permite volver a los archivos religiosos mencionados más arriba; uno de ellos nos ofrece un caso notable de aparición.

Un libro de Isidoro Liseux, que atribuyó a un teólogo llamado Sinistrari, muestra que los eclesiásticos eruditos estaban tan intrigados por los relatos de íncubos y súcubos como lo están los investigadores modernos del tema ovni por el caso de Villas-Boas. Después de observar que los textos fundamentales de la iglesia no proporcionaban ninguna opinión clara sobre tales casos, Sinistrari se preguntó cómo serían juzgados por la ley religiosa. En los archivos de la iglesia (especialmente los que tratan los procesos de brujería), se encuentran numerosos casos de relaciones sexuales con íncubos. Desde el punto de vista de la iglesia, se plantean varios problemas. En primer lugar, ¿cómo pueden esas relaciones ser posibles físicamente? En segundo lugar, ¿en qué difiere la demonialidad de la bestialidad? En tercer lugar, ¿qué tipo de pecado cometen los que tienen semejantes relaciones? En cuarto lugar, ¿cuál debe ser su castigo?

De acuerdo con Sinistrari, el primer escritor que utilizó la palabra *demonialitas* fue J. Caramuel, en su *Teología fundamentalis*. Antes que él, nadie había hecho ninguna distinción entre demonialidad y bestialidad. Todos los moralistas, siguiendo a santo Tomás de Aquino, entendían por bestialidad «una relación carnal cualquiera con un sujeto de especie diferente». Así, Cajetán, en su comentario sobre santo Tomás, coloca las relaciones con el demonio en la categoría de la bestialidad, igual que Silvester, cuando definió *Luxuria* y Bonacina en *De Matrimonio*. Al respecto, la reflexión de Villas-Boas es chocante, pues comparó acostarse con aquella mujer con acostarse con un animal debido a sus «gruñidos».

Respecto a este punto de teología sutil, Sinistrari concluye que santo Tomás nunca quiso decir que las relaciones con los demonios caían dentro de su definición de bestialidad. Con la expresión «especie diferente», dice Sinistrari, el santo lo único que puede haber querido decir es especie de seres vivientes, lo que difícilmente puede aplicarse al diablo. De modo similar, si un hombre se une a un cadáver, no es bestialidad, si se cree la doctrina tomista que niega al cadáver la naturaleza de cuerpo humano. Lo mismo sería para un hombre que se uniera a un cadáver de animal. Es fascinante seguir los pensamientos de Sinistrari en una vía que se emparenta directamente con la de los informes ovni: Villas-Boas habría pasado un momento sumamente difícil ante los inquisidores si hubiera vivido en el siglo XVII. Un hombre llamado Benoît de Berne confesó, a la edad de setenta y cinco años, que había tenido relaciones durante cuarenta años con un súcubo llamado Mermeline. Fue quemado vivo.

El acto de amor, escribe Sinistrari, tiene por objeto la procreación humana. Una inseminación antinatural, es decir, el acto sexual que no puede ser seguido de procreación, es un pecado contra la naturaleza. Pero es el sujeto de esta inseminación lo que permite distinguir los diferentes pecados de este tipo. Si la demonialidad y la bestialidad estuvieran en la misma categoría, un hombre que hubiera tenido relaciones con un demonio podría simplemente decir a su confesor: «He cometido un pecado de bestialidad». Y, sin embargo, no ha cometido semejante pecado, por supuesto.

Cuando se trata de identificar el proceso físico de las relaciones con los demonios, se plantean problemas considerables. Es uno de los puntos más difíciles de elucidar (¡tan difícil como identificar la naturaleza física de los platillos voladores!) y Sinistrari discute sobre ello de una forma remarcable. Para mostrar que el punto importante de la discusión es determinar el grado de castigo que merecen estos pecados, trata de enumerar las diferentes maneras de cometer el pecado de demonialidad. Primero observa:

> Hay personas envanecidas con su pequeño saber que se atreven a negar lo que los más sabios escritores escribieron, y es que la experiencia cotidiana demuestra, a saber: que el demonio, íncubo o súcubo, se une carnalmente no solamente a los hombres y a las mujeres, sino también a los animales.

Sinistrari no desmiente que mujeres jóvenes tienen a menudo visiones e imaginan que han asistido a un sabbat. Del mismo modo, los sueños eróticos ordinarios han sido clasificados por la iglesia muy aparte de lo que estudiamos por el momento. Sinistrari no piensa en estos fenómenos psicológicos cuando habla de demonialidad; trata de relaciones físicas auténticas como las de los textos fundamentales de brujería. Así, en el *Compendium Maleficarum*, Gnaccius cita no menos de 18 casos de historias de brujas que tuvieron relaciones carnales con los demonios. Todos estos casos han sido atestiguados por eruditos cuyos testimonios no pueden ser puestos en duda. Por otra parte, el mismo san Agustín dijo en términos precisos en la Ciudad de Dios, 15,23:

> Es una opinión extendida, confirmada por testimonios directos o indirectos de personas dignas de confianza, que los silfos y los faunos, llamados corrientemente incubos, con frecuencia han atormentado a mujeres y han solicitado y obtenido relaciones sexuales con ellas. Incluso existen demonios, llamados diablillos (es decir, duendes) por los galos, que frecuentemente emplean semejantes prácticas impuras: esto ha sido atestiguado por autoridades tan altas y de tan elevado rango que sería imprudente negarlo.

El demonio tiene, pues, dos maneras de actuar en estos contactos carnales: una está reservada a los brujos y brujas; la otra, a los hombres y mujeres ajenos a la brujería.

Lo que Sinistrari afirma es que existen dos tipos de personas que pueden tener relaciones carnales con los seres llamados demonios: los que han establecido un pacto formal con ellos —y da los detalles del proceso de conclusión del pacto— y los que simplemente tienen un contacto con ellos. Las implicaciones de este dato fundamental del ocultismo deberían parecer evidentes para la interpretación de la creencia en las hadas y en las historias modernas de ovnis.

El diablo no tiene cuerpo. ¿Cómo puede tener relaciones con hombres y mujeres? ¿Cómo las mujeres pueden tener niños a raíz de tales uniones? Los teólogos responden que el diablo toma prestado el cuerpo de un ser humano, hombre o mujer, o se sirve de otras materias para formarse un nuevo cuerpo a estos efectos. Volvemos a encontrar ahí la teoría expresada por un miembro de la Gentry citada por Evans-Wentz: «Podemos volver jóvenes a los viejos, grandes a los pequeños y pequeños a los grandes».

Se ha dicho igualmente que el diablo tiene dos maneras de proceder. O bien toma la forma de un súcubo hembra y tiene relaciones con un hombre, o bien el súcubo procura sueños lascivos a un hombre dormido y emplea la «polución» que de ello resulta para permitir al diablo realizar la segunda parte de la operación. Esta es la teoría que enseñaba Gnaccius, quien cita una gran cantidad de ejemplos. Así, Hector Boethius da cuenta de un joven escocés quien, durante varios meses, recibió la visita en su habitación, cuyas puertas y ventanas estaban cerradas, de un súcubo de una belleza fascinante. Este hizo todo lo que pudo para obtener de él lo que quería, pero no cedió ni a sus caricias ni a sus súplicas.

Un punto interesó mucho a los teólogos: tales demonios no obedecen a los exorcistas. No tienen miedo alguno a las reliquias u otros objetos sagrados y, por lo tanto, no entran en la misma categoría que los diablos que poseen a la gente. Pero entonces, ¿son verdaderamente criaturas del diablo? ¿No deberíamos colocarlos en una categoría separada junto con las hadas y los elementales a los que se parecen tanto? Y entonces, si tales criaturas poseen un cuerpo que les es propio, ¿puede mantenerse la teoría tradicional, la que pretende que los íncubos y súcubos son demonios que han tomado prestado un cuerpo humano? ¿Puede acaso explicar cómo nacen niños de tales uniones? ¿Cuáles son las características físicas de tales niños? Podemos acaso estar de acuerdo con Lebrun cuando escribe: «Si el cuerpo de estos niños es diferente al de los otros niños, seguramente sus almas tendrán cualidades que los otros no tienen: es por eso que el cardenal Bellarmin piensa que el Anticristo nacerá de una mujer y de un íncubo». Si admitimos que los informes ovni que hemos citado en este capítulo indican que el fenómeno contiene elementos genéticos, entonces las cuestiones planteadas más arriba son fundamentales, y es importante ver cómo la tradición las ha comprendido. Según Sinistrari:

> Para los teólogos y los filósofos es un hecho que de las relaciones sexuales de humanos [hombre o mujer] con el demonio a veces nacen seres humanos. El Anticristo debe nacer de acuerdo con este procedimiento, según la opinión de un cierto número de doctores... Por otra parte, señalan que, debido a una causa totalmente natural, los niños engendrados de esta manera por los íncubos son altos, muy fuertes, muy audaces, magníficos y de muy mal genio.

La literatura da una lista de figuras históricas que serían hijos del demonio, entre las cuales estarían Platón, Alejandro, César, Merlín e incluso «ese heresiarca maldito de Martín Lutero». Sinistrari no está de acuerdo con esta teoría:

> A pesar de todo el respeto que debo a tan eminentes doctores, no veo cómo su opinión puede resistir el escrutinio. Verdaderamente, como Pérénius señala muy bien en *Commentary on Genesis*, capítulo 6, toda la fuerza, todo el poder del esperma humano, viene de los espíritus que se evaporan y desaparecen tan pronto como salen de las cavidades genitales donde estaban cálidamente almacenados. Los médicos están de acuerdo sobre este punto. Ese es el motivo de que al demonio no le sea posible guardar el esperma que ha recibido en un estado suficiente de integri-

dad como para que pueda engendrar; ya que cualquiera que sea el receptáculo en el que quisiera tratar de guardarlo, debería tener una temperatura igual a la temperatura natural de los órganos genitales humanos, que no se encuentra en ningún otro lugar salvo en los órganos susodichos. En un receptáculo en el que el calor no es natural sino artificial, los espíritus se disuelven y la procreación no es posible.

También leemos en las Escrituras (Gén 6,4) que los gigantes son el resultado de las relaciones entre los hijos de Dios y las hijas del Hombre: es la letra misma del texto sagrado. Estos gigantes eran hombres de gran tamaño, como se dice en «Baruch» (11-26), y con mucho superiores a los otros hombres. Además de su tamaño monstruoso, llamaban la atención por su fuerza, sus pillajes y su tiranía. Y es a los crímenes de estos gigantes que debemos atribuir la causa primera del Diluvio, según Cornelius de Lapide en su *Commentary on Genesis*.

Si las relaciones en cuestión han dado lugar a seres de proporciones monstruosas, debemos ver ahí no relaciones ordinarias entre hombres y mujeres, sino la acción de íncubos que, por su propia naturaleza, pueden perfectamente ser llamados hijos de Dios. Esta opinión... no está en contradicción con la de Tertuliano, quien opinaba que estos íncubos pueden ser ángeles que se han permitido cometer el pecado de la lujuria con mujeres.

Lo que se nos ofrece aquí es una teoría completa de contactos entre nuestra raza y otra raza, que no es humana, de naturaleza física diferente, pero compatible biológicamente con la nuestra. Los ángeles, los demonios, las hadas, las criaturas del cielo, del infierno o de Magonia: ellas son las inspiradoras de nuestros sueños más extraños, conforman nuestro destino, se apoderan de nuestros deseos... pero, ¿quiénes son?

V
La componente celestial: señales en el cielo

APARICIONES

«Hablan todos los lenguajes de la Tierra. Lo conocen todo del pasado y del porvenir de la raza humana y de cualquier ser humano.»

Esta declaración fue hecha en 1968 por un empleado español que afirma haber estado en contacto con extraterrestres desde 1954. «Los habitantes del planeta Wolf 424 [sic] están entre nosotros bajo forma humana y con falsas identidades. Son muy superiores a nosotros y también extremadamente pacíficos. Estoy en contacto permanente con ellos. Me escriben o me llaman. Celebramos reuniones.»

¿Cómo entró en contacto con entidades superiores? Parece que en 1954 un platillo habría tirado una piedra llena de jeroglíficos en los jardines de la Universidad de Madrid. Fernando Sesma copió los símbolos y pronto comenzó una comunicación en ambos sentidos. Estas historias absurdas han dado a luz a numerosos cultos, verdaderas sectas de los tiempos modernos.

En Gran Bretaña, también corren rumores fantásticos. Sabios británicos, según lo que dicen algunos, han sido contactados misteriosamente por radio y están involucrados en actividades secretas a petición de los extraterrestres. Algunos de estos sabios incluso habrían desaparecido. A través de estos contactos los extraterrestres tenían la intención de controlar nuestra historia. ¿Con qué finalidad? Yo mismo he recibido cartas de individuos que afirman ser miembros de organizaciones secretas cuyos cuarteles generales se encuentran, literalmente, «fuera de este mundo». Estos corresponsales me han informado de que la finalidad de estos grupos es impedir que el género humano alcance otros mundos del espacio. Naturalmente, otros «contactados» dicen exactamente lo contrario. Sin embargo, sigue siendo cierto que la creencia en el control no humano de los destinos terrestres es tan vieja como la política.

Así, un periodista madrileño, Armando Puente, afirma que Sesma le advirtió con tres meses de anticipación del asesinato de Robert Kennedy. Del mismo modo, Sesma habría «predicho» una ola de aterrizajes de ovnis en Argentina.

El mismo poder atribuido a los ocupantes de los platillos en otro tiempo fue propiedad exclusiva de las hadas. Es lo que creían los campesinos medievales ignorantes, igual que, por otra parte, algunos eruditos. Así, una de las primeras preguntas planteadas a Juana de Arco por sus inquisidores fue si no había conocido o había asistido a las reuniones que tuvieron lugar en la fuente de las hadas, cerca de Domrémy, alrededor de la cual bailan los espíritus malignos. Y otra pregunta, junto con su respuesta, fue registrada de la manera siguiente: «Cuando se le preguntó si no creía, antes de ese día, que las hadas eran espíritus malignos, [esta] respondió que no lo sabía».

Sin abrir de nuevo el archivo completo de la brujería, es importante observar la continuidad de las creencias, que ha conducido directamente de la magia primitiva a las abducciones por parte de los platillos voladores modernos, pasando por la experiencia mística, la creencia en las hadas y la religión. El estudio de la brujería ha mostrado que estos temas están íntimamente ligados entre sí. Y mientras que en este capítulo no nos ocupamos de las creencias individuales, debemos interesarnos por las implicaciones sociales de tales rumores, que son perfectamente reales, ya sean ciertos o falsos los hechos.

El poder de estas apariciones se manifiesta en algunos de los grandes «milagros» de la historia. En Knock, Irlanda, en 1852, unos testigos vieron a unos seres luminosos entre los cuales se encontraba la Virgen María:

> Ella tendía sus manos abiertas hacia delante y hacia el cielo, como ninguno de los testigos jamás la había visto anteriormente en una estatua o en un grabado cualquiera.

Tres de los testigos dijeron haber observado que sus pies estaban desnudos. Una mujer, Bridget Trench, se sintió tan entusiasmada por el espectáculo que con fervor se acercó a las apariciones para besar los pies de la Virgen. Pero sus brazos se cerraron en el vacío.

> Al querer besarla, lo único que sentí fue el muro, y, sin embargo, los personajes eran de nuestro tamaño y parecían tan llenos de vida que no lo comprendía qué pasaba, y me preguntaba por qué mis manos no podían sentir lo que yo veía tan claro.

130

Bridget remarcó también hasta qué punto caía la lluvia, pero añadió:

> Tanteé el terreno con mis manos y estaba perfectamente seco. El viento soplaba del sur contra el techo, pero ni una gota de lluvia caía en el lugar del aguilón en el que se encontraban los personajes.

San Juan estaba un poco separado del grupo. Vestido como un obispo, tenía un libro grande abierto en su mano izquierda. Los dedos de su mano derecha estaban levantados como los de un instructor. Uno de los testigos, Patrick Hill, se acercó lo suficiente como para distinguir las líneas y las letras del libro. Cuando se avisó al reverendo de la parroquia de las apariciones, este dijo que debían ser el reflejo de los vitrales de color de la iglesia y permaneció tranquilamente en su casa el resto de la noche. El fenómeno duró varias horas. Empapados hasta los huesos, los testigos regresaron a su casa antes de la media noche. Al día siguiente por la mañana, ya no se pudo ver nada.

Diez días después del incidente, un niño sordo fue curado y un ciego de nacimiento recuperó la vista después de su peregrinaje a Knock. Pronto, siete u ocho curaciones tuvieron lugar cada semana:

> Un moribundo, tan enfermo que lo único que hacía era vomitar sangre mientras lo llevaban a Knock, recibió la extremaunción de manos del archidiácono en cuanto llegó y fue instantáneamente curado después de haber bebido agua en la que se había disuelto una miga de cemento del aguilón.

Todos estos acontecimientos tuvieron lugar en un mal momento para la Iglesia católica de Irlanda. La mayor parte de los sacerdotes colaboradores del archidiácono Caravagh pusieron en duda aquella aparición y la desaprobaron. Como en Lourdes y en Fátima, el clero trató de no mezclarse en los peregrinajes. Incluso pidió a los periódicos locales y nacionales que no hicieran publicidad sobre la aparición, mientras que los periódicos hostiles al catolicismo publicaban artículos peyorativos sobre este tema.

Por supuesto, se trató de explicar el fenómeno a través de medios físicos. Un profesor de ciencias de Maynooth llevó a cabo una investigación oficial ordenada por el arzobispo de Tuam. Este utilizó un proyector de imágenes fotográficas para proyectar las imágenes sobre el aguilón en presencia de veinte sacerdotes. Las pruebas descartaron la posibilidad de que la aparición hubiera sido el resultado de un truco fotográfico. Un corresponsal del *Daily Telegraph* de Londres llevó a cabo nuevas pruebas en una fecha ulterior; este declaró: «Cualquiera que haya sido la causa de las apariciones, no hubieran podido ser producidas por una proyección de imágenes».

Numerosos aspectos de este informe son idénticos a los del fenómeno ovni: el extraño globo de fuego con intensidad variable, las entidades luminosas en el interior o cerca de la luz, la ausencia de lluvia en el lugar de la aparición y, finalmente, las supuestas curaciones milagrosas.

Para los que no conocen bien la literatura ovni especializada, las «curaciones» milagrosas les parecerán sorprendentes. Tomemos por ejemplo el informe de Damon, en Texas, el 3 de septiembre de 1965, en el que un agente de policía se vio curado de una herida que se había hecho en la mano después de haberla expuesto a la luz de un objeto que flotaba. O el de Petrópolis, en Brasil, el 25 de octubre de 1957, en el que una jovencita moribunda de cáncer fue curada después de una operación fantástica practicada por dos hombres que venían del cielo. O el caso del Dr. X..., el médico francés que después de haber observado dos objetos extraños cerca de su casa en octubre de 1968 se curó de un hematoma y de un tipo de parálisis.

El caso de Knock no es el ejemplo más notable de similitud entre las apariciones religiosas y los avistamientos de ovnis, tema sobre el que volveremos en el capítulo 7.

Un incidente ocurrido al amanecer del sábado 9 de diciembre de 1531, en México, reúne todas las características de las que hemos hablado. De un impacto sociológico y psicológico formidable, este incidente ha dejado huellas materiales que incluso hoy en día siguen siendo objeto de gran devoción.

Un azteca de cincuenta y siete años, cuyo nombre nahuatl era Águila Cantarina y cuyo nombre español era Juan Diego, iba camino de la iglesia de Tlaltelolco, cerca de México, cuando de repente se estremeció y se quedó inmóvil como consecuencia del canto agudo y suave de unos pájaros. Hacía un frío que cortaba: ningún pájaro que se respetara cantaría a semejante hora y, sin embargo, la música armoniosa continuó antes de detenerse bruscamente. Luego, alguien, una voz de mujer, pronunció el nombre de Juan Diego. La voz venía de lo alto de la colina, que estaba escondida «detrás de una niebla helada y una nube luminosa».

Y cuando subió a la colina, la vio. En *A Woman Clothed with the Sun*, Ethel Cook Eliot escribió:

> El sol no había llegado aún al horizonte, pero Juan la vio como a contra luz debido a los rayos de oro que bañaban su figura desde la cabeza hasta los pies. Era una jovencita mexicana de unos catorce años y de una belleza incomparable.

Hasta aquí, tenemos un comienzo perfecto de aparición típica de un hada. Sin embargo, el diálogo que sigue hace que la historia sea diferente. Así, la jovencita le dijo a Juan Diego que ella era María y que su deseo era que se construyera un templo en ese mismo lugar: «Corre ahora a Tenochtitlán (México) y cuéntale al obispo absolutamente todo lo que has visto y oído.»

Era más fácil decirlo que hacerlo. Los pobres indios no tenían la costumbre de ir al barrio español del pueblo y menos aún al palacio del obispo.

Con mucho coraje, Juan descendió la montaña corriendo en dirrección al palacio. Una vez allí, le suplicó a don Fray Juan de Zumárraga que escuchara su historia. El obispo, naturalmente, aunque se mostró benévolo con el indio, no creyó ni una sola palabra del relato. Entonces, Juan regresó a las montañas, donde le esperaba la mujer. Este le aconsejó que enviara al obispo un mensajero más cualificado.

> Escucha, hijo, respondió ella vivamente. Son muchos los que yo podría enviar. Pero tú eres el que yo he escogido para desempeñar esta tarea. Así es que, mañana por la mañana, vuelve a ver al obispo. Dile que es la Virgen María la que te envía y repítele el gran deseo que tengo de tener una iglesia en este lugar.

Al día siguiente, Juan Diego regresó a México para entrevistarse de nuevo con el paciente obispo. Juan Diego era tan puro y parecía tan honesto al contar su historia que Fray Juan de Zumárraga se sintió conmovido. Le dijo a Juan que pidiera a la aparición una señal tangible y después dio la orden a dos de sus servidores de que siguieran al indio y lo observaran. Estos lo siguieron atentamente, pero ya en las montañas, Juan desapareció sin dejar ni una huella. (En este caso, también es el cuento de hadas perfecto.) Juan se encontró de nuevo con aquella mujer y le transmitió la respuesta del obispo, y entonces esta le dijo:

> Muy bien, hijo. Vuelve mañana al amanecer. Te daré una señal para él. Te has esforzado mucho por mí y te recompensaré. Ve en paz y descansa.

Al día siguiente por la mañana, Juan no se presentó a la cita. Su tío, su único pariente, estaba muriéndose, así que permaneció a su lado todo el día tratando de aliviar sus sufrimientos. Sólo lo dejó durante unos momentos para ir a buscar a un cura. Mientras corría hacia Tlatelolco, la aparición interrumpió su camino. Incómodo, le dijo la razón por la cual no había podido seguir sus instrucciones y ella dijo:

> Hijo mío, no te preocupes y no tengas miedo. ¿No soy yo aquí como tu madre? ¿No estás bajo mi tutela y mi protección? Tu tío no morirá. Acaba de recuperar la salud en este mismo instante. Por lo tanto, no tienes necesidad de continuar tu camino y sí que puedes seguir el mío con toda tranquilidad. Sube a lo alto de la colina, recoge las flores que ahí brotan y tráemelas.

En lo alto de la colina no había flores y Juan Diego lo sabía muy bien. A mediados de diciembre, no podía haber flores ahí. Sin embargo, una vez allí, encontró unas preciosas rosas de Castilla «con sus pétalos húmedos del rocío». Las cortó y, sirviéndose de su larga capa de indio, su *tilma*, para protegerlas del frío que hacía, se las llevó a la aparición. Ella arregló las flores que él había metido en la capa y luego amarró las puntas de la parte baja de la *tilma* detrás del cuello de Juan de manera que ninguna rosa pudiera caerse. Le aconsejó no mostrar a nadie más que al obispo la señal que le había dado y luego desapareció. Juan Diego no volvería a verla jamás.

En el palacio del obispo, los sirvientes se burlaron de la visión del indio. Lo «empujaron de derecha a izquierda» y trataron de quitarle las flores. Pero cuando se dieron cuenta de que las rosas parecían disolverse cuando trataban de cogerlas, se asombraron y lo dejaron ir. Una vez más, Juan fue conducido ante la presencia del obispo.

> Juan Diego llevó las manos a su cuello y deshizo el nudo hecho con las puntas del grueso tejido. El pliegue de la *tilma* cayó y las flores que eran para él una señal preciosa cayeron sobre el suelo en un montón desordenado. ¡Ay de mí el arreglo hecho con tanto cuidado por la Virgen! Pero la confusión de Juan por su torpeza no fue nada en comparación con lo que sucedió inmediatamente después. En el espacio de algunos segundos, el obispo se había levantado de su asiento para arrodillarse a los pies de Juan y a continuación todos los que estaban en la habitación hicieron lo mismo.

El obispo estaba arrodillado ante la *tilma* de Juan y, como señala Ethel Cook Eliot, «millones de personas se han arrodillado ante ella desde entonces». Esta fue colocada encima del gran altar de la basílica de Nuestra Señora de Guadalupe en México. La *tilma* está hecha de dos pedazos de fibra de árbol de mango tejidas, cosidas juntas, y mide un metro ochenta por un metro. Sobre esta tela grosera, de color de lino crudo, aparece una encantadora silueta de una altura de un metro cuarenta.

> Envuelta en rayos de oro, Ella emerge como una concha de luz, nítida y encantadora en cada detalle del dibujo y del color. Inclina la cabeza suave y muy graciosamente hacia el lado derecho, evitando con exactitud la larga costura. Tiene los ojos bajos, pero sus pupilas son visibles, con una impresión sobrenatural de encanto y de amor.

El tío de Juan se curó. Mientras esperaba al sacerdote, demasiado débil incluso para beber el remedio que su sobrino le había preparado, vio cómo una suave luz inundaba la habitación. Después, se le apareció una silueta luminosa, la de una mujer joven. Esta le dijo que iba a sanar y lo informó de la misión de Juan Diego. También le dijo: «Llámame y llama a mi imagen, santa María de Guadalupe». O al menos de esta manera fue comprendido el mensaje.

En el transcurso de los seis años que siguieron al incidente, más de ocho millones de indios fueron bautizados. En la actualidad, más de mil quinientas personas al día se arrodillan ante la *tilma* de Juan Diego.

Este relato nos recuerda varios aspectos importantes de los numerosos cuentos de hadas que hemos revisado: la música misteriosa y suave anunciando la llegada del hada; las flores (rosas una vez más) que brotan en un lugar imposible, y la señal dada al mensajero humano que cambia de naturaleza después de la partida del hada, como los pedazos de carbón entregados a las comadronas por los gnomos y que se transformaron en oro; los numerosos símbolos similares que se encuentran en innumerables cuentos. No podemos dejar de recordar aquí las palabras de Harhand en su libro *Science of Fairy Tales*: «El don de un objeto aparentemente sin valor que se transforma, si se observan las recomendaciones, en un objeto del más alto valor es comúnmente empleado en las transacciones de las hadas. Es una de las manifestaciones más evidentes del poder sobrehumano». El último aspecto es el simbolismo cósmico, la luna creciente bajo los pies de la Virgen, como en el texto de la Revelación:

> Apareció en el cielo una señal grande, una mujer envuelta en el sol, con la luna debajo de sus pies, y sobre la cabeza una corona de doce estrellas. (Ap 12, 1)

LA MENTIRA EN ACCIÓN

¿Qué significa todo eso? ¿Acaso es razonable establecer un paralelismo entre las apariciones religiosas, la creencia en las hadas, los informes sobre criaturas semejantes a enanos con poderes sobrenaturales, los relatos de aeronaves en los EE.UU. en el siglo pasado y las historias actuales de aterrizajes de ovnis?

Sostengo enérgicamente que sí es razonable establecer dicho paralelismo, pues los mecanismos que han generado estas distintas creencias son idénticos. Su contexto humano y sus efectos sobre los humanos son constantes. La observación de este mecanismo muy profundo es crucial. Tiene poco que ver con el problema de saber si los ovnis son objetos materiales o no. Tratar de comprender el significado, el objetivo de los llamados platillos voladores, es tan fútil como lo era la persecución de las hadas, si uno incurre en el error de confundir apariencia y realidad. El fenómeno tiene rasgos estables, invariables: hemos tratado de identificar algunos de ellos y de clasificarlos claramente. Pero también hemos tenido que señalar cuidadosamente el carácter cambiante de los aspectos secundarios de las escenas: las formas de los objetos y las apariencias de los ocupantes; y las declaraciones que varían en función del medio ambiente cultural en el que se encuentran situados.

En las historias de aeronaves, como las que vimos en el capítulo 2, una buena cantidad de personajes barbudos desembarcaron en el medio oeste o en otras partes en 1897 para pedir agua, un poco de sulfato de cobre u otras cosas semejantes. Las historias contadas por los testigos eran verosímiles aunque un poco asombrosas para los granjeros americanos de la época. La aeronave correspondía al concepto popular de máquina voladora sofisticada: tenía ruedas, turbinas, alas y unas luces poderosas. Solamente hay un detalle del cual todavía no hemos hablado: la aeronave, si era creíble para los testigos de 1897, ya no lo es para nosotros ahora. Sabemos muy bien que la invención descrita era incapaz de volar, a menos que su apariencia exterior haya sido concebida para inducir a error a los posibles testigos. Pero si es así, ¿por qué? ¿Y qué fue? ¿Cuál era el objetivo de tal mistificación?

Quizá la aeronave, como las bromas de las hadas y los platillos voladores, era una invención tan bien combinado que su imagen podría penetrar profundamente en la conciencia humana y ser olvidada, como habíamos olvidado los aterrizajes de ovnis y el aspecto de los seres sobrenaturales de la Edad Media. Pero, entonces, ¿están verdaderamente olvidados?

Las acciones humanas están fundadas en la imaginación, la creencia y la fe, no en la observación objetiva como los expertos militares y políticos saben. Incluso la ciencia, que afirma que sus métodos y teorías son desarrollados racionalmente, está modelada por la emoción y la fantasía o por el miedo. Dominar la imaginación humana es formar el destino colectivo de la humanidad.

Más allá de la pregunta de la naturaleza material de los ovnis, deberíamos estudiar el problema más profundo de su impacto sobre nuestra imaginación y nuestra cultura. Es imposible saber cómo el fenómeno ovni afectará, a la larga, a nuestra opinión sobre la ciencia, la religión y la exploración del espacio. Pero parece que tiene un efecto real. Y el rasgo particular de este mecanismo afecta igualmente a los que creen y a los que niegan la realidad del fenómeno bajo su aspecto material.

Por el momento, la única conclusión que podemos sacar es que es posible hacer creer a una gran parte de la población en la existencia de razas sobrenaturales, en la posibilidad de máquinas voladoras, en la pluralidad de mundos habitados, ofreciéndole algunas escenas cuidadosamente logradas, cuyos detalles están adaptados a la cultura y a los símbolos de un tiempo y de un lugar particular.

¿Los encuentros con las entidades de los ovnis podrían estar concebidos para dominar nuestras creencias? Examinemos su carácter versátil. En los EE.UU., aparecen como monstruos de ciencia ficción. En América del Sur, son sanguinarias y siempre están dispuestas a combatir. En Francia, se comportan como turistas razonables, cartesianos, pacíficos. La Gentry irlandesa, si creemos a sus portavoces, era una raza aristocrática organizada, un poco como una orden religiosa militar. Los pilotos de las aeronaves tenían personalidades fuertes y poseían todas las características del pionero americano.

Examinemos ahora el caso que ilustra mejor este punto. La fecha: 23 de octubre de 1954. El lugar: cerca de Trípoli, en Libia. Hacia las tres de la mañana, un granjero italiano vio un aparato volador posarse a unos diez metros de él. Tenía la forma de un huevo. La mitad superior era transparente y estaba inundada de una luz muy blanca. La mitad inferior parecía ser de metal. En la parte delantera, había dos puertas laterales. En la parte central, había una escalera exterior. De la parte trasera, salían dos ruedas dispuestas verticalmente, una encima de la otra, y dos tubos cilíndricos. Mientras descendía, el aparato hacía un ruido parecido al de un compresor «como los que se utilizan para inflar las ruedas de los coches». Parecía no tener ninguna hélice. Encima del fuselaje había dos antenas, una detrás de la otra, y, bajo este, tenía una especie de tren de aterrizaje de seis ruedas. El aparato medía unos seis metros de largo por tres metros de ancho. En el interior, había seis hombres vestidos con unos conjuntos amarillentos, escondidos detrás de unas máscaras de gas. Uno de ellos se quitó la máscara con el fin de soplar en una especie de tubo: su rostro era como el de cualquier ser humano.

Cuando el testigo se acercó al objeto y puso una mano en la escalera, un violento shock eléctrico lo tiró al suelo. Uno de los ocupantes le hizo señas advirtiéndole que sería mejor, por su propio interés, que se mantuviera lejos del aparato. Otro ocupante sacó una rueda y luego volvió a ponerla en su lugar. Después, apretó un botón y un semicontenedor recubrió la rueda. En el interior de la cabina, otro hombre con unos auriculares manipulaba una especie de aparato de radio, con todos sus hilos. Los seis individuos no paraban de activar y desactivar las palancas de una especie de tablero de mandos.

El incidente duró más o menos veinte minutos. Luego el objeto se elevó silenciosamente hasta una altitud de cuarenta y cinco metros antes de partir a toda velocidad en dirección este.

Se han fotografiado las huellas dejadas por el tren de aterrizaje sobre la tierra removida. Eran como las que dejan las ruedas de caucho normales. Su longitud era de sesenta centímetros solamente.

Si fuera posible hacer hologramas con masa en tres dimensiones y proyectarlos a través del tiempo, diría que fue eso lo que vio el granjero. Y con esta teoría podríamos explicar muchas apariciones. En numerosos casos ovni y en algunos de los milagros religiosos, las criaturas aparecen como imágenes tridimensionales cuyos pies no tocan la tierra. Pero, ¿qué hay que pensar de las otras manifestaciones materiales y de los efectos físicos como los shocks eléctricos?

Leyendo el relato del caso del aterrizaje libanés, nos vemos tentados a admitir que el granjero, lejos de ser un testigo casual de las maniobras de los visitantes interplanetarios, ha sido deliberadamente expuesto a una escena preparada para que pudiera grabársela y transmitírnosla. De ahí las máscaras de gas, los tableros de mandos y el aparato de radio, «con todos sus hilos».

El caso italiano que viene a continuación y que tuvo lugar en Abbiate Buazzone, cerca de Varèse, el 24 de abril de 1950, es muy similar:

> Hacia las diez de la noche, Bruno Facchini oyó y vio numerosas chispas que primero atribuyó a una tormenta; sin embargo, pronto descubrió una masa oscura planeando entre un poste y un árbol a doscientos metros de su casa. Unos instantes después, vio a un hombre con una ropa pegada al cuerpo y con un casco que estaba reparando un objeto extraño. Otras tres siluetas trabajaban alrededor del enorme aparato. Cuando terminaron su trabajo, subieron a la nave y se alejaron a gran velocidad. El testigo había observado otros detalles chocantes: el objeto emitía un sonido parecido al de una colmena gigante y el aire era extrañamente caliente en los alrededores. Las chispas que vio Facchini salían de unos tubos del aparato. Los hombres medían aproximadamente un metro setenta, vestían unos trajes de submarinistas grises y tenían delante de la cara una especie de vaso oval transparente que escondía una máscara gris. De la máscara transparente salía un tubo flexible al nivel de la boca. Tenían también auriculares. En el interior del aparato, había una serie de botellas de oxígeno y numerosos cuadrantes. Cuando Facchini les ofreció su ayuda, los hombres se pusieron a hablar entre ellos emitiendo diferentes sonidos guturales; entonces, uno de ellos sacó una especie de aparato fotográfico de su cuello y disparó sobre Facchini un rayo de luz que lo proyectó algunos metros más allá. Luego, este fue atrapado por una especie de torbellino de aire que lo tiró al suelo. Unos momentos después, subieron a la nave y desaparecieron. Al día siguiente, Facchini regresó al lugar de los hechos y encontró algunos fragmentos de metal dejados por la operación de soldadura, cuatro huellas circulares y unas placas de hierbas arrancadas. El doctor que le curó las heridas que le causaron aquellos extraños personajes le aconsejó que explicara lo sucedido a la policía. Lo hizo diez días después. Los técnicos del Ministerio de Defensa que examinaron los fragmentos de metal afirmaron que se trataba de un «material antifricción muy resistente al calor». Otros testigos del incidente se presentaron por separado.

¿Fue el señor Facchini el juguete de una aparición trucada de criaturas del espacio? ¿Cuál podría ser el objetivo de una broma tan extrema? ¿Quién puede tener los medios para combinar un plan tan complejo para obtener tan pocos resultados? ¿La imaginación humana es capaz de engañarse a sí misma de esa manera? ¿O debemos emitir la hipótesis de que una raza avanzada, en alguna parte del universo, y a veces en el futuro, nos ha mostrado escenas en el espacio tridimensional durante los dos últimos milenios para tratar de guiar nuestra civilización? Si fuera así, ¿se merecería verdaderamente nuestras felicitaciones?

Si no, ¿estaríamos en presencia de un universo paralelo, de otra dimensión, donde viven razas humanas y a donde podemos ir por nuestra cuenta y riesgo, para no volver jamás al tiempo presente? ¿Acaso estas razas son solamente semihumanas, de manera que, para permanecer en contacto con nosotros, tienen necesidad de cruzarse con hombres y mujeres de nuestro planeta? ¿Acaso es ese el origen de tantos cuentos y leyendas en los que la genética juega un papel tan importante? El simbolismo de la Virgen en el ocultismo y en la religión, los cuentos de hadas en los que entran en escena comadronas humanas e intercambios, los sobrentendidos sexuales de los informes de platillos voladores, los relatos bíblicos de matrimonios mixtos entre los ángeles del Señor y las mujeres terrestres cuyos vástagos eran gigantes. ¿Acaso seres superiores de este misterioso universo proyectan objetos que pueden materializarse y desmaterializarse a voluntad? ¿Son acaso los ovnis más bien «ventanas» que «objetos»? No hay nada que nos permita probar esas hipótesis; y, sin embargo, considerando la perennidad histórica del fenómeno, las alternativas son difíciles de hallar, a menos que se quiera negar la realidad de todos los hechos, lo que aseguraría ciertamente nuestra tranquilidad de ánimo.

Hoy no se puede resolver ese problema. Si tenemos necesidad absoluta de creer en algo, entonces basta con afiliarse a uno de los numerosos grupos de gentes que pretenden tener todas las respuestas. Lean los libros de Menzel o el informe Condon, ese bello ejemplo de abuso de confianza científica. O bien suscríbanse a revistas que «prueban» que los «platillos voladores existen realmente y vienen del espacio». No es para esta gente para quien he escrito este libro, sino para los pocos que pasaron a través de todo esto y han llegado a un nivel más claro y más elevado de percepción, para aquellos que han reconocido las numerosas pesadillas de la historia humana, para los que han comprendido los mecanismos delicados del inconsciente colectivo.

CONJETURAS

Puede parecer inútil hacer conjeturas respecto a un fenómeno que evidentemente todavía no podemos comprender. Pero ya hemos visto en este libro que este fenómeno ha dejado una serie de huellas profundas en las creencias y actitudes de nuestros contemporáneos bajo una forma que no solamente se puede identificar, sino que no estaba desprovista de precedentes. Por eso no es vano tratar a la vez pruebas críticas, sociológicas y materiales con el fin de determinar si los fenómenos descritos por los testigos forman parte de un plan deliberado.

Cuando se presentan una serie de situaciones inhabituales, es propio de la naturaleza de la mente humana analizarlas hasta encontrar una forma racional en un nivel particular. Pero es perfectamente concebible que la naturaleza nos ofrezca situaciones tan complicadas que nuestros errores de observación y de lógica enmascaren completamente la forma que hay que identificar. Para el hombre de ciencia, esto no tiene nada de sorprendente. La historia de la ciencia consiste en una doble progresión: el perfeccionamiento de técnicas de observación y el mejoramiento de los métodos analíticos. Pero también se puede suponer que el universo contiene criaturas inteligentes que tienen una organización de la cual no se podría construir ningún modelo sobre la base de los conceptos humanos actuales. El comportamiento de tales criaturas parecería necesariamente aleatorio o absurdo, o bien pasaría desapercibido, sobre todo si poseen medios materiales para camuflarse a voluntad respecto a las percepciones humanas o para replegarse en otras dimensiones. Tales comportamientos físicos aparecerían en los archivos científicos como simples accidentes debidos al azar, fácilmente imputables a un error, al «ruido» instrumental o a diversas causas naturales.

Examinando el fenómeno ovni como un ejemplo particular de esta cuestión más fundamental, nos vemos ante la presencia de la doble posibilidad de un problema insoluble y de una manifestación continua en el tiempo; y esto es cierto, ya sea el fenómeno natural o artificial.

Se puede prever el desarrollo de un nuevo mito que se nutre de esta dualidad. Ante la ausencia de una solución racional del misterio y ante la intensidad del interés público por este tema, es probable que, en los años venideros, nuevas formas de charlatanería se sirvan de ello como base. Puede ser que estemos viviendo las primicias de un nuevo movimiento mitológico, que pueda dar finalmente a nuestra era mitológica su Olimpo o su Walhalla, y que consideráramos este desarrollo como uno más o menos de nuestra cultura. Debido a que numerosas observaciones de fenómenos ovni parecen ser coherentes y, al mismo tiempo, incompatibles con el saber científico, se creó un vacío lógico que la imaginación humana trata de llenar con sus propios fantasmas. Frecuentemente, hemos observado tales situaciones en el pasado y estas nos han ofrecido tanto las formas más elevadas como las más bajas de actividad religiosa, poética y política. Es totalmente posible que el fenómeno ovni dé lugar a desarrollos semejantes porque estas manifestaciones coinciden con un nuevo interés en el valor humano de la tecnología.

Si el fenómeno ovni es interesante, es debido precisamente a que la ciencia es el proceso por el cual los argumentos emocionales pueden ser transformados en una sucesión organizada de «subproblemas» susceptibles de análisis racional. Decir que el problema ovni no es «científico», o incluso preguntarse si lo es o no, es totalmente absurdo. No hay problemas científicos: es la forma en que se aborda un problema lo que es científica o no. La ciencia es una construcción en la mente del hombre, no una característica que tenemos la libertad de atribuir o denegar a tal o cual objeto extraño que encontremos en nuestro camino. Para un hombre de ciencia, la única cuestión válida es decidir si el fenómeno puede ser estudiado por sí mismo o si forma parte de un problema más profundo. Este libro trata de ilustrar este último enfoque. Y mi conclusión es que a través del fenómeno ovni tenemos una ocasión única de observar el folclore en formación y de recoger la materia científica en la fuente más profunda de la imaginación humana. Solamente atraeremos el desprecio de los futuros estudiantes de nuestra civilización si dejamos que esta materia se pierda ya que «con la tradición ocurre igual que con un meteorito que cae: no puede volver a brillar».

En el caso de que decidamos hacer algunas observaciones fundamentales sobre las informaciones existentes, cinco hechos principales se destacan claramente en nuestro análisis:

Hecho 1. Desde de mediados de 1946, existe entre el público de todos los países un auge, extremadamente activo, de rumores de alto colorido. Se basan en un número considerable de avistamientos de máquinas desconocidas vistas en regiones rurales, en las huellas materiales dejadas por estas máquinas y en sus diferentes efectos sobre los humanos y los animales.

Hecho 2. Cuando se extraen de estos rumores los arquetipos subyacentes, el mito del extraterrestre parece coincidir muy de cerca con la creencia en las hadas de los países celtas, las observaciones de los eruditos de los tiempos pasados y la creencia extendida entre todos esos pueblos en las entidades cuyas descripciones físicas y psicológicas las sitúan en la misma categoría que los ufonautas de nuestra época.

Hecho 3. Las entidades que los testigos humanos señalan haber visto, oído y tocado son de tipos biológicos diversos. Entre ellas se encuentran seres gigantes, hombres que se parecen a nosotros, criaturas aladas y diferentes categorías de monstruos. Sin embargo, la mayoría de los que llamamos pilotos son enanos que pertenecen a dos grupos principales: 1) Los seres velludos de piel oscura, idénticos a los gnomos de la teoría medieval, con pequeños ojos brillantes, y «viejas» voces profundas y rugosas, y 2) los seres que corresponden a la descripción de los silfos de la Edad Media o de los elfos de los cuentos de hadas, con rasgos humanos, cabezas cuyo volumen es mayor que el de la cabeza promedio de los humanos y voces cristalinas. Todas estas criaturas han sido descritas con o sin aparato respiratorio. En un mismo informe se pueden encontrar criaturas de diversas categorías.

Hecho 4. El comportamiento de las entidades registrado en los informes es tan constantemente absurdo como la apariencia de su ridícula nave. En las numerosas ocasiones en las que se ha intercambiado con ellos una comunicación verbal, sus afirmaciones han inducido a los testigos a error de manera sistemática. Esto es cierto para todos los casos registrados, desde los encuentros con la Gentry en las islas Británicas hasta las conversaciones con los ingenieros de la aeronave durante los avistamientos en el medio oeste en 1987 y las discusiones con los supuestos marcianos de Europa, del Norte y del Sur de América y de otras partes. Esta actitud absurda ha tenido como resultado mantener apartados a los hombres de ciencia profesionales del lugar en el que esta actividad había tenido lugar. También sirvió para darle sobreentendidos religiosos y místicos al mito de los platillos.

Hecho 5. El mecanismo de las apariciones en los tiempos legendarios, históricos y modernos es constante y sigue el modelo de los milagros religiosos. Varios casos que llevan el sello oficial de la Iglesia católica (Fátima, Guadalupe, etc.), si uno aplica las definiciones estrictamente, no son en realidad más que fenómenos ovni en los cuales la entidad ha dado un mensaje que se relaciona más con las creencias religiosas que con el espacio o la mecánica.

Después de establecer estos cinco hechos, creo que son ciertas las tres proposiciones siguientes:

Proposición 1. El comportamiento de una raza superior no tendría que parecer necesariamente lógico a un observador humano. Los hombres de ciencia que rechazan los informes ovni con el argumento de que «unos visitantes inteligentes evidentemente no se comportarían de esa manera», simplemente no han reflexionado de manera seria sobre el problema de la inteligencia no humana. De hecho, la observación y la deducción se ponen de acuerdo para que se pueda decir que la acción organizada de una raza superior necesariamente deba parecer absurda a la raza inferior. Que esto no impide el contacto ni siquiera la cohabitación es un hecho patente de la vida cotidiana en nuestro planeta en el que hombres, animales e insectos tienen actividades entremezcladas a pesar de los distintos niveles en la organización de su sistema nervioso.

Proposición 2. Si reconocemos que la estructura y naturaleza del tiempo es como un rompecabezas para los físicos modernos como lo era para el reverendo Kirk, por ejemplo, entonces se deduce que cualquier teoría del universo que no tenga en cuenta nuestra ignorancia está condenada a ser un ejercicio académico.

Proposición 3. La totalidad del misterio sobre el que discutimos contiene todos los elementos de un hito que puede emplearse con fines de manipulación social, política y estratégica a largo plazo, como lo ilustra el vínculo extraño que existe entre el contenido de los informes y el progreso de la tecnología humana, desde las aeronaves hasta los dirigibles, los cohetes fantasmas, los platillos voladores y la biogenética, vínculo del cual nunca se ha dado una interpretación satisfactoria en un cuadro sociológico.

En lo que concierne a este último punto, me parece remarcable que se encuentre el primer ejemplo de un apagón causado por un ovni en *Twilight Bar* (El bar del crepúsculo), una pieza de teatro escrita por Arthur Koestler en 1933. En la pieza, que se desarrolla en una isla pequeña anónima en la que la guerra civil está a punto de estallar, un meteoro enorme pasa volando por encima de la ciudad, emitiendo un silbido muy agudo, al mismo tiempo que se apagan todas las luces. La nave se sumerge en el mar, y dos criaturas vestidas de blanco y caminando como si estuvieran en trance llegan hasta la orilla y se presentan como mensajeros enviados para avisar a la humanidad de que le quedan tres días para enmendarse. Si no, dicen las criaturas, la humanidad será destruida y la Tierra volverá a ser poblada por una raza superior.

En una novela escrita en 1950 por Bernard Newman titulada *The Flying Saucer*, aparece la primera referencia a los efectos físicos de un ovni sobre un coche. Es cierto que cuando Newman escribió este libro, ya circulaban informes de ovnis que mencionaban perturbaciones magnéticas (de las brújulas). Incluso en 1944 los militares habían acumulado informes considerables respecto a los ovnis, y un año antes, el National Bureau of Standards llevó a cabo la primera investigación científica a gran escala. Pero permanece el hecho de que la coincidencia entre estas obras de imaginación y los hechos reales de los informes que emanan del público es remarcable, y que abre la vía a hipótesis ilimitadas.

Comprender la estructura del tiempo implicaría un conocimiento superior del destino (me sirvo de la palabra «destino» no para designar la fuerza desconocida que actúa irresistiblemente sobre los individuos, sino el mecanismo por el que los acontecimientos físicos se desarrollan y la tela de fondo sobre la que son implantados). Antes de pasar a la componente psíquica, quizá debería recordar al lector dos hechos de los que ya hemos hablado anteriormente: 1) la relatividad del tiempo en Magonia, concepto que nos ha sido brindado por los numerosos cuentos de los que hemos hablado, y 2) esta asombrosa pequeña observación hecha por un silfo a Facius Cardan, que antecede en cuatro siglos a la teoría cuántica: «Dios crea [el universo] minuto a minuto, de manera que si Él detuviera su trabajo aunque fuera por un instante, el mundo perecería».

Como dijo Jerónimo Cardan, «ya sea hecho o fábula, lo que importa es que es».

VI

La componente psíquica: la metalógica

EL REGRESO DE UN ESPECTRO

Al público no le gustan los misterios que se niegan a morir. Después de que se dieran a conocer unos encuentros con objetos voladores no identificados en todo el territorio de los EE.UU. durante la primera quincena de octubre de 1973, después de siete años de calma y después de que dos hombres que vivían en Pascagoula, en el estado de Misisipí, relataran su «abducción» por criaturas grotescas parecidas a robots, el público comprendió que estaba asistiendo al regreso de un espectro que los hombres de ciencia habían declarado muerto y enterrado con gran pompa algunos años antes. Un informe de ochocientas páginas de la Universidad de Colorado afirmaba que el estudio de los ovnis «no puede ser justificado por la expectativa del progreso científico que de ello resultaría». El profesor Edward Condon, director del proyecto, estaba tan seguro de la inutilidad del estudio que destruyó los dossiers. Tres días antes de su muerte, en marzo de 1974, intentaba convencer a un amigo físico para que abandonara su propia investigación sobre los ovnis. Cuando Condon se enteró de que se estaba preparando un documental, replicó que había que quemar la película. Más tarde, la Fuerza Aérea cerró los centros dirigidos por Condon que se ocupaban de los informes de avistamientos (el Proyecto Libro Azul) sobre la base de una declaración similar.

Cuando los avistamientos volvieron a ocupar la primera página de los periódicos del mundo entero, se hizo patente que el tema de los ovnis estaba más vivo que nunca. Fue muy fácil para los amantes de los platillos voladores exclamar: «¡Se lo habíamos dicho!». Pero no fue tan fácil para los testigos comprender lo que habían visto. Y les fue aún más difícil olvidarlo. Algunos no lo olvidarán jamás.

Un hombre y su esposa fueron despedidos de su trabajo cuando revelaron que un objeto los había seguido por una carretera de Missouri, una noche de octubre. Según su testimonio, el objeto les lanzó un relámpago que dejó ciego al hombre durante unos instantes (que perdió algunas décimas de visión en esta ocasión) y derritió la montura de sus gafas. Como en el caso de Pascagoula, con sus monstruos-robots, los hechos fueron calificados como increíbles por los científicos locales que los examinaron, fuera del contexto del conjunto del fenómeno. El profesor Condon había tenido el mismo problema: curiosamente, todos los miembros de su equipo habían sido seleccionados ¡porque no desconocían por completo la cuestión! Sin embargo, solamente analizando los miles de avistamientos similares que han tenido lugar en todos los países del mundo durante los últimos cuarenta años se puede obtener un cierto grado de comprensión.

En el transcurso de los años setenta, se hizo patente que los acontecimientos paranormales frecuentemente estaban ligados a los encuentros cercanos con ovnis. La mayoría de los investigadores encontraban muy difícil de tratar este aspecto de los casos, puesto que no concordaba con lo que esperaban de una visita «extraterrestre». Tales conocimientos paranormales podían tomar la forma de coincidencias no elucidadas, durante las cuales un hombre podía tener un sueño premonitorio antes del encuentro o incluso abrir la puerta después de haber oído llamar sin encontrar a nadie, como fue el caso de un policía que contó que más tarde, esa misma noche, había sido paralizado por los dos ocupantes de una nave desconocida. A veces, el acontecimiento revestía una forma más importante: un cierto número de testigos, por ejemplo, relataron que habían percibido distintos mensajes en el interior de sus cabezas, indicación posible del poder «telepático» de los ocupantes de los ovnis. Otras categorías de acontecimientos psíquicos son las distorsiones del tiempo y del espacio, y una violación aparente de las leyes de la física bajo la forma de la aparición repentina y de la desaparición de una máquina material. Como hemos visto en los capítulos precedentes, los testigos hablan frecuentemente de viaje en un tiempo paralelo. Estas observaciones constituyen colectivamente lo que yo denomino la «componente psíquica» del fenómeno ovni.

Lo que hace que esas observaciones sean interesantes a mis ojos es precisamente lo que rechazan los especialistas de otras disciplinas científicas haciéndolos apartarse con horror: su absurdo aparente. Mi dominio en la investigación es la naturaleza de la información, el uso que de ella hacen los hombres, su transcripción bajo forma de documentos, su aplicación a la inteligencia artificial y su tratamiento por parte de los autómatas. Las técnicas de este dominio pueden ser empleadas para compilar, tamizar, clasificar los testimonios y buscar nuevos esquemas. Algunos hombres de ciencias prosiguen esta tarea a pesar de la absurdidad aparente de los datos. Su trabajo para comprender el enigma de los ovnis está centrado, cada vez más, en la componente psíquica de los informes, que indica ya sea una comunicación real con el testigo, ya sea una influencia directa inexplicable por los medios físicos ordinarios.

UN NUEVO INCIDENTE

En las colinas de la cadena costera de California, justo al oeste de la ciudad de Menlo Park, donde la vía rápida que lleva a la Universidad de Stanford pasa bajo la nueva autopista, hay un lugar de una belleza singular. Situado a menos de dos kilómetros de una zona urbana, transmite sin embargo una impresión de soledad total: la vía rápida se estira hacia la profundidad del valle, custodiado por altas alambradas, que no impiden que los campos de los alrededores conserven aún un cierto encanto bucólico. En el extremo de la vía hay un tipo de depresión con forma de embudo que no es visible desde la carretera. Un testigo vio cómo de esta depresión se elevaba un ovni, una noche de febrero de 1973.

Lo que primero llamó su atención fue un zumbido (en este caso, también los zumbidos, ronquidos y ruidos de colmenas comunes a los ovnis). El hombre detuvo su coche y se bajó de él junto con su acompañante. El zumbido se fue haciendo cada vez más claro hasta que finalmente apareció el objeto. Su luz era roja. Volaba en línea recta, por encima de las colinas. Luego descendió vertiginosamente y desapareció en el valle. Pero no por mucho tiempo. Rápidamente, el objeto volvió a aparecer; en esta ocasión se elevó a una gran altura. Los dos hombres pudieron ver la escena con toda claridad: era como mirar directamente al sol, dijeron, y sin embargo el perfil de la luz era muy nítido. Era como si miraran por una ventana «que se abría dando a las entrañas de una estrella».

El testigo que me contó esta historia precisó que ya había visto ovnis con anterioridad. En el estado de Montana, avistó dos máquinas con forma de disco planeando encima de un campo. Entonces, se acercó sigilosamente hasta unos veinticinco metros de ellas. A pesar de la distancia, explicó que se sintió intensamente observado. Utilizó la palabra «comunicación».

«¿A qué se refiere cuando habla de "comunicación"?», le pregunté. Usted no vio ninguna ventana ni detectó la menor señal de vida en aquellos objetos. Me respondió con otra pregunta: «¿Alguna vez se ha encontrado usted cerca de una ballena?». Con estas palabras quiso decirme que tenía el vago sentimiento de que el objeto era consciente de su presencia, como lo hubiera hecho un animal salvaje que es capaz de observar a uno haciendo como si lo ignorara.

¡NO SE LO CUENTE A NADIE!

Relatos parecidos al que acabo de contar abundan en un recodo de nuestra morada psíquica que muy pocas personas, incluso de entre las que se interesan por los fenómenos paranormales, se esfuerzan en explorar. En el transcurso de los últimos veinticinco años, al menos diez mil avistamientos de ovnis se han clasificado como inexplicados después de ser examinados por investigadores competentes (no me refiero a los casos señalados, sino solamente a los que quedaron sin explicación, y esta cifra seguramente ya se ha quedado pequeña); sin embargo, aún no se ha tendido ningún puente entre este conjunto de datos y los elementos que existen en apoyo de los fenómenos psíquicos como la profecía, la psicoquinesis y la telepatía. Este puente es necesario, no solamente porque la investigación en la parapsicología podría arrojar luz sobre algunos de los incidentes ovni más extraños, sino también porque, a la inversa, la naturaleza del fenómeno ovni podría brindarnos una nueva manera de abordar ciertos acontecimientos inusuales que aún no han podido ser reproducidos en laboratorio. Esto quizá nos daría la clave del mecanismo de algunos procesos psíquicos.

La naturaleza del problema podría ser ilustrada por otro ejemplo, un testimonio que me dio una señora que vive en Berkeley, en el estado de California, quien un día observó una serie de cinco objetos redondos que atravesaban el cielo por encima de la bahía de San Francisco. Inmediatamente, pensó que eran globos. Entonces, el primero aceleró y, llegado a un cierto punto, se alejó verticalmente a una velocidad increíble. Seguidamente, el segundo realizó la misma maniobra, y después el tercero. El cuarto y el quinto también realizaron la misma maniobra. El cielo se quedó vacío. Sin embargo, en la mente de la testigo quedó un pensamiento extraño, la sugestión poderosa de que «era algo que le estaba siendo permitido observar». Este pensamiento fue acompañado por otro que tenía casi la fuerza de un mensaje explícito: no debía decírselo a nadie. Efectivamente, regresó a su casa sin decir nada, hasta el día en que asistió a una conferencia, donde planteó la posibilidad de un contacto inconsciente o reprimido. Ya hemos subrayado cuán frecuente era que los testigos decidieran guardar para sí este tipo de información.

Si borramos la segunda parte del testimonio de esta dama, lo que queda no es más que una persona de entre millones que creen haber visto un ovni. Pero, ¿con qué derecho podemos ignorar una parte de su relato? ¿Y qué pasa si se toma en consideración el hecho de que sintió claramente un mensaje directo e imperativo en su mente? ¿Este hecho no es acaso un elemento tan importante de la observación como los cinco objetos luminosos que vio? Uno constata que los fenómenos de precognición, de telepatía e incluso de curación extraña no son excepcionales en los informes, sobre todo cuando el testigo estaba próximo a un objeto o expuesto directamente a su luz.

EL CASO DEL DOCTOR X...

El siguiente informe es uno de los casos mejor estudiados de interacción entre testigos humanos (los que «percibieron» el fenómeno) y ovnis. La historia le sucedió a un médico muy conocido en el sur de Francia, la noche del primero de noviembre de 1968. Cosa no habitual, unos investigadores competentes (entre los cuales se encontraban un astrofísico, un psiquiatra y un fisiólogo) pudieron tener acceso a los datos y siguieron el desarrollo de los hechos sin que ni la prensa ni las autoridades se inmiscuyeran en el asunto. El testigo no quiere ninguna publicidad. Ni sus pacientes ni su familia están al tanto de estos acontecimientos. Poco antes de las cuatro de la mañana, el médico se despertó a causa de los gritos de su bebé de catorce meses. Con cierto dolor, porque había sufrido una herida en la pierna tres días antes cortando madera y todavía tenía un hematoma, se levantó y encontró al niño muy excitado, haciendo gestos en dirección a la ventana. El médico miró a través de la persiana vio lo que tomó por relámpagos, y sin prestarles más atención, le dio un biberón de agua a su hijo. Después, inspeccionó toda la casa, ya que llovía muy fuerte. Los relámpagos seguían produciéndose en el sur. Entonces, abrió una ventana que daba a la terraza y vio dos objetos con forma de disco, de color blanco plateado por encima y rojo brillante por debajo.

Más tarde, se acordó de otros detalles: los objetos tenían en su parte superior varias «antenas» horizontales y una antena vertical, y despedían un haz de luz blanca perfectamente cilíndrica que iluminaba la niebla. Los relámpagos, que se sucedían más o menos a una velocidad de uno por segundo, se caracterizaban por un breve aumento de la luminosidad de los discos, seguido de una explosión repentina de luz entre ellos. Los objetos se desplazaban juntos hacia la izquierda, es decir, hacia el centro del campo de visión del testigo, y se acercaban rápidamente. El objeto que parecía más alejado se alineó con el más cercano. Mientras continuaban acercándose (siguiendo la trayectoria de sus haces sobre el suelo, el testigo podía verificar que efectivamente se acercaban), tuvo lugar una notable transformación: las «antenas» de los dos discos se pusieron en contacto, los dos haces se superpusieron, los relámpagos cesaron y las dos máquinas se fusionaron. Únicamente quedó un disco, que siguió acercándose despidiendo un solo haz de luz. Unos momentos después (el testigo no recuerda cuanto tiempo), el disco giró verticalmente. El haz de luz que había barrido la casa en el movimiento de rotación iluminó la fachada y el rostro del médico. Después de una explosión, el disco se alejó, dejando tras de sí un resplandor blanquecino que fue disipado por el viento.

Después del incidente, el testigo escribió un relato detallado de su avistamiento, que ilustró con dibujos. Seguidamente, despertó a su mujer y le contó lo que había pasado. Fue ella quien notó entonces, muy extrañada, que la hinchazón de su pierna había desaparecido completamente. En los días que siguieron al incidente, el médico descubrió cómo las secuelas de una herida que había recibido durante la guerra de Argelia habían desaparecido igualmente.

El escritor francés Aimé Michel visitó al testigo el 8 de noviembre, seis días después de la observación, y lo encontró fatigado. Había perdido peso y se sentía muy desamparado por lo que había vivido. El mismo día, sintió calambres y dolores en el abdomen, y le salió una pigmentación triangular rojiza alrededor del ombligo. El 17 de noviembre, ese fenómeno aparentemente absurdo se había hecho más grande. Los exámenes de un dermatólogo arrojaron resultados negativos, pero el especialista se sintió tan intrigado por aquella pigmentación triangular sin causa que decidió redactar un informe para la Academia Francesa de Medicina. El testigo, que no le había dicho al dermatólogo que aquella coloración de la piel había aparecido después de ver un ovni, pidió que, por el contrario, no se le diera ninguna publicidad al asunto. En la noche del 13 al 14 de noviembre, el testigo había soñado con un triángulo en relación con un disco volador. El mismo triángulo apareció sobre el vientre del bebé un día o dos después del examen a que fue sometido el testigo. La explicación psicosomática propuesta inicialmente por Aimé Michel ya no podía seguir manteniéndose.

Cuando el investigador (que había mantenido contacto con el testigo durante todo ese tiempo) publicó los resultados de sus dos años de estudio, observó que ni la secuela de la guerra ni la herida de la pierna se habían vuelto a manifestar. El triángulo extraño, por el contrario, seguía apareciendo y desapareciendo tanto en el padre como en el niño; este permanecía visible durante dos o tres días, incluso cuando el niño se encontraba en casa de su abuela, quien al no estar al tanto de nada se inquietó mucho cuando vio la pigmentación triangular. La recurrencia del triángulo fue observada cada año, e incluso filmada de nuevo en 1986.

Al igual que la abuela, el resto de la familia sigue sin saber nada, a pesar de haber notado un cambio importante en el médico: así, este parece aceptar de manera casi mística los acontecimientos de la vida, cosa que llena de asombro a los que lo conocieron antes. Finalmente, está la cuestión de los fenómenos paranormales que se producen alrededor de él. Frecuentemente, cuenta coincidencias de naturaleza telepática; asismismo, dice haber tenido incluso, al menos una vez, una experiencia de levitación que no pudo controlar. Por otra parte, su presencia hace que los relojes y los circuitos eléctricos se estropeen sin causa aparente.

Tales fenómenos no dejan de tener precedentes. Anteriormente, se había informado de casos de levitación o de efectos gravitacionales no controlados en relación con ovnis. Uno de ellos tuvo lugar en 1954 en una región rural francesa: un hombre que regresaba a su casa con su caballo tuvo que soltar las riendas del animal después de que este se elevara un metro del suelo al sobrevolar un objeto circular oscuro el camino a gran velocidad. En cuanto al cambio de actitud hacia la vida y la muerte, no es excepcional entre los testigos de encuentros cercanos con objetos desconocidos. Tales observaciones son las que suscitaron el interés por lo paranormal en personas como Edgar Cayce. En su infancia, se le apareció una mujer en una esfera de luz que le dijo que tendría el don de curar enfermedades cuando tuviera más edad. De acuerdo con Thomas Sugrue:

> Cuando el tiempo mejoró de nuevo, regresó a su refugio en el bosque. Fue ahí, donde una tarde de mayo... sintió otra presencia. Levantó los ojos. Una mujer se encontraba ante él... «Tus oraciones han sido oídas», le dijo. «Dime lo que deseas por encima de todo, para que te lo otorgue.» «Lo que yo quisiera por encima de todo es ayudar a los demás y en especial a los niños que están enfermos.» En un instante, había desaparecido. Miró hacia el lugar donde ella había estado, tratando de distinguirla entre los rayos de luz, pero ya se había ido.

La observación de Edgar Cayce nos recuerda varios casos de la categoría de experiencias religiosas que frecuentemente tienen como punto de partida el avistamiento de un objeto volador inusual, como en los «milagros» de Lourdes y de Fátima, que analizaremos en el capítulo 7, y las visiones que condujeron a la fundación de la Iglesia mormona. El poder de curación y de profecía frecuentemente viene asociado con tales acontecimientos.

METALÓGICA

¿Qué sabemos de la naturaleza de la comunicación que supuestamente tiene lugar entre los testigos humanos y los ocupantes de un ovni? Ya dije que, a primera vista, semejante comunicación parece simplemente absurda. La palabra «absurda», sin embargo, puede ser mal entendida, de ahí que prefiera emplear en su lugar el término «metalógica». En 1961, Barney Hill se encontró de pronto tratando de explicar al humanoide que lo examinaba que el tiempo era un concepto importante para nosotros en la Tierra. El humanoide daba la impresión de no comprender nada. El punto capital de estos incidentes parece residir en el hecho de que la conciencia trasciende al tiempo mismo.

Tales situaciones frecuentemente tienen la calidad poética profunda y paradójica de los cuentos religiosos orientales («¿qué ruido hace una sola mano cuando aplaude?») y las expresiones místicas de la cábala judía que contienen referencias a una «llama oscura». Si uno trata de comunicar una verdad que se sitúa más allá del nivel semántico que puede alcanzar el lenguaje del auditorio, uno se ve obligado a construir contradicciones aparentes para el significado ordinario. En el contacto del que hablé un poco más arriba, la segunda pregunta planteada tenía que ver con el espacio y de nuevo era absurda («¿estoy en Italia o en Alemania?», preguntó el piloto del ovni). ¿Qué científico tomaría en serio semejante historia? ¿Qué autoridad arriesgaría su reputación exigiendo una investigación? ¡Incluso un sacerdote la rechazaría por miedo a los demonios! De hecho, algunos testigos pensaron haber visto demonios cerca de un ovni, porque la criatura tenía un comportamiento imprevisible y travieso asociado a la concepción popular del diablo. Un agente desconocido que quisiera sustraerse a la intelectualidad y a la iglesia, escapar a las autoridades militares sin perturbar ni el nivel político ni los mecanismos administrativos de una sociedad, infundiendo profundamente en esta sociedad dudas con respecto a su doctrina filosófica fundamental, no actuaría de otro modo. Al mismo tiempo, por supuesto, semejante proceso debería dar una explicación de sí mismo para escapar a toda detección. En otros términos, debería proyectar una imagen justo más allá de la estructura de creencias de la sociedad en cuestión. Debería perturbar y tranquilizar al mismo tiempo, explotando la credulidad de los fanáticos y la estrechez de mente de los detractores. Precisamente, eso es lo que hace el fenómeno ovni.

La metalógica es un tipo de coherencia que se encuentra en este tipo de diálogo: «¿Un unicornio tiene un cuerno en medio de la frente?». «Sí.» «¿Los unicornios existen?» «No.»

Los amantes de los platillos voladores piensan que los ovnis son simplemente máquinas empleadas por visitantes de otros planetas. Esta creencia es totalmente ingenua. La explicación es demasiado simplista para dar cuenta de la diversidad de comportamientos de los ocupantes y de su relación con los seres humanos. ¿Este concepto tendría como misión la diversión y el enmascaramiento de la naturaleza real, infinitamente más compleja, de la tecnología que engendra los avistamientos?

Desde 1947, se han registrado cada año en los EE.UU. incidentes como los del aterrizaje de Pascagoula (en el que dos pescadores afirman haber sido abducidos por unos «hombres-pinzas»). Un catálogo de encuentros cercanos bien documentados permitiría reunir los detalles de más de dos mil casos de este tipo, de todos los países, que mostrarían un impacto formidable sobre nuestro inconsciente colectivo. Pero, ¿qué huella ha dejado sobre nuestros esfuerzos científicos? Es muy débil: algunos astrónomos valientes comienzan a revisar sus estimaciones de la probabilidad de existencia de otras civilizaciones en el espacio; se le presta mucha atención a la posibilidad de detectar señales de radio provenientes de otros sistemas solares; y algunos físicos comienzan a poner en duda en voz alta las conclusiones del doctor Condon. Sobre semejante fondo, temo que mis propias especulaciones contradigan al mismo tiempo las ideas de los «creyentes» y los prejuicios de los «escépticos».

He aquí pues, brevemente, cinco nuevas proposiciones basadas en los hechos a los que hemos pasado revista hasta aquí:

1. Los fenómenos que llamamos objetos voladores no identificados no son, propiamente hablando, ni objetos ni volantes. Pueden desmaterializarse, que es lo que parecen mostrar algunas fotos fiables, y violan las leyes del movimiento de la manera como las conocemos.

2. Los ovnis han sido vistos durante toda la historia y siempre han recibido una explicación en el marco de cada cultura. En la Antigüedad, sus ocupantes eran tomados por dioses; en la Edad Media, por magos; en el siglo XIX, por inventores de genio; en nuestra época, por viajeros interplanetarios. (Los pilotos de la aeronave de 1897 declararon: «Venimos de Kansas» o incluso «Somos de cualquier lugar... pero mañana estaremos en Grecia.»)

3. De los informes de ovnis no se desprenden necesariamente visitas de los viajeros del espacio. El fenómeno podría ser la manifestación de una tecnología mucho más compleja. Si las estructuras del tiempo y del espacio no son tan simples como lo vienen afirmando nuestros físicos hasta ahora, la pregunta «¿de dónde vienen?» puede no tener objeto; podrían venir del tiempo. Si la conciencia puede manifestarse fuera del cuerpo, el abanico de hipótesis puede ser aún más vasto.

4. La clave de la comprensión del fenómeno reside en los efectos psíquicos que produce (o en la conciencia psíquica que puede facilitar) entre los que lo observan. Con frecuencia, su vida se ve profundamente cambiada y desarrollan extrañas habilidades que no dominan de manera fácil. La proporción de testigos que revelan y publican estas experiencias es escasa; la mayoría prefiere callarse.

5. El contacto entre los testigos humanos y el fenómeno ovni se produce siempre en condiciones controladas por este último. Su característica es un factor de absurdidad que conduce a las capas superiores de la sociedad en cuestión a rechazar la historia. Los símbolos transmitidos por el encuentro son absorbidos a un nivel profundo. El mecanismo de esta resonancia entre el símbolo ovni y los arquetipos del inconsciente humano ha sido demostrado abundantemente por Carl Jung, cuyo libro *Un mito moderno* hace numerosas referencias a la importancia, vieja como el mundo, que tienen las señales en el cielo.

No considero el fenómeno ovni como el juego incognoscible e incontrolable de un orden de seres que serían infinitamente superiores a nosotros. No creo tampoco que un encuentro con ovnis pueda agregar al ser humano un elemento cualquiera que no posea ya. Todo ocurre como si el fenómeno fuera el producto de una tecnología que sigue reglas y esquemas muy precisos, aunque fantásticos de acuerdo con las normas humanas. Hasta aquí, el fenómeno no ha constituido una amenaza directa y parece indiferente al bienestar de los testigos, lo que conduce a más de uno a afirmar que quizá se trata de un fenómeno natural inexplicado («no puede ser inteligente puesto que nos ataca», dicen algunos). Pero su impacto sobre la creatividad y los impulsos inconscientes a largo plazo del hombre es probablemente enorme. El hecho de que no tengamos ninguna metodología para analizar este impacto prueba solamente que sabemos bien poco sobre nuestro propio mundo psíquico.

AVEYRON, O LA ESENCIA DE LA PROFECÍA

Dos casos, sobre los cuales se ha llevado a cabo una larga investigación, contienen elementos psíquicos. Uno tuvo lugar en Aveyron, en Francia, y el otro, en Kansas, en los Estados Unidos. Los dos vienen a apoyar las cinco proposiciones mencionadas más arriba.

El 15 de junio de 1966, en Aveyron, una mujer de setenta y seis años que vivía en una granja aislada vio los primeros objetos extraños de una larga serie de avistamientos remarcables:

> Estaba en la ventana porque a mi edad necesito tomar aire continuamente. ¡Nunca había visto luces como aquellas! ¡No eran precisamente luces, eran fuegos!

El señor Fernand Lagarde, que investigó el incidente, dijo que «las luces que vio la pobre anciana persiguen a toda la gente del campo». Esta es una historia que tiene visos de ser cierta.

Los objetos en llamas eran esféricos. El yerno de la anciana, que trabajaba en la granja, también los vio. Según este, los objetos eran redondeados por arriba y más bien aplastados por debajo. Contó seis objetos, que se acercaron a la granja en línea recta a la velocidad de un tractor y que después se fusionaron para formar un gran objeto luminoso parecido a un árbol en llamas, a un obús iluminado. Finalmente, desapareció. Los testigos quedaron completamente aturdidos.

Este sentimiento de profunda extrañeza quedaba patente en las conversaciones grabadas que pude escuchar durante un viaje a Francia. Lagarde confirmó que para los testigos el incidente fue desconcertante e irracional. El suceso tuvo lugar «en una noche tranquila, de una manera irreal, como en un sueño». Seis meses más tarde, concretamente el 6 de enero de 1967, otro granjero de Aveyron vio unas esferas luminosas en el cielo. Su descripción coincidía con la anterior.

El punto culminante de esta serie de avistamientos tuvo lugar el 11 de enero de 1967, cuando otro «obús» merodeó por Aveyron. Un joven que lo vio se acercó en su coche hasta el lugar en que presuntamente había aterrizado. Cuando llegó allí, dos pequeñas esferas entraron en el vehículo, que se iluminó completamente. Finalmente, el testigo oyó un silbido y vio cómo el objeto se alejaba a una velocidad vertiginosa. A continuación, apareció otro objeto. Tenía la forma de un disco con dos cúpulas transparentes en la cúspide, y en el interior...

> Pues bien, el interior... estaba inundado de una luz verde... Asimismo, vi las siluetas de dos hombres. ¿Se da cuenta?... Cosmonautas. Vestían uniformes de aviador, verdes con bandas blancas.

El objeto se movía de delante hacia atrás. El investigador preguntó: «¿Las puertas del coche estuvieron cerradas durante todo ese tiempo?». El joven respondió lo siguiente:

> Sí, sí...Recuerdo que tuve que abrir la ventana, creo... o quizá fue después, cuando se alejó de allí, que la abrí... Fue entonces cuando sentí una intensa ola de calori... no pude mover ni las manos ni los pies hasta que el objeto desapareció.

Una semana más tarde, como Maurice Masse, el testigo cayó en un estado profundo de somnolencia. Así, después del incidente, se pasaba durmiendo unas veinte horas al día. A pesar de los insistentes consejos de sus padres, no quiso consultar a un médico. No podía ni mantenerse en pie. Una fatiga extrema lo invadía. Su pensamiento se mantenía alerta, a pesar de que su cuerpo estaba paralizado, y sentía cómo su conciencia abandonaba su cuerpo.

En el transcurso de las conversaciones con los investigadores, tuve conocimiento de las transformaciones en el comportamiento y creencias del testigo. Este asombró a todo el mundo en esta región lejana de Francia cuando recomendó a los jóvenes de su alrededor que estudiaran con gran esmero astronomía y ciencias en general. Durante una discusión privada con una persona que siguió este caso, declaró «de pasada» que pronto tendría que escribir un libro. El investigador le recordó que él era incapaz de escribir apenas una sola letra. «Ellos me dijeron que no me preocupara por eso», respondió. «Cuando llegue el momento, sabré lo que tengo que escribir.»

En ese punto tocamos la esencia misma de la profecía. Ellos le dijeron... ¿Pero quiénes son ellos? Parece que en los sueños que siguieron a la observación del disco volador vio a unos hombres vestidos de rojo, con un libro en las manos al que señalaban con el dedo.

Más recientemente, hizo más de trescientos kilómetros para visitar al investigador de este caso, que le había dado instrucciones precisas de mantenerlo al tanto de cualquier nueva información importante. Cuando llegó a la casa del investigador, fue incapaz de decir nada. Es como si la parte de su cerebro que controla la expresión verbal y el mecanismo del lenguaje no pudiera procesar las informaciones que sabe que se encuentran ahí.

EL CASO DE DELFOS

En la noche del 2 de noviembre de 1971, en la granja de los Johnson, cerca de Delfos, en el estado de Kansas, un objeto desconocido descendió a ras de suelo e inmediatamente después partió. El objeto fue visto por un hombre joven y luego por sus padres. Este incidente podría inscribirse sin ningún otro comentario en los anales de la ufología si no hubiera sido porque tuvo diferentes efectos sobre los animales, dejó unas marcas extrañas en el suelo y, como en el caso de Aveyron, trastornó el sueño del testigo.

Aquí también el hijo del granjero es el principal testigo. Ronald Johnson, de dieciséis años de edad, se ocupaba de las ovejas, acompañado por su perro, cuando avistó un objeto enorme con forma de hongo, con toda su superficie iluminada por dos luces multicolores, suspendido a cincuenta centímetros del suelo a unos veinticinco metros de él. Medía unos tres metros de diámetro. El resplandor del objeto era tan intenso que Ronald fue incapaz de describirlo detalladamente. El objeto hacía un ruido parecido al de «una vieja lavadora que no para de vibrar». Luego se hizo más brillante en su base y se elevó a gran velocidad. De acuerdo con su declaración, el testigo se quedó ciego momentáneamente. Durante toda la escena, el perro se mantuvo «muy tranquilo».

Después de unos minutos, Ronald recuperó la vista, corrió hacia la casa para avisar a sus padres y volvió a salir con ellos. El objeto estaba ahora en lo alto del cielo y era casi más grande que la mitad de la luna llena. Después, este desapareció. Los tres testigos se dirigieron hasta el lugar en el que había aterrizado el objeto y quedaron realmente sorprendidos al descubrir un círculo brillante en el suelo. Asimismo, constataron que unos árboles cercanos a ese punto brillaban de manera extraña. De acuerdo con un investigador experimentado, Ted Phillips, con quien pude entrevistarme respecto al caso, la tierra «tenía una textura extraña: era como si el suelo se hubiera cristalizado». La señora Johnson observó que sus dedos se habían adormecido, como después de una anestesia local. Ella es enfermera y durante dos semanas no pudo tomarle el pulso a sus enfermos.

Al día siguiente, el círculo aún era visible, con su aspecto seco y endurecido. El interior y el exterior estaban mojados porque había llovido, ¡pero, sorprendentemente, el círculo estaba perfectamente seco! Treinta y dos días más tarde, cuando Ted Phillips se presentó en el lugar, había nevado: la nieve se fundía en el interior y en el exterior de la corona, pero no en una anchura de noventa centímetros.

> Quitamos la nieve de una sección de la corona y echamos agua sobre la superficie así expuesta: el suelo no dejaba que penetrase el agua. Fue muy extraño porque habían caído varios centímetros de nieve y de agua.

Phillips retiró una muestra de la corona y observó que contenía una fuerte concentración de sustancia blanquecina. Bajo la corona, el suelo estaba seco a una profundidad de al menos treinta centímetros.

Este incidente no es un caso aislado. Se han reunido cientos de informes de marcas circulares, y en muchos de ellos se hace alusión a una sustancia blanquecina o a un polvo extraño. Se dio un caso semejante en Nueva Zelanda, en un lugar llamado Waihoke, en enero de 1965. La corona permaneció visible durante cuatro años antes de que la hierba la cubriera. Es curioso constatar que, a pesar del entusiasmo provocado por el caso de Delfos y la atención que recibió por parte de ufólogos, «científicos» y escépticos, nadie, creyente o racionalista, se preocupó por determinar qué era la sustancia blanca. El suelo fue objeto de análisis cuidadosos que demostraron que no había ninguna diferencia importante entre el interior y el exterior del círculo. Finalmente, logré conseguir una muestra de la sustancia blanca a través del señor Phillips y la envié a un laboratorio francés que la examinó en un potente microscopio, con todo tipo de agrandamientos, empleando la técnica de inmersión en aceite. La sustancia blanca se redujo en fibras (lo que destruía la «explicación» del caso dada por Phillip Klass en su libro *UFOs Explained*, en el que afirmaba que esta era producida por la orina de las ovejas que se alimentaban alrededor de un aparato circular). Las fibras eran de naturaleza vegetal y pertenecían a un organismo del orden de los actinomicétalos, microorganismo intermedio entre las bacterias y los champiñones. (El biólogo que lo identificó, y que pidió que su nombre no fuera citado, precisó que el organismo pertenecía a la familia de los actinomicetos y al género de los nocardia.) Frecuentemente, se le encuentra asociado con un champiñón del orden de los basidiomicetos que puede convertirse en fluorescente bajo ciertas condiciones.

Este champiñón puede crear un motivo circular visible en la superficie del suelo. Es una buena explicación para algunos anillos de ovnis, pero la coincidencia entre este círculo de champiñones y el avistamiento de los Johnson queda por explicar. Una interpretación posible sería que la fuerte energía despedida haya estimulado el crecimiento espectacular de la nocardia y de un champiñón en vías de emerger, haciendo fluorescente a este último.

Los efectos del objeto brillante sobre los animales concuerdan con los de otros aterrizajes. Durante el avistamiento propiamente dicho, el perro permaneció anormalmente tranquilo. Las ovejas balaban pero, como el perro, parecían estar clavadas al suelo. El muchacho tampoco podía moverse, pero no está claro que haya que considerarlo como producto de otra cosa que no sea el simple miedo. El comportamiento de los animales después del avistamiento es remarcable. Durante dos semanas aproximadamente, todas las tardes al ponerse el sol, las ovejas saltaban las barreras y salían huyendo como locas, y el perro trataba por todos los medios de penetrar en la casa al llegar la noche.

Finalmente, el incidente afectó también al testigo. En primer lugar, empezó a quejarse de una fuerte irritación en los ojos, que estaban rojos y le lloraban. Luego vinieron las migrañas y las pesadillas. Estas pesadillas duraron cerca de una semana. Eran tan «reales» que los gritos del testigo despertaban cada vez a sus padres. Todas las noches soñaba con lo mismo, un sueño en el que unas criaturas de forma humana miraban por la ventana de su habitación. Sus padres lo encontraron varias veces gritando de pie al lado de la ventana.

LA TÉCNICA DE LA CONFUSIÓN EN EL RITUAL DEL CONTACTO

La siguiente historia que cuenta el doctor Milton Erickson, un pionero de la hipnosis moderna, me la proporcionó Gerald Askevold.

> Un día de mucho viento, tropecé con un hombre al doblar una esquina. Antes de que él recuperara el uso de la palabra, eché un vistazo a mi reloj y, cortésmente, como si me hubiera preguntado la hora, le dije: «Son exactamente las dos y diez», aunque en realidad eran casi las cuatro de la tarde. Después, continué mi camino. Unos metros más allá, me giré y vi que aquel hombre seguía mirándome, completamente asombrado por la observación que le hice.

Después de citar esta historia, el psicólogo Paul Watzlawick hace el siguiente comentario en su libro *Change*:

> Así es como Erickson describe el incidente que lo condujo a desarrollar un método inhabitual de inducción hipnótica, que más tarde denominó técnica de la confusión. ¿Qué fue lo que sucedió? El incidente del choque entre las dos personas creó un contexto cuya respuesta convencional evidente hubiera debido ser la presentación de excusas mutuas. El hecho de que el doctor Erickson siguiera caminando transforma, de manera repentina e inesperada, este mismo contexto en otro: en efecto, hubiera sido perfectamente apropiado desde un punto de vista social si el otro hombre le hubiera preguntado la hora, aunque de todas formas hubiera sido algo asombroso, porque evidentemente no era la correcta, si bien fue dada en un tono perfectamente cortés. El resultado fue una gran confusión, que no fue ni siquiera suavizada por una transformación consecutiva que hubiera reorganizado las piezas de un rompecabezas en un marco de referencia nuevo, más comprensible. Como señala Erickson, la necesidad de salir de la confusión hallando otro marco hace que un sujeto particularmente bien dispuesto y decidido se agarre firmemente de la primera información que se le dé. La confusión, al establecer una estructura para dar un nuevo

marco a la situación, se convierte entonces en una etapa importante en el proceso de ejecución de un cambio de segundo orden para «mostrar a la mosca cómo salir de la botella».

¿Será que el supuesto piloto del ovni trataba de mostrar al testigo cómo salir de un laberinto semejante? ¿Esta técnica de la confusión habrá sido empleada deliberadamente para lograr un cambio a gran escala?

Responder a tales interrogantes nos ayudaría a comprender el fuerte parecido, que alguien que hubiera examinado las creencias esotéricas no dejaría de observar, entre los encuentros cercanos con un ovni y los ritos de iniciación de algunas sociedades secretas. Esta «apertura del espíritu» a una nueva serie de símbolos que ha sido informada por numerosos testigos es precisamente lo que diversas tradiciones ocultas tratan de obtener.

EL CASO DE JOSÉ ANTONIO

José Antonio era un soldado de la policía militar de Minas Gerais, en Brasil. Llegó incluso a ser ordenanza del mayor Celio Ferreira, comandante de un batallón de la guardia. Según una investigación llevada a cabo por Brant Aleixo y publicada en *Flying Saucer Review* (noviembre-diciembre de 1973), un domingo de mayo de 1969, por la tarde, mientras estaba pescando en una laguna al norte de Belo Horizonte, José Antonio vio unas formas que se movían detrás de él. Seguidamente, un «estallido de luz» le golpeó en las piernas y sintió una parálisis que le hizo soltar la caña de pescar y caer de rodillas. A continuación, fue agarrado por dos individuos enmascarados, que medían aproximadamente un metro veinte, vestidos con uniformes metálicos, que lo llevaron a una máquina con forma de cilindro. En el interior del aparato, los seres le pusieron una máscara como la que ellos llevaban y lo ataron. Después, despegaron.

Cuanto más parecía subir el aparato, más dificultades para respirar tenía el soldado. Hubo un momento en que, incluso sintió una fatiga física general y una especie de parálisis. Cada vez se sentía menos a gusto en aquella posición, a causa de la dureza y la forma del asiento; la parálisis iba en aumento: casi no podía moverse..

Después de un viaje que le pareció interminable, el aparato se posó con una sacudida y los hombrecitos desataron a José Antonio. Entonces, le colocaron una venda en las oberturas del casco y se lo llevaron, con las rodillas arrastrando por el suelo. Oyó ruidos de pasos y las voces de numerosas personas que no paraban de hablar. Finalmente, lo sentaron en un asiento sin respaldo y le quitaron la venda.

José Antonio se hallaba en una gran sala cuadrangular de más o menos nueve metros por trece, a unos cuatro metros y medio de un enano robusto que lo miró «con una satisfacción evidente». El enano era muy velludo.

Sus largas trenzas pelirrojas y onduladas caían detrás de sus hombros y llegaban hasta su cintura; su barba era larga y espesa, y caía sobre su vientre. Tenía las cejas largas, de dos dedos de espesor, y le atravesaban toda la frente. Su piel era clara, muy pálida. Sus ojos redondos eran más grandes que los nuestros y de un color verde como el de las hojas verdes que empiezan a marchitarse.

A continuación, llegaron otros seres de aspecto similar, hasta conformar una quincena. El soldado supuso que había una puerta detrás de él, fuera de su campo de visión. En los tres muros que veía no había ninguna puerta ni ninguna ventana. A su izquierda se hallaba una plataforma baja con los cadáveres de cuatro hombres, uno de los cuales era negro. Rápidamente, pensó que los habían matado los homúnculos. La sala entera parecía estar hecha de piedra. En un momento dado, le hicieron beber en un cubo de piedra en el cual había sido incrustada una pirámide invertida que contenía un líquido verde oscuro..

La iluminación de la habitación, uniforme e intensamente brillante, no venía de ninguna fuente visible. Sobre el muro de la izquierda, había pinturas de animales, un jaguar, un mono, una jirafa, un elefante, pero también de vehículos y casas. En el ángulo del fondo, a la derecha, había un objeto que se parecía a un coche de carreras, con las ruedas hacia arriba. Mientras miraba a su alrededor, los homúnculos aprovecharon para examinar todo su equipo de pesca; cogieron cuidadosamente un ejemplar de cada cosa doble: se quedaron un espécimen de cada tipo de anzuelo y un solo billete de banco sobre un total de 35.000 viejos cruzeiros.

A continuación, entablaron una conversación extraña con el que parecía ser el jefe de los enanos. Esta consistió únicamente en gestos y dibujos, y giró alrededor de la noción de arma. (José Antonio cree que los homúnculos descubrieron que él era un soldado, por lo que entendió de sus gestos.) En un momento dado, uno de los hombrecitos envió un haz de luz sobre el muro de piedra. El mensaje parecía ser una petición para que él, José Antonio, actuara como intermediario en sus relaciones con la Tierra. ¿Él debía servirles de guía? Al menos eso es lo que creyó entender. Hizo un gesto de negación y se puso a rezar, pasando entre sus dedos las cuentas del rosario del cual nunca se separaba.

Entonces, el jefe se acercó a él y, furioso, le arrancó el crucifijo de las manos. Una de las perlas rodó por el suelo y fue recogida por uno de los hombrecillos, que la mostró a los demás. Del mismo modo, se pasaron el crucifijo de mano en mano, el cual despertó la curiosidad de todos.

Durante la discusión entre los enanos, José Antonio tuvo la visión de una entidad parecida al Cristo, con «ojos claros y serenos», los pies descalzos y una túnica oscura. Esta aparición le hizo algunas revelaciones al soldado (este rehúsa hablar de ello) y después desapareció. Los enanos, muy irritados, volvieron a ponerle la venda al prisionero y introdujeron de nuevo en el aparato, que lo llevó de regreso a la Tierra. José Antonio sintió cómo lo arrastraban, antes de perder el conocimiento. Se despertó solo, cerca de la ciudad de Victoria, en el estado de Espirito Santo, a trescientos sesenta kilómetros del lugar donde estaba pescando. Habían transcurrido cuatro días y medio.

Se puede establecer un paralelo interesante entre este caso y las experiencias de Robert Monroe, cuyas investigaciones sobre los viajes «fuera del cuerpo» ya fueron mencionados. Durante uno de estos «viajes», sintió cómo abandonaba su cuerpo y combatía contra dos pequeños seres:

> Buscando desesperadamente una solución, pensé en el fuego, lo que pareció ayudarme un poco. Sin embargo, tuve la impresión de que eso los divertía, como si nada pudiera herirlos. Cuando las cosas llegaron a ese estado, sollocé pidiendo auxilio.
>
> Entonces vi de reojo que llegaba otra persona. Primero creí que era otro de aquellos seres; para mi suerte, era un hombre que pasaba por allí. Este se detuvo a una cierta distancia y con un aire grave observó lo que estaba sucediendo... Llevaba una túnica oscura que descendía hasta los tobillos y que escondía sus pies.

Como en el caso de José Antonio, la aparición del hombre de gran tamaño fue la señal del fin de la prueba para Monroe.

Numerosos ritos de iniciación se caracterizan por diez fases o escenas generales, frecuentemente combinadas entre sí o desarrolladas en temas complejos:

1) El candidato se ve confrontado con miembros del grupo oculto vestidos con ropas especiales.
2) Se le vendan los ojos.
3) Se le lleva por el brazo por un camino duro y difícil.
4) Se le encierra en una habitación especialmente concebida, sin ventanas, y se le coloca de manera que lo único que ve es una parte de ella.
5) Se le coloca en presencia de un «Maestro».
6) Se le hace pasar por una prueba y responder a preguntas.
7) Se le muestran una serie de símbolos que evocan la idea de la muerte.
8) La situación le sugiere que puede no sobrevivir a la prueba.
9) Se le da una comida y una bebida ritual.
10) Se le vendan de nuevo los ojos y se le deja en libertad.

EL CASO DE PAULO GAETANO

Para concluir este capítulo, evocaremos un último caso remarcable que tuvo lugar en América del Sur.

El 17 de noviembre de 1971, a las 21.30, un brasileño llamado Paulo Gaetano regresaba a su casa en coche de un viaje de negocios en Natividad de Carangola. En el coche iba otro hombre, Elvio B. Después de dejar atrás la ciudad de Bananeiras, Paulo observó que el vehículo no funcionaba con normalidad y así se lo hizo saber a su compañero. Sin embargo, este no le hizo el más mínimo caso y se puso a dormir. Unos minutos más tarde, el motor se caló y Paulo tuvo que aparcar el coche en la cuneta. Entonces vio una extraña máquina a unos o tres cuatro metros de él. De ella, emanaba un haz de luz roja, que pareció abrir la puerta del coche. De la máquina bajaron unos seres pequeños, que sujetaron a Paulo y lo condujeron al interior de la máquina. Allí, lo acostaron sobre una mesita. Los seres extraños lo pincharon cerca del codo y le extrajeron sangre (unos investigadores brasileños certificaron tres días más tarde que Paulo tenía una herida en el codo). Seguidamente, le mostraron dos paneles: uno era un mapa de la ciudad de Itaperuna y el otro, una imagen de una explosión atómica. Paulo estaba como adormecido. Sólo recuerda que tuvo que ser asistido por Elvio, pero no puede explicar cómo regresaron a su casa.

Lo interesante en este caso es que el testigo no estaba solo ¿Vio Elvio el platillo volador? No, sólo vio un autobús.

> Paulo comenzó a mostrar señales de nerviosismo cuando estábamos muy cerca de Bananeiras, informó Elvio. Me dijo que hacía rato que un platillo volador nos estaba siguiendo, cuando en realidad únicamente nos seguía un autobús .

Elvio añadió que cuando se despertó el coche estaba parado y que después tuvo que ayudar a Paulo, que estaba estirado en el suelo detrás del vehículo. Explicó también que la puerta del conductor estaba abierta. Elvio levantó a Paulo y lo llevó en autobús hasta Itaperuna, donde fue examinado en un servicio de urgencia. La policía envió una patrulla al lugar del incidente y encontró el coche de Paulo en la carretera. Elvio fue incapaz de explicar lo que le pasó a Paulo y por qué la puerta estaba abierta..

La policía no encontró en el coche ninguna pista que pudiera explicar la herida que Paulo tenía en el brazo. Algunas experiencias con microondas sugieren que es técnicamente concebible la proyección de impresiones sensoriales a distancia en la mente de una persona. ¿Es utilizada tal tecnología en el fenómeno ovni? De nuevo debemos plantearnos esta pregunta: ¿acaso nos las estamos viendo con una tecnología que aporta una confusión sistemática a los testigos? En ese caso, debería poder demostrarse.

VII

La componente espiritual: una morfología de los milagros

¿QUÉ OCURRIÓ EN FÁTIMA?

Numerosas descripciones de los fenómenos ovni nos obligan a considerar simultáneamente dos categorías que siempre tratamos de separar: la física (o técnica) y la espiritual (o divina). Numerosos testigos, en sus declaraciones después de un encuentro cercano con un ovni, afirman que el fenómeno tiene para ellos un sentido religioso. Es posible. Quizá tengamos necesidad no solamente de un progreso científico, sino también de una elevación de nuestra conciencia y de una interpretación histórica a escala global de las creencias, tanto materialistas como idea–listas, en las que nos debatimos desde hace mil años. Steven Spielberg le ha sacado partido a esta idea al final de su película *Encuentros cercanos en la tercera fase*, y Whitley Strieber hizo lo mismo en *Comunión*. Pero la misma idea ha sido captada de manera aún más completa en la obra maestra literaria de John Fowles *A. Maggot*, publicada en 1986.

Las célebres apariciones de Fátima ofrecen un ejemplo histórico de la dimensión religiosa de los encuentros con ovnis. Los hechos son bastante famosos y, sin embargo, estoy seguro de que muy poca gente sabe realmente lo que ocurrió en 1917 cerca de este pueblecito portugués. Y sospecho que aún son menos numerosos los que saben que la serie de observaciones de una entidad que supuestamente era la Virgen María había comenzado dos años antes con una sucesión de avistamientos de ovnis perfectamente clásicos.

Si aceptamos la interpretación de Fátima que nos da la Iglesia católica, nos encontramos ante un fenómeno que no puede explicarse ni por un efecto físico ni por una ilusión. En su decisión de 1930, después de trece años de investigaciones laboriosas llevadas a cabo por numerosos eruditos, la Iglesia pronunció el siguiente veredicto:

> El fenómeno solar del 13 de octubre de 1917 descrito en la prensa de la época fue muy espectacular y produjo una impresión muy grande en los que tuvieron la dicha de observarlo.
>
> Este fenómeno que no fue registrado por ningún observatorio astronómico y que, por lo tanto, no tiene un origen natural, fue observado por personas de todas las categorías y de todas las clases sociales, creyentes y no creyentes, periodistas de los principales periódicos portugueses e incluso por testigos situados a varios kilómetros de allí. Estos hechos eliminan toda explicación de ilusión colectiva.

El lector observará que el «milagro» había sido predicho varios meses antes por tres niños analfabetos a los que se les apareció una mujer «envuelta en una luz brillante».

Esta no había dicho que fuera la Virgen María. Simplemente, había dicho que venía «del cielo» y les había dado la orden de volver a aquel lugar todos los meses hasta octubre, cuando se produciría un milagro público «para que todo el mundo pudiera creer».

Los acontecimientos de Fátima incluyen la aparición de bolas luminosas y resplandores de colores extraños, y una sensación de «oleadas calientes», características todas del fenómeno ovni. Incluso incloso se produce el descenso de un globo como una hoja muerta, típico del platillo que atraviesa el aire zigzagueando. A esto hay que añadir ciertas profecías y la pérdida de la conciencia ordinaria de algunos testigos, que es lo que yo he denominado componente psíquica de los avistamientos de ovnis y lo que Jenny Randles llama el «factor de Oz».

LAS LEYES DE LA PROFECÍA

La primera aparición de la Señora de Fátima tuvo lugar el 13 de mayo de 1917. Tres niños estaban cuidando unas ovejas cuando fueron sorprendidos por un brillante relámpag. Entonces se acercaron a una gran depresión de hierba llamada Cova da Iria (literalmente: la gruta de Santa Irene, un antiguo lugar sagrado) para ver lo que sucedía. Una vez allí, quedaron envueltos por un resplandor deslumbrante que casi los dejó ciegos; y en el centro del resplandor, vieron a una mujercita, que les habló y les pidió que volvieran todos los meses a aquel lugar.

Si la primera vez en el lugar sólo había tres niños, el 13 de junio hubo allí más de cincuenta personas, que observaron cómo los jóvenes pastores se arrodillaban y después se transfiguraban como transportados a otro mundo. El niño de más edad, Lucía, de diez años, hablaba con una entidad invisible, cuyas respuestas no se oían. Sin embargo, uno de los espectadores dijo haber oído una voz muy débil o el zumbido de una abeja (sonido típico de los ovnis modernos). Al final del diálogo, todos los testigos oyeron una explosión y vieron una nube pequeña que se elevaba cerca de un árbol, punto donde tuvieron lugar todas las manifestaciones.

Al mes siguiente, el 13 de julio, se presentaron en el lugar cuatro mil quinientas personas. La tercera aparición fue remarcable por diversas razones. Permitió a los testigos brindar descripciones detalladas de fenómenos físicos suficientemente específicos como para que pudiéramos compararlos con los que se refieren a los ovnis. Joseph Pelletier escribió en *The Sun Danced at Fatima*:

> Un zumbido o un ronquido, una disminución de la luminosidad del sol y de su calor, una pequeña nube blanquecina alrededor del árbol de las apariciones y un ruido poderoso al partir la Señora.

También hay que observar que los niños se sintieron aterrorizados por una visión del infierno y que recibieron una profecía específica que anunciaba apariciones de luces extrañas en el cielo:

> La guerra va a terminar, pero si los pueblos no cesan de ofender a Dios, tendrá lugar otra guerra más terrible durante el reinado de Pío XI [nota: que murió en 1939]. Cuando vean la noche iluminada por una luz desconocida, sepan que es la gran señal que Dios les envía comunicando que va a castigar al mundo por sus crímenes con la guerra, la hambruna y la persecución de la iglesia y del Santo Padre.
>
> Para impedir esto, vendré a pedir la consagración de Rusia... Si mis requerimientos son escuchados, Rusia será convertida y habrá paz. Si no, propagará sus errores por todo el mundo.

La mezcla de seriedad y de absurdidad que ya hemos notado en varios casos de «contacto» se vuelve a encontrar en esta declaración característica. En Lourdes ocurrió lo mismo, cuando la aparición que pretendía ser la Virgen María ordenó a la pequeña Bernadette cosas absurdas.

El modelo de la profecía siguió su curso. El 13 de agosto, dieciocho mil personas se reunieron en el lugar de las apariciones, pero los niños no aparecieron. Habían sido secuestrados y puestos en prisión por una autoridad que había decidido poner fin a tales «tonterías». En su ausencia, se oyó un trueno seguido de un brillante relámpago. A continuación, una nube blanquecina se formó alrededor del árbol. Luego, planeó durante algunos segundos, se elevó y finalmente se disipó. Las nubes del cielo se habían vuelto de color carmesí, después de color rosado, amarillo y finalmente azul. He aquí algunas de las expresiones empleadas por los testigos: «una nube coloreada como un arcoiriso», «nubes alrededor del sol que reflejaban diversos colores sobre la gente». Los testigos vieron «flores que caían», el famoso fenómeno de los «cabellos de ángel» que es tan frecuente después de las apariciones de los ovnis y que a veces se interpreta como un efecto de ionización. Un hombre, un tal Manuel Pedro Marto, declaró bajo juramento haber visto entre las nubes un globo luminoso que giraba sobre sí mismo.

Liberaron a los niños, y el 19 de agosto, estaban estos cuidando sus ovejas cerca de Aljustrel cuando a eso de las cuatro de la tarde advirtieron un enfriamiento repentino de la temperatura. El sol, dijeron, se puso amarillento y el campo se llenó de nuevo con los colores del arcoiris. El fenómeno también fue visto por otras personas de los alrededores. Los niños vieron el relámpago y una luz brillante que se fijó sobre un árbol cerca de ellos. En el centro, apareció la entidad envuelta en una ropa blanca y dorada. Los testigos cayeron de rodillas y su «alma» fue de nuevo transportada. Siguió un diálogo durante el cual la aparición los exhortó a «hacer sacrificios por los pecadores». Diez minutos más tarde, la Señora de Luz partió lentamente hacia el este.

LAS APARICIONES DE UN GLOBO VOLADOR

El 13 de septiembre, la multitud ascendía ya a treinta mil personas, entre las cuales se encontraban dos sacerdotes perfectamente escépticos que se habían personado en el lugar para certificar la falsedad de los supuestos milagros. El lugar de las apariciones se había convertido en un vasto anfiteatro. Los dos sacerdotes se habían apostado en un lugar más elevado desde el que pudieran verlo todo. La siguiente descripción está basada en su testimonio.

Mediodía. El sol se hace menos intenso aunque no haya nubes en el cielo. Miles de personas: «¡Ahí está... miren!». De repente aparece un globo que avanza lentamente por el valle, de este a oeste, en dirección a los niños. Este se posa sobre el árbol. A continuación, se forma una nube blanca y comienzan a caer del cielo vacío unos «pétalos» blancos brillantes.

Detengámonos un instante en la descripción que hace un testigo del fenómeno:

166

Contrariamente a las leyes de la perspectiva, los globos brillantes se hacen más pequeños a medida que se acercan. Y cuando las personas allí reunidas tienden sus manos y sus sombreros para cogerlos, se dan cuenta de que, de una manera u otra, se han volatilizado.

Los niños vieron de nuevo a la entidad en el centro del globo, y el diálogo tuvo lugar una vez más entre la Señora y Lucía. La promesa de un milagro para el 13 de octubre fue renovada. Luego, el globo luminoso se elevó y desapareció en el cielo.

Uno de los sacerdotes, muy impresionado, describió el globo como un «vehículo celeste que transportaba a la Madre de Dios de su trono hasta el desierto prohibido de aquí abajo». La noción de que la tierra es una prisión o un desierto prohibido es popular entre los que han sido expuestos a estos fenómenos.

La última aparición, tal como se predijo, tuvo lugar el 13 de octubre de 1917, ante una multitud que esta vez llegó a las setenta mil personas. (La multitud había pasado sucesivamente de tres personas a cincuenta, cuatro mil quinientas, dieciocho mil, treinta mil y setenta mil.) La visión vino precedida de un relámpago y de un olor dulce y suave. Los niños entraron de nuevo en comunicación con la Señora. Los testigos observaron el gran cambio que se producía en el rostro de los tres niños, transfigurados como siempre por la visión.

El milagro anunciado tuvo lugar al partir la Señora de la Cova Da Iria. La lluvia que no había dejado de caer sobre la muchedumbre se detuvo de repente y las espesas nubes se disiparon. El sol apareció como un disco de plata brillante, «un disco fantástico que gira rápidamente sobre su eje» y lanza haces de luz coloreada en todas las direcciones. Unos rayos de luz roja colorearon las nubes, la tierra, los árboles, la gente; luego el sol despidió rayos de color violeta, azul, amarillo y de otros colores».

Los relatos hablan de un disco plano más bien que de un globo. Después de un cierto tiempo, este detuvo su rotación y «se dirigió hacia abajo en zigzag en dirección a la tierra y los espectadores horrorizados».

La mayoría de los observadores creyeron que había llegado su última hora. Algunos de ellos, entre los cuales había algunos detractores, se arrodillaron en el fango y se confesaron públicamente. Finalmente, el disco invirtió su movimiento y desapareció en el sol, el verdadero, de nuevo fijo y resplandeciente en el cielo. La muchedumbre, trastornada, se dio cuenta de pronto de que sus ropas estaban perfectamente secas.

Esta es la historia de Fátima, como se ha reconstruido a partir de los testimonios de la época y de las investigaciones llevadas a cabo por la Iglesia. El «milagro» final había tenido lugar en el momento culminante de una serie muy precisa de apariciones combinadas con contactos y mensajes que lo colocan claramente, en mi opinión, en la perspectiva de los ovnis. No solamente se pudo observar en varias ocasiones un globo o disco volador, sino también su movimiento, su trayectoria como la de una hoja muerta, sus efectos luminosos, los truenos, los ronquidos, el olor extraño, la caída de «cabellos de ángel» que se disuelven al llegar al suelo, la ola de calor que se produce al acercarse el disco: todas estas características se dan en las apariciones de ovnis en todos los países. Lo mismo ocurre con la parálisis, la amnesia, las conversiones y las curas milagrosas.

EL ÁNGEL DE LA PAZ

Pocas obras consagradas a Fátima nos dan detalles sobre el pasado de los niños. Sin embargo, en todos los fenómenos de apariciones es muy importante investigar profundamente el pasado para tratar de encontrar huellas de incidentes más antiguos que hubieran podido orientar al testigo hacia una realidad extraordinaria. En el caso de Fátima, los acontecimientos no comenzaron el 13 de mayo de 1917 a pesar de lo que dicen las autoridades. Es cierto que esta fecha corresponde a la primera aparición de la Señora, pero esta vino precedida por una serie de visiones de un ángel algunos años antes. Esas visiones ponen seriamente en tela de juicio la interpretación que la Iglesia católica dio del «milagro».

Lucía tenía ocho años en abril de 1915 y estaba rezando el rosario cerca de Fátima cuando vio una nube blanca, translúcida, y una forma humana. Esta visión se repitió una segunda vez y luego una tercera vez en octubre. En 1916, Lucía recibió otras tres visitas del ángel.

En la primavera de 1916, Lucía estaba con dos primos suyos cuando comenzó a llover. Los niños se refugiaron en una pequeña gruta. Después del almuerzo, y una vez que había dejado de llover, se pusieron a jugar en la entrada de la caverna. De repente, oyeron el rugido de un viento poderoso —otra constante en los casos de ovnis— y vieron una luz blanca que planeaba en el valle por encima de la cima de los árboles. En la luz había un hombre joven de una belleza admirable que se acercó a ellos y les dijo: «Soy el Ángel de la Paz.» Este les enseñó una oración y desapareció. Los tres pequeños entraron en un estado de trance: así, no dejaron de repetir mecánicamente la oración hasta que se desplomaron de agotamiento.

la segunda aparición tuvo lugar un día de mucho calor a mediados del verano de 1916. El ángel se dirigió a los niños con las siguientes palabras: «¿Qué hacéis? ¡Orad! ¡Orad mucho! ¡Ofreced oraciones y sacrificios sin cesar!». «¿Cómo podemos hacer sacrificios?», preguntó Lucía. «Sacrificad todo lo que podáis... sobre todo aceptad y soportad con paciencia los sufrimientos que el Señor os enviará.» Cuando se marchó, los niños estaban completamente paralizados. A medida que caía el día,fueron recuperando sus sentidos, y volvieron a sus juegos. También en este caso, como en el caso anterior, los testigos no quisieron hablar de lo que habían visto, ni siquiera entre sí. Pelletier relata que:

> La experiencia fue de una naturaleza tan íntima y tan manifiestamente sagrada que ninguno de ellos pensó en revelarla, ni siquiera una parte, a nadie. Era evidentemente un secreto que debían guardar para sí: estaban absoluta e instintivamente convencidos de esto.

Al día siguiente por la mañana, seguían sin poder comprender las reacciones que habían tenido ante la aparición: «No sé lo que me sucede, dijo una de las niñas. No puedo ni hablar, ni jugar, ni cantar, ni tengo fuerzas para hacer nada».

El ángel apareció otra vez, en la gruta de Cabeso, en el otoño de 1916, para darles a los niños la comunión. Pelletier hace un análisis del poder que forzó a los niños a imitar las acciones de este «ángel» y a repetir mecánicamente sus oraciones.

> Este poder es tan intenso que los absorbe y aniquila casi por completo. Les priva prácticamente del uso de sus sentidos corporales... Sus cuerpos son juguete de una fuerza misteriosa, deprimente, que los abate.

Esta observación puede aplicarse a todo el espectro de los encuentros cercanos con ovnis.

EL IMPACTO DE FÁTIMA

¿Cuáles fueron las secuelas de Fátima? La vida de muchos espectadores que asistieron a los «milagros» sufrió un profundo cambio. Algunos fueron curados de diversas enfermedades.

> A instancias de mi madre, fui una vez más a Cova da Iria en agosto, durante las apariciones, escribió un ingeniero llamado Mario Godinho. De nuevo, regresé desanimado y decepcionado. Pero esta vez ocurrió algo extraordinario. Mi madre, que desde hacía muchos años tenía un tumor en el ojo, se curó. Los médicos que la atendían fueron incapaces de explicar esta curación.

Ese es sólo uno de entre cientos de testimonios. Durante el milagro final, mucha gente perdió la cabeza. Así, un niño de doce años, Albano Barros, que estaba en un campo cerca de Minde, a trece kilómetros de Fátima, se sintió tan anonadado cuando vio caer el disco de luz que no se acuerda de lo que le sucedió después: «No recuerdo ni siquiera si llevé de regreso las ovejas, si corrí o lo que hice». Otras personas, como el granjero Manuel Francisco, regresaron a su casa llorando. Otro testigo, una mujer que vive ahora en los EE.UU., cerca de Albany, añadió: «Aún hoy en día cada vez que se produce un relámpago me acuerdo de aquello y paso miedo». Una abogada de renombre, la señora Méndez, declaró en una entrevista con John Haffert en 1960:

> Lo que vi en Fátima no podía ayudarme pero afectó a mi vida interior. Estoy seguro de que todos los que vieron el milagro, y también los que simplemente han oído hablar de él, no pueden dejar de estar profundamente impresionados por su grandeza... Me acuerdo hoy tan vivamente como en el momento en que se produjo y sólo puedo decir que me siento dominada por este acontecimiento extraordinario.

Otro testigo afirma: «No dejo de pensar en la señal». Muchas personas que no se encontraban en Cova da Iria sino a muchos kilómetros de allí también percibieron las asombrosas observaciones. Ya he mencionado el testimonio de Albano Barros en Minde. La señora Guilhermina Lopes da Silva, que vivía en Leiria, a unos veinticinco kilómetros del lugar en que se produjo el milagro, miró hacia las montañas a mediodía y vio «un gran destello rojo» en el cielo. La luminosidad era tan grande que se vio incluso desde más lejos, a cincuenta kilómetros de Fátima (en San Pedro de Muel, la vieron el escritor portugués Alfonso Vieira, su mujer y su suegra). Desafortunadamente, parece que el fenómeno no pudo ser fotografiado con las emulsiones y las velocidades de obturador de la época. (Frecuentemente aparecen publicadas en los periódicos fotos de eclipses de sol que no tienen nada que ver con el «milagro».) Por el contrario, hay numerosas fotos de la multitud. La cuestión no está zanjada en cuanto a la luminosidad propia del disco. Dos testigos que lo observaron con prismáticos dicen haber visto una escala y dos seres. Todos coinciden en que el borde del objeto era nítido y en que el disco no era deslumbrante, aunque la foto de la multitud muestra a muchas personas protegiéndose los ojos.

Algunos afirman que el fenómeno oscureció tanto el sol que incluso pudieron ver la luna y las estrellas. Entre los testigos alejados había un escolar que quedó tan desconcertado por lo que vio que entró en un seminario y se hizo sacerdote. En el momento del milagro, el escolar estaba con su hermano y otros niños en el pueblo de Alburitel, a catorce kilómetros de Cova da Iria. He aquí lo que vivió.

> Miré fijamente al sol, que parecía pálido y no me dañaba los ojos. Era como una bola de nieve que giraba sobre sí misma. De pronto pareció como si descendiera en

zigzag, como si amenazara a la Tierra. Aterrorizado, corrí a esconderme entre la gente que lloraba y creía que era el fin del mundo. Era una multitud que se había reunido fuera de la escuela del pueblo. Todos nosotros habíamos dejado las clases y habíamos corrido por las calles entre los gritos de sorpresa de los hombres y las mujeres que se encontraban delante de la escuela al comienzo del milagro.

Un incrédulo que se había pasado toda la mañana burlándose de los «simplones» que habían ido a Fátima para ver una niña ordinaria ahora estaba como paralizado, con los ojos fijos en el sol. Comenzó a temblar de pies a cabeza y, levantando las manos al cielo, cayó de rodillas en el fango invocando a Dios. La gente seguía llorando, pidiendo a Dios que les perdonara los pecados. Todos corrimos a las dos capillas del pueblo, que pronto quedaron abarrotadas de gente. Durante el largo tiempo que duró el prodigio solar, los objetos que nos rodeaban tomaron todos los colores del arco iris... Cuando la gente se dio cuenta de que el peligro había pasado, hubo un estallido de alegría.

Dos de los tres niños de Fátima murieron jóvenes, como la Señora había predicho. Sólo Lucía, que vivió en un convento, murió una edad avanzada.

LA FÍSICA DE LA BIENAVENTURADA VIRGEN MARÍA

Hemos resumido una serie de acontecimientos en apariencia milagrosos correspondientes a las observaciones que tuvieron lugar en Fátima de la entidad que los testigos describieron como la bienaventurada Virgen María. Evidentemente, los testigos fueron expuestos a una alteración tan poderosa de la realidad que sus declaraciones fueron deformadas por sus emociones. No quiere decir que haya que desechar todos sus relatos: ellos concuerdan con otras muchas observaciones. El 11 de febrero de 1858, una niña de catorce años, Bernadette Soubirous, recogía leña cerca de un arroyo en Lourdes, cuando oyó «un ruido grande, como el de una tempestad». Entonces miró a su alrededor y comprobó que ni los árboles ni el agua se movían. Unos minutos después, oyó de nuevo el mismo ruido. Atemorizada, levantó la cabeza y «perdió las facultades de hablar y pensar».

Una nube dorada salió de una gruta vecina seguida por una entidad, que describió como una bella señora. Esta se colocó justo por encima de un arbusto agitado por un viento violento. En Fátima, había un viento que «atravesaba la montaña sin tocar los árboles». La Señora de Fátima aparecía siempre en las ramas superiores de un arbusto cuyas ramas centrales se curvaban hacia el este, que era la dirección hacia la que partía la aparición. Lucía de Fátima fue interrogada de manera precisa respecto a ese punto. Según esta «los pies de Nuestra Señora reposaban ligeramente sobre las hojas». En su obra *More About Fátima*, Montes de Oca indica que «las ramas superiores del árbol estaban curvadas como si un peso invisible estuviera posado sobre ellas».

Cuando la Señora de Lourdes miró a Bernadette, la niña perdió todo el temor, pero parecía no saber dónde se encontraba. Quería rezar, pero cuando trató de llevar su mano hacia su frente, vio que su brazo estaba paralizado. Sólo después de que la Señora hizo el signo de la cruz, Bernadette pudo hacer lo mismo. Cuando la historia se supo, la niña fue recibida con incredulidad por las autoridades locales y los sacerdotes. El padre Peyramalle, el cura del pueblo, se mostró particularmente irritado y sugirió que la Señora hiciera florecer un rosal ante la multitud para convencer a todo el mundo. Bernadette le hizo saber a la señora el requerimiento del sacerdote. Después de oír a la niña, la aparición únicamente sonrió. La Señora se apareció a Bernadette durante quince días. Sus conversaciones giraron en torno a la construcción de una capilla y a la organización de procesiones. A veces el diálogo era totalmente absurdo, igual que en el caso de los intercambios con los «ufonautas» que ya hemos evocado. Así, un día la Señora ordenó a Bernadette que fuera a lavarse en una fuente inexistente y otra vez le ordenó que fuera a «comer de la hierba que crece por allá».

Un estudio de esos acontecimientos desde el punto de vista esotérico sería sin lugar a dudas instructivo. Magos como Gurdjieff y Crowley frecuentemente enviaban a sus discípulos a realizar tareas absurdas, como llevar piedras a lo alto de una montaña, para probar su devoción o para imponerles una disciplina con vistas a su despertar espiritual. La historia de María misma, y los milagros que rodean a su vida, presenta similitudes inquietantes con la de otras divinidades antiguas, en particular con la diosa egipcia Isis. Como sucede en muchos incidentes con ovnis, ¿acaso ella no fue también tocada por un rayo misterioso de luz? Luego quedó embarazada de un niño sin padre. La escena de Fátima nos recuerda algunos amuletos fenicios que hemos descrito en otro capítulo. Sea como fuere, lo que nos interesa aquí no es una interpretación mitológica, sino más bien una tentativa por integrar observaciones que parecen constituir modelos extraordinarios. Uno de esos modelos está formado por la nube y la gruta, punto común entre Fátima, Lourdes y otras apariciones. Volvemos a encontrarlo en los *Apócrifos*:

Estaban en la gruta: y he aquí que una nube brillante la cubrió. Y la comadrona dijo: «Mi alma se ha engrandecido hoy porque mis ojos han visto cosas maravillosas: ha nacido el salvador de Israel». De inmediato la nube se alejó de la gruta y una gran luz apareció, tal que nuestros ojos no pudieron soportarla. Y poco a poco esta luz también se fue alejando hasta que apareció el niño recién nacido.

Un examen superficial de los fenómenos de Lourdes indicaría que una niña más bien sencilla (Bernadette era analfabeta y se pasaba la mayor parte del día repitiendo oraciones mientras realizaba pequeños trabajos para sus padres, que eran muy pobres) de pronto se convirtió en visionaria y empezó a compartir sus fantasías con una multitud cada vez mayor. Sin embargo, la historia merece un examen más profundo.

En primer lugar, está la cuestión de la fuente. Durante la novena aparición de la Señora, Bernadette recibió la orden «de ir a lavarse a la fuente y beber de ella». Pero no había fuente alguna, así que Bernadette se puso a buscarla desesperadamente e incluso cavó en la arena, hasta que el agua apareció y llenó el agujero que había hecho convirtiendo el suelo en fango. Bernadette trató de lavarse, pero lo único que logró fue mancharse el rostro con fango. La multitud se mofó de ella, sobre todo cuando trató de beber el agua y de comer hierba. Bernadette cavó en un «estado de estupor», pero lo hizo en el momento y en el lugar preciso para que una fuente apareciera. Al día siguiente, un pequeño hilo de agua clara corría en ese lugar. Un ciego, Louis Bourriette, se lavó los ojos en la fuente y recuperó la vista. Un bebé moribundo se curó. Esto provocó que el comportamiento de la multitud cambiara radicalmente. Y el ridículo se convirtió en una aceptación fanática.

La fase siguiente de las apariciones estuvo marcada por una petición de penitencia. Bernadette recibió la orden de «besar el suelo por los pecadores». La niña y todos los que estaban ahí se pusieron a besar el suelo en señal de humildad. Fue un gesto emotivo que fue interpretado por algunos incluso como una panacea social, como lo testimonia Stephen Breen:

> Dieron un ejemplo de oración y humildad que hubiera podido salvar a Europa si esto se hubiera aplicado a los problemas sociales de la época, los que a fin de cuentas no eran más que la suma de los problemas individuales.

Por muy simplista y superficial que sea esta visión de los problemas sociales, no deja de ilustrar un mecanismo mediante el cual los fenómenos tales como los avistamientos de ovnis y los contactos con entidades paranormales pueden desempeñar un papel mucho más allá de su impacto local. Tanto para la Francia de finales del siglo XIX como para el Portugal de 1917, las apariciones de la Misteriosa Señora eran, en muchos aspectos, giros sociales y políticos que influyeron profundamente en el alma colectiva.

En la actualidad ocurre lo mismo en las observaciones de Medugorje, en la antigua Yugoslavia.

Otra constatación importante se refiere al estado de trance en el que había entrado Bernadette. Un médico decidió demostrar que la niña no era más que una enferma mental. El doctor, de nombre Bouzous, aplicó una vela encendida durante 15 minutos sobre la mano de Bernadette. Cuando Bernadette terminó sus oraciones, el médico observó cómo una especie de éxtasis abandonaba su rostro.

Le pedí que me mostrara su mano izquierda. La examiné con gran cuidado y no encontró la más mínima señal de quemadura. Entonces, le pedí a la persona que sostenía la vela que me la diera y la coloqué varias veces seguidas bajo la mano izquierda de Bernadette, quien la apartó rápidamente diciendo: «¡que me está quemando!». Registro este hecho tal como lo he visto, sin tratar de explicarlo.

LOS SERES DE LUZ

Evans-Wentz, que conocía muy bien tanto las tradiciones del Tíbet como las de Escocia, fue uno de los eruditos más grandes de este siglo en materia de folclore. Después de haber viajado toda su vida, se retiró en California y vivió sus últimos años cerca de San Diego, donde entabló amistad con los indios locales, de los que estudió la cultura y las tradiciones. De ese modo hizo algunos descubrimientos interesantes que dejó bajo la forma de notas manuscritas. Estas contienen ideas importantes sobre la relación entre la religión y los fenómenos paranormales.

La teoría más interesante propuesta por Evans-Wentz explica que los dioses de la Antigüedad continúan desempeñando su papel a medida que se desarrollan los mitos de una civilización a otra. ¿Podría ser, se cuestiona, que cada continente desarrollara su propia fuerza telúrica y psíquica, contribuyendo a la aparición de ciertas entidades consideradas por los hombres como dioses y diosas? ¿Podría ser que el paralelismo entre la religión mormona y las creencias de los pieles rojas sea un ejemplo de semejante proceso? Frank Waters había observado antes que Evans-Wentz que los primeros pioneros blancos que llegaron a América se habían acercado a los indios en espíritu y en sentimiento. En *Masked Gods,* escribió:

> Aquí se encontraron frente a esa gran entidad psíquica, el espíritu del lugar, el corazón de un nuevo continente. Este encuentro los destrozó completamente. Pero cada uno sucumbió de una manera diferente.

La visión de Dios y de Jesús que tuvo Joseph Smith, fundador de la Iglesia mormona, sería, de hecho, según Evans-Wentz, una visión de los seres de luz (conocidos en otras regiones del mundo con el nombre de devas). Estos seres de luz se les aparecían a los indios durante los rituales secretos realizados en lugares elevados o en montañas sagradas. Así, los winnebagos hablan de un hombre joven que subió a la montaña en busca de la sabiduría. Este hizo ayuno durante 12 días hasta que un espíritu lo visitó y le transmitió el saber y le enseñó palabras maravillosas portadoras de salud, riqueza y larga vida. El joven regresó a su pueblo con un canto que expresaba esta sabiduría nueva:

En la soledad yo partí
Y la sabiduría vino a mí.
El espíritu me dijo,
Sueña, sueña más,
Y cuenta mi historia,
¡Sueña pues!

La búsqueda de la sabiduría es universal entre los indios de América, aunque ciertas tribus (como los pueblos y los navajos) la reserven sólo para sus sacerdotes e iniciados. Para Evans-Wentz, los seres contactados de esa manera por la visión son idénticos a las criaturas celtas de la Organización Secreta. De aquí concluyó que hay pruebas de su existencia real. Estos seres son los guardianes de los lugares secretos, «que guardan para un porvenir de maravillas». Evans-Wentz recibió esta teoría del poeta irlandés William Butler Yeats, quien le dijo que existía un lugar semejante en Francia, otro en el condado de Wicklow (Irlanda) y otro más en Campagna (Italia), sin contar los de Asia y América.

¿Podemos beber en el vasto depósito de los acontecimientos fantásticos de los testimonios de ovnis para forzar a nuestros dioses, tanto a los más antiguos como a los más recientes, a brindarnos una respuesta para reducirlos a una visión más humana o para comprender su poder? ¿O estamos bloqueados en su laberinto? ¿Los ángeles del cielo se burlan de nuestra estupidez?

Un ex-sacerdote jesuita, el padre Salvador Freixedo, ha estudiado de manera profunda este aspecto del fenómeno en varios libros, como por ejemplo *Defendámonos de los dioses*. Este afirma de manera muy convincente que el sistema de control espiritual del que forman parte los ovnis puede provenir de mitos religiosos que han mantenido a la humanidad en un estado de sumisión abyecta a mitos pasados de moda. Durante nuestras conversaciones privadas ha insinuado que el fenómeno podría provenir de entidades que manipulan nuestra realidad y nuestro destino para servir a sus propios fines. Utilizando nuestra ingenuidad y nuestra falta de juicio crítico en la presencia de «milagros», estas entidades, en su opinión, juegan con nuestras emociones con el fin de ser adoradas como dioses.

LA EPOPEYA MORMONA

Una intensa luz iluminó mi cuarto. Su luminosidad siguió creciendo hasta que la habitación quedó tan clara como a mediodía. De repente, un personaje se apareció ante mí. Estaba suspendido en el aire.

Me llamó por mi nombre y me dijo que era un mensajero de Dios. Me dijo que se llamaba Moroni y que Dios tenía un trabajo que confiarme. Y que mi nombre sería conocido, tanto para bien como para mal, entre todas las naciones, todas las razas, todas las lenguas.

De este manera comienzan las revelaciones del *Libro de Mormón*, con la descripción de lo que ocurrió en la noche del 21 de septiembre de 1823 entre Joseph Smith y un ángel. El ángel le dijo a Smith que en una colina cercana a su casa había enterradas unas placas de oro cuya escritura jeroglífica sólo podía traducirse con la ayuda de dos piedras enterradas en el mismo lugar dentro de un cofre de plata.

Después de sus palabras, la luz que llenaba el cuarto lo rodeó. Después, la habitación volvió a quedar a oscuras. Entonces, se abrió un camino hacia el cielo y ascendió por él hasta desaparecer por completo.

En 1842, a petición del coronel Wentworth, del *Chicago Democrat*, Joseph Smith escribió un resumen de la historia de la Iglesia mormona que contenía detalles suplementarios sobre la aparición:

Una luz como la del día, pero más pura y más gloriosa en apariencia y en resplandor, inundó de repente la habitación; realmente, la primera impresión que tuve fue que un intenso fuego se había apoderado de la casa. Después, se me apareció un ángel, rodeado de una gloria aún mayor que la que me rodeaba a mí. Este me indicó el lugar en el que ciertas placas habían sido enterradas, sobre las que había grabadas un resumen de los archivos de los pueblos antiguos que habían existido en este continente. El ángel se me apareció tres veces la misma noche y me reveló las mismas cosas.

Es importante observar que esta aparición no era la primera visión de Joseph. De hecho, a este «le fue prohibido el acceso a cualquiera de las sectas religiosas de su tiempo» por haber afirmado que tenía el privilegio de conocer una revelación mística que le fue transmitida cuando se encontraba solo en un lugar salvaje a la edad de catorce años.

El ángel Moroni se le apareció después de haber rogado para tener una visión, pues, dijo: «Yo tenía plena confianza en que obtendría una manifestación divina como la que tuve anteriormente». El ángel apareció de nuevo tres veces la noche del 21 de septiembre de 1823 (en el momento del equinoccio de otoño) y repitió exactamente las mismas palabras. Después de la tercera visión, Joseph se quedó sorprendido al oír el canto del gallo y constatar que el día se aproximaba, «por lo que nuestras entrevistas han debido durar toda la noche».

Joseph Smith se levantó y se puso a trabajar como cada día, pero se encontraba tan extenuado (como los niños de Fátima) que no pudo hacer nada útil. Su padre pensó que estaba enfermo y le dijo que regresara a casa. En el camino, se cayó al querer atravesar una cerca y quedó inconsciente en el suelo. El ángel se le apareció de nuevo y le ordenó que le repitiera a su padre lo que le había dicho y que le revelara sus instrucciones. El padre le dijo a Joseph que hiciera lo que se le había indicado y añadió que «esas cosas venían de Dios».

Entonces, el joven se dirigió hasta el lugar en el que estaban enterradas las placas. Afirmó que las encontró en una caja de piedra que abrió sin esfuerzo, pero en cambio no pudo sacarlas. El ángel apareció de nuevo y le dijo que volviera exactamente un año más tarde y que hiciera lo mismo durante cuatro años. De esta manera podría sacar las placas.

El resto de la historia ya la conoce todo el mundo. Gracias a un rico hacendado llamado Martin Harris, Smith pudo traducir las placas de oro utilizando las piedras especiales encontradas en el cofre. Harris llevó las placas y el comienzo de la traducción al padre Charles Anthony, de Nueva York, quien afirmó que la traducción era correcta, «más correcta que las traducciones del egipcio que él había visto hasta entonces». El padre Anthony examinó las placas que todavía no habían sido traducidas y dijo que estaban escritas en egipcio, caldeo, asirio y árabe, y firmó una declaración a este efecto, que se apresuró a romper en seguida, ¡cuando supo que era un ángel quien le había mostrado al autor el camino del descubrimiento!

Once personas declararon haber visto a Joseph Smith desenterrar las placas. En junio de 1829, en respuesta a una comunicación que había recibido, el profeta mormón se encontró en los bosques con Martin Harris, David Whitmer y Oliver Cowdery, y «se arrodilló en una ferviente plegaria», esperando recibir una visión de las placas. Como no pasaba nada, Martin Harris se fue, convencido de que su presencia impedía que el milagro se produjera. Los otros continuaron sus plegarias y, algunos minutos más tarde, se les apareció un ángel sosteniendo las tablas de oro: «Pasó las hojas una a una, de tal manera que nosotros pudiéramos verlas y discernir claramente los grabados».

El Libro de Mormón fue publicado en 1830. Es un extraño documento parecido en unos cuantos puntos a la Biblia de Oahspe o al Libro de Urantia, dos textos de la historia igualmente «inspirados» por una inteligencia divina. La Biblia de Oahspe es un texto de los orígenes de la historia antigua de la humanidad y contiene numerosas referencias a los pieles rojas. Fue recibida «psíquicamente» por John Ballou Newbrough hacia 1881 y le fue dictada por unos seres de luz que él llama ángeles.

Es fútil lanzarse a un debate respecto a la parte de verdad que hay en las declaraciones de Joseph Smith. Buscamos aquí indicaciones de otro orden y podemos considerar simplemente como «milagros» todo acontecimiento real, imaginario o incluso fabricado por completo que cree ciertos efectos paranormales verificables. La transformación de un simple muchacho de granja de la zona rural del estado de Nueva York en un genial conductor de multitudes es un hecho inhabitual que merece ser estudiado incluso aunque uno ponga en duda su historia. Este estudio muestra que el punto crucial de su vida fue la visión de una curiosa luz y el contacto con una entidad en el interior de esa luz. Creo que este relato debe ser preservado al lado de los que hemos encontrado en otras creencias y en otros continentes. Evans-Wentz se sintió intrigado por la primera de todas las visiones de Joseph Smith, que no fue una aparición del ángel Moroni, sino más bien de dos entidades de las que no tuvo el privilegio de conocer el nombre. Este acontecimiento tuvo lugar cuando tenía catorce años y mientras estaba orando en un bosque, como se puede leer en la obra *The Pearl of Great Price* (La perla de gran precio):

> Vi un pilar de luz exactamente encima de mi cabeza, más fuerte que el brillo del sol, que descendió gradualmente hacia mí... Cuando la luz estuvo sobre mí, vi a dos personajes, cuyo brillo y esplendor desafiaban toda descripción, manteniéndose por encima de mí en los aires. Uno de ellos me habló...

Como traductor del libro de los muertos tibetanos, Evans-Wentz estaba en posición de reconocer la similitud entre el papel de Smith escribiendo el *Libro de Mormón* y el de los *tertones*, «los que hacen salir» las escrituras secretas del Tíbet. El *Libro de Mormón* dice ser «la historia sagrada de la América antigua». En él se revela que los indios son los descendientes de una tribu israelita que se estableció en América seiscientos años antes de Jesucristo. Esa es una teoría difícil de conciliar con la antropología moderna. Por lo tanto, nos vemos confrontados una vez más con una mezcla de certeza y locura, de hechos y de imaginación. ¿Tales mensajes son concebidos deliberadamente para aislar a los creyentes de la sociedad que los rodea?

En un artículo publicado en abril de 1974 en la revista *Occult*, Jerome Clark y Lauren Coleman hacen observar que la historia de los mormones contiene numerosas referencias a tres seres misteriosos que se presentaban como tres apóstoles americanos del Cristo, que habrían pedido quedarse en la Tierra hasta su regreso. Estos tres «nefitos» han sido vistos varias veces desde el tiempo de Joseph Smith y constituyen un paralelismo interesante con los «tres hombres de negro» del folclore de los ovnis. Estos habían sido vistos tanto por separado como en grupo, haciendo milagros y curaciones. En una de las historias citadas por Clark y Coleman, una mujer de Utah, la señora Squires, que esperaba el regreso de su marido y que no había visto a nadie cerca de la casa un minuto antes cuando había salido a buscar agua, se encontró de repente frente a un hombre de cabellos grises y de larga barba blanca que le pidió algo de comida y le hizo observar que «no se encontraba bien». Ella respondió que, en efecto, tenía un dolor en el hombro; el desconocido replicó: «que Dios la bendiga, hermana mía, nunca más le faltará nada. Felizmente, siempre tendrá de todo». Con esto, el hombre atravesó el umbral y cuando ella salió detrás de él, ya había desaparecido. La mujer no pudo ver por dónde se había ido. Este incidente habría tenido lugar durante el verano de 1874. Las preocupaciones de dinero y de salud de la mujer desaparecieron en seguida y, según se dice, vivió hasta la edad de ochenta y nueve años.

HACIA UNA TEORÍA UNIFICADA DE LAS APARICIONES

En muchas de las historias de ovnis de antaño, los testigos creyeron haber visto a los ángeles de Dios, razón por la cual no relataron sus experiencias. Otros creyeron haber visto demonios. La diferencia, de haber alguna, es mínima. A propósito de las experiencias vividas en su infancia por Edgar Cayce y Uri Geller, un investigador británico, Peter Rogerson, me recordó que historias semejantes son comunes en los relatos de los mediums. Me escribió que:

> Andrew Jackson Davis, el vidente de Poughkeepsie, afirmaba haber encontrado a un personaje místico que le dio un bastón en el que habían pequeñas cajitas que producían «la curación de diversas enfermedades». El relato sigue el modelo clásico de la evolución del chamán. Mircea Eliade, en su libro *Chamanismo*, observa las palabras de distintos chamanes y la manera como descubrieron sus poderes. Esos relatos serían como sigue: «Me estaba lavando en el río cuando una bola de fuego enorme descendió del cielo y entró en mí; entonces supe que sería chamán».

Desde la publicación de mis libros anteriores, he recibido muchas cartas interesantes del mismo estilo. «Hasta ahora creía haber visto un mensajero del cielo.» «Ahora comprendo, después de haber leído su libro, que lo que realmente vi fue un ovni.» Algunos testimonios son bastante extraños y, sin embargo, suficientemente coherentes como para crear el germen de un nuevo movimiento religioso por poco que el perfil psicológico del testigo se preste a ello. Un caso solamente de entre varios miles da nacimiento a una nueva secta o a una nueva creencia. Pero cuando la combinación de las condiciones sociales y psicológicas es favorable, cuando el fenómeno encuentra a un creyente, la revelación tiene lugar.

Todo ocurre como si la revelación estuviera concebida para aislar al testigo, profeta o creyente, de su medio ambiente social. Frecuentemente, se convierte en un proscrito y debe huir. Ha sido el caso de numerosos testigos de ovnis. En Francia, más de un granjero ha visto sus campos destruidos por multitudes curiosas u hostiles. El hombre de Michigan que contó la historia del «gas de los pantanos» fue ridiculizado en la calle, y mucha gente fue en coche a tirarle botellas a su casa.

Los creyentes, para encontrar un clima social que les permita continuar su vida en concordancia con el sentido que otorgan a su visión, deben crear su propia secta e irse. Fue lo que hizo Moisés. Fue lo que hizo Smith. Frecuentemente, su mujer y sus hijos los abandonan. El cónyuge, sobre todo, se siente rechazado y traiciona al otro en busca de comodidad. La mujer de Martin Harris quemó 116 páginas recién traducidas del *Libro de Mormón*. Las mujeres de varios policías americanos que se ocupaban de los incidentes de ovnis han solicitado el divorcio.

A veces sucede que los creyentes reciben instrucciones tales que su grupo sigue siendo perseguido durante siglos (los judíos) y deben soportar los sufrimientos más grandes antes de encontrar un refugio (Israel, Utah). Los dirigentes son hostigados por la turba (en una ciudad americana, el jefe de la policía vio cómo su camioneta era destruida por el fuego) y a veces asesinados (Jesús fue crucificado; Joseph Smith fue linchado por la multitud en Illinois).

Pienso que todo está listo para que aparezcan nuevas creencias centradas alrededor de la de los ovnis. De todos los fenómenos contra los que la ciencia moderna se ve confrontada, los ovnis son los que inspiran el mayor temor y evocan mejor la pequeñez del hombre y la posibilidad de un contacto con lo inconmensurable. Todas las religiones que hemos repasado brevemente han tenido como punto de partida la experiencia milagrosa de un solo hombre. Y hoy existen miles de personas para quienes el contacto con otro mundo es una convicción íntima basada en la experiencia personal con los ovnis y sus ocupantes. El fenómeno y sus efectos operan aquí como en Fátima, Lourdes y otros lugares: un sistema de control espiritual.

La tabla que aparece a continuación clarificará este punto. La primera columna resume, palabra por palabra, los efectos psíquicos descritos por los testigos de los milagros religiosos que hemos examinado. La segunda contiene las descripciones hechas por testigos de encuentros cercanos con ovnis durante y después de su experiencia. Las referencias se refieren al catálogo que publiqué en un libro anterior, *Pasaporte para Magonia*. El lector sacará sus propias conclusiones ya que lo único que he hecho ha sido rozar el tema. Por último, les invito a buscar otros documentos en cualquier biblioteca para completar con referencias más recientes esta morfología de los milagros.

Milagros religiosos	Casos ovni
«Una niebla helada, una nube brillante» *Guadalupe* 9 de diciembre de 1531	«Vieron cómo una luz los envolvía como una bruma» *Magonia*, caso 402

«Una sacudida que afectó
a todo el cuerpo»
«Pérdida de la noción del tiempo»
«Tan agotado que no podía
moverse»
«Cayó al suelo y
quedó inconsciente»
Smith, 21 de septiembre de 1823

«Un pilar de luz que descendía»
«Un camino abierto directo
al cielo»
«Una luz que aparecía en la
habitación»
Joseph Smith, el *Libro de
Mormón*, 1820 y 1823

«Una nube dorada»
«Un gran ruido como el de
una tempestad»
Lourdes, 11 de febrero de 1858

«Perdió las facultades de hablar
y de pensar»
«Ya no sabía dónde se encontraba»
«Su brazo estaba paralizado»
Lourdes, 11 de febrero de 1858

«Entró en trance»
«Cayó de agotamiento»
Fátima, primavera de 1916

«Una nube blanca transparente»
«Una luz blanca que se desliza
sobre la cima de los árboles»

«Fue hallado inconsciente»
«Desvanecimiento, amnesia y
regreso a los lugares en un estado
de trance»
Magonia, caso 482
«Sintió pinchazos en todo
el cuerpo, tuvo que detenerse
y perdió el equilibrio varias veces»
Magonia, caso 102

«Vio una luz fuerte dirigida hacia él»
«Un haz de luz vertical se dirigió
hacia él y luego desapareció
en un relámpago»
Magonia, caso 921

«El objeto se elevó hacia una
nube de un color no habitual
que corría contra el viento»
Magonia, caso 575
«Despegó en un torbellino de aire
que volcó el coche»
Magonia, caso 81

«Cayó inconsciente mientras que
una luz viva lo envolvía. Fue incapaz
de mover su brazo izquierdo durante
tres días, y sufría dolor y un nerviosismo
extremo»
Magonia, caso 912

El testigo se sintió de repente
tan débil que dejó caer sur arma»
Magonia, caso 339

«Vieron una gran fuente de luz
planear en el aire y oyeron
unos silbidos penetrantes»

«El ronquido de un poderoso viento»
Fátima, abril de 1915 y primavera
de 1916

«El poder los deja anonadados»
«Los priva del uso de sus sentidos»
«Ninguna fuerza al día siguiente»
Fátima, verano de 1916

«Una luz brillante casi los cegó»
«Un relámpago brillante»
Fátima, 13 de mayo de 1917

«Una nube se elevó cerca del árbol»
«Las ramas de los árboles se curvaron»
«Una explosión»
Fátima, 13 de junio de 1917

«Un zumbido»
«Un ruido sordo»
Fátima, 13 de julio de 1917

«Se forma una nubecita blanquecina»
«Pétalos de flores caían y se
evaporaban»
«Un globo luminoso girando
a través de las nubes»
«Un relámpago vivo»
Fátima, 13 de agosto de 1917

«Un globo de luz flota por encima
de un árbol»

Magonia, caso 870
«Despegó ruidosamente»
Magonia, caso 77

«El muchacho llegó a su casa como
loco. El caballo y el perro se quedaron
paralizados durante varios minutos»
Magonia, caso 916
«Se quedó paralizado y constató que
los pájaros habían dejado de cantar
y que las vacas parecían incapaces
de moverse»
Magonia, caso 82

«El testigo, de repente, fue bañado por
una luz blanca azulada tan viva que tuvo
que pararse»
Magonia, caso 870

«Un ruido inhabitual, un tornado
de llamas aproximándose al viñedo»
«Las plantas se movieron violentamente»
«Salió volando hacia el sur haciendo un
ruido ensordecedor»
Magonia, caso 391

«Se movía lentamente produciendo un
zumbido e iluminando el coche»
Magonia, caso 425

«Una cúpula aplastada emitiendo
una luz cegadora que iluminaba»
el campo»«
«Salió al mismo tiempo que una
nube brillante caía al suelo»
Magonia, caso 255

«Un disco plateado maniobrando
en el cielo»

«Un olor extraño»
«Un descenso de la temperatura»
«Una nube brillante, un ruido de cohete»
Fátima, 19 de agosto de 1917

«Un globo de luz avanzando
a lo largo del valle»
«Llega de este a oeste y descansa
sobre el árbol»
«Se forma una nube blanca»
«Caen pétalos blancos brillantes»
Fátima, 13 de septiembre de 1917

«Un disco extraño que gira rápidamente»
«Las vestimentas de los testigos estaban
secas a pesar de la lluvia que acababa
de caer»
Fátima, 13 de octubre de 1917

«Una sensación de frío intenso»
«Un fuerte olor cuando el objeto se va»
Magonia, caso 615

«Oyeron un zumbido extraño y vieron
dos discos planeando a un metro del
suelo»
«Se elevaron haciendo un silbido
estridente y las ramas de los árboles
se curvaron»
Magonia, caso 442

«Un disco tres veces más grande que
el Sol, rojo y violeta, que giraba
rápidamente, descendía a una
velocidad vertiginosa»
Magonia, caso 321

«Cuando el objeto se fue, una nube
de humo denso se formó bajo la
lluvia. El testigo se percató de que los
árboles, la hierba y el suelo estaban
completamente secos»
Magonia, caso 292

TERCERA PARTE

Un desafío a la investigación

Algunos de nosotros nos aferramos tercamente al deseo de reconocer la existencia de fuerzas extraterrestres, de dejarnos estrechar y sumergir por ellas, y, si fuera posible, de entregarles nuestras responsabilidades agobiantes.

Hiccups from Outer Space
Russel Davies, en una crítica de *Encuentros cercanos en la tercera fase*, en
The Observer, 19 de marzo de 1978

Aunque el fenómeno ovni sea excesivamente complejo y rechace las fronteras del método científico, no estoy dispuesto a abandonar el enfoque racional del conocimiento en provecho de conclusiones basadas en la fe, en la intuición o en los supuestos mensajes recibidos por los «canales» y contactados. Están en juego demasiadas cosas.

Aquí se nos presenta una rara oportunidad para mejorar las técnicas científicas y para entrever lo que hay más allá de la realidad ordinaria. Pero sería insensato engancharse a esta tarea sin haber procedido con anterioridad a un reconocimiento de algunas trampas.

Precisamente, son esas trampas las que he denominado el «triple encubrimiento» en el capítulo 8: el mayor obstáculo entre el fenómeno ovni y nosotros es el rechazo persistente y abusivo de las autoridades por su existencia misma; a esto hay que añadir la gran confusión causada por las reacciones y los temores de los testigos, y el hecho de que la estructura propia del fenómeno nos oculta aún el descubrimiento final.

El tema tiene también implicaciones políticas. Como fuente de rumores en el seno de las poblaciones tanto militares como civiles, las historias de ovnis son susceptibles de ser manipuladas por diversas razones que pueden ser perfectamente ajenas al interés del gobierno por el fenómeno. Vivimos en un mundo en el que todo rumor puede ser explotado, en el que todos los cultos son una fuerza potencial, en el que toda creencia puede transformar los regímenes establecidos. La espera de visitantes extraterrestres es una fuente potencial de nuevas tendencias sociales y políticas. Nada prueba que el fenómeno ovni tenga un origen extraterrestre. Por el contrario, veremos en el capítulo 9 que varios argumentos de peso convergen hacia el rechazo de la hipótesis extraterrestre.

Finalmente, en el capítulo 10 propongo una extensión de nuestras investigaciones actuales hacia la forma de realidad de la que parece provenir el fenómeno ovni.

VIII
El triple encubrimiento

Es con placer que acusamos recibo de su carta... referente a las fotografías que muestran a unos ovnis volando en formación, que usted menciona que fueron tomadas por el capitán Orrego de la Marina de Chile, cerca del océano Antártico en 1948.

Respecto a esto, tenemos el honor de informarle que recientemente hemos recibido una comunicación del capitán Orrego declarando que nunca había visto ningún ovni en el océano Antártico en 1948. Por lo tanto, las fotografías que usted pide no existen.

Carta del Jefe de la Misión
Naval Chilena a un escritor americano.

Está prohibido que la televisión, la radio, los periódicos y otros medios de comunicación divulguen testimonios sobre ovnis sin la censura previa de la Fuerza Aérea brasileña.

Acta Institucional Número 5, Seguridad del Estado,
Orden del Gobierno Brasileño.

EL COLEGIO INVISIBLE

Después de casi treinta años investigando estos fenómenos, he llegado a nuevas conclusiones. Por muy provisionales que sean, arrojan nueva luz sobre las experiencias de «abducciones» y sobre la reticencia de los científicos a analizar los hechos. Pienso que un ovni es a la vez una entidad física, con masa, inercia, volumen y parámetros físicos medibles, y una ventana hacia otra realidad. ¿Será acaso por eso que los testigos nos dan al mismo tiempo un relato coherente de hechos y de contactos con formas de vida que no corresponden a ninguna estructura que podamos aceptar? Estas formas de vida, como los pequeños seres grises vistos por Kathy, pueden ser reales y seguir siendo, sin embargo, producto de nuestros sueños. Como en el caso de nuestros sueños, podemos buscar su significado oculto o ignorarlo. Pero como nuestros sueños, estas formas pueden influir en nuestra vida de muchas maneras distintas. El fenómeno ha tenido un impacto muy importante en mi propia experiencia. En dos ocasiones he seguido con el telescopio unos objetos no identificados. Algunos de mis colegas astrónomos han hecho observaciones similares; sin embargo, estos las han mantenido en silencio. Los objetos que seguíamos no eran espectaculares; lo que realmente me fascinaba era la reacción que suscitaban en los científicos franceses. En lugar de preguntarse si aquellos objetos, aparentemente maniobrables e «imposibles», podían ser una manifestación de alguna tecnología avanzada, lo único en que pensaban era en eliminar los archivos. Realizaban esta «esterilización» negando las observaciones, atribuyéndolas a aviones o a planetas, cuando la documentación era inatacable, y destruyendo los datos cuando se les probaba que ningún avión podía comportarse como estos objetos. Esta experiencia de escepticismo científico dogmático me hizo tomar contacto con científicos profesionales que, como yo, querían comprender la naturaleza del fenómeno y, en particular, determinar si tenían o no un origen inteligente. Este grupo ha crecido con el transcurso de los años. En broma, ha tomado el nombre de «colegio invisible».

El doctor J. Allen Hynek, un astrónomo americano que durante más de veinte años trabajó para la Fuerza Aérea de los EE.UU. en el tema ovni, explicó este nombre en un artículo titulado «The UFO Mystery», publicado en el *FBI Bulletin* (febrero de 1975):

> En los «días oscuros» de la ciencia, cuando se sospechaba que tenían tratos con el diablo, los científicos se veían obligados a trabajar en la oscuridad. Frecuentemente, se encontraban en la clandestinidad para intercambiar puntos de vista y los resultados de sus diversas experiencias. Por eso se bautizaron a sí mismos como el «colegio invisible», y este colegio siguió siendo invisible hasta que los hombres de ciencia de esta época obtuvieron la respetabilidad, es decir, hasta la creación de la Royal Society por Carlos II a principios de los años 1660.

Mi interés por los ovnis ha pasado por distintas etapas, pero mi curiosidad nunca se ha visto satisfecha en cuanto al comportamiento de los científicos que destruyen, deforman o simplemente ignoran los hechos mismos que debieran estudiar. No son los únicos a quienes habría que culpabilizar por los estigmas desafortunados que aún marcan este tema, pero se ha abierto un foso tal entre la posición universitaria y las creencias de miles de personas que se ha hecho indispensable un nuevo examen del problema.

Por un lado, tenemos los hechos: millones de observaciones explicadas provenientes de testigos fiables. Están ahí para recordar cuáles son los límites de nuestra comprensión. Mi libro *Pasaporte para Magonia*, publicado en 1970, contiene un catálogo de 923 casos inexplicados de encuentros cercanos, y hay que decir que el número de casos aumenta día a día. Por el otro, nos faltan teorías que den cuenta de la riqueza de los datos. O bien estos encuentros son invención, ilusión, fraude y espejismo como nos dicen los expertos, o bien estamos siendo visitados por una raza extraterrestre. Ninguna de estas explicaciones me satisface. Durante años he sostenido que el fenómeno no podía ser explicado solamente como un fraude o una ilusión, sino que había que verlo como una gran oportunidad para obtener un nuevo saber real. En este capítulo, espero dar un paso más y mostrar por qué esas observaciones inexplicadas no son necesariamente el producto de visitantes del espacio, sino que se trata de algo mucho más interesante: una ventana hacia dimensiones desconocidas de nuestro propio medio ambiente. Esta voluntad de examen crítico de la teoría extraterrestre me viene por un estudio de los relatos de testigos cuyos elementos trabajé con un ordenador utilizando las técnicas modernas de análisis. En una serie de estos relatos, los testigos describieron a los ocupantes de la nave; esta materia sería suficientemente rica como para que pudiéramos hacernos una buena idea de la fisiología y del comportamiento de estos seres si correspondiera verdaderamente a las condiciones de evolución biológica que conocemos en los otros planetas. Lo que de hecho obtenemos es la imagen de una realidad diferente que parece cortar a la nuestra en ángulo recto. Es la realidad de Magonia. Pero aún hay más.

En 1971, después de un avistamiento de un ovni fuera de lo común, varios objetos extraños cayeron del cielo. Estos fragmentos misteriosos fueron recogidos por un tejano que cometió la estupidez de mostrarlos a unos amigos. Al día siguiente, dos agentes de los servicios especiales tocaron a su puerta, mostraron sus identificaciones oficiales y cortésmente le pidieron los fragmentos. El testigo les cerró la puerta en las narices después de declarar algo que yo encuentro admirable: «Dios ha hecho todo lo que hay en este mundo, aquí abajo, y ha hecho a los platillos voladores, sean lo que sean. Estos pedazos cayeron en mi casa y por consiguiente Dios me los ha enviado a mí. Si Él hubiera querido que la Fuerza Aérea los recibiera, los hubiera dejado caer encima del Pentágono!»

En un estudio hecho sobre testigos con formación técnica que habían visto un ovni, se encontró que la proporción de los que se habían tomado la molestia de avisar del caso a la Fuerza Aérea durante el proyecto Libro Azul era de uno entre doce. Esta actitud hacia las autoridades es un factor importante del fenómeno ovni. La idea de un misterio cósmico está relegada a las zonas más tenebrosas de la conciencia colectiva. ¿Podría ser que la reacción de nuestra sociedad de suprimir los informes, de «encubrirlos» individual y colectivamente, fuera un factor tan esencial en el fenómeno ovni como los objetos mismos?

EL PRIMER ENCUBRIMIENTO: LA NEGACIÓN OFICIAL

El primer encubrimiento hay que buscarlo en los informes ovni. Es el resultado de la mente cerrada y de la actitud negativa de las autoridades gubernamentales, científicas y militares. Más específicamente, denomino «primer encubrimiento» a los esfuerzos de toda persona con autoridad por desalentar a los testigos. Esto puede ir desde una risa hostil de un sheriff adjunto local hasta la intimidación de los pilotos por sus oficiales o la confiscación de pruebas en manos de los testigos. En algunos casos, el público llega a pensar que no es necesario testimoniar porque el gobierno está al tanto de todo.

Hacia finales de 1964, por ejemplo, varios amigos parisinos me enviaron una serie de datos interesantes. Parecía que alguien se entretenía en difundir historias de ovnis en la prensa francesa (es lo que se llama intoxicación). Un antiguo miembro del Servicio de Inteligencia declaraba, a quien quisiera escucharlo, que el ejército británico seguía muy de cerca los avistamientos de ovnis e intercambiaba información con los rusos. Asimismo, añadía que los dos países habían llegado a la conclusión de que los objetos eran reales. Otra historia que circulaba entre los periodistas parisinos provenía de un americano, quien afirmaba que el FBI había estudiado de manera exhaustiva los casos americanos, rumor que yo sabía que era exacto, al menos parcialmente, ya que algunos casos de aterrizaje estaban bajo la jurisdicción del Bureau.

Estas dos historias, de fuentes casioficiales, tenían en común el mismo tema tranquilizante: la gente no debía preocuparse por los incidentes ovni, sino que debía dejar que las autoridades competentes se ocuparan de ellos, pues sólo estas sabían todo lo que había que saber. Estábamos bien protegidos.

Durante ese tiempo, se estaba creando un cierto malestar entre los hombres de ciencia que se ocupaban del fenómeno ovni. Las observaciones no provenían solamente de testigos que realizaban actividades al aire libre, como es el caso de los campesinos o de los conductores de camiones, sino también de personas que tenían una formación técnica: ingenieros, médicos y otros profesionales. El Gobierno americano no debía saber todo lo que había que saber, ya que en agosto de 1965 el coronel Spaulding llevó a cabo una encuesta entre los más grandes científicos que dependían de su organización en la Fuerza Aérea. Les preguntó lo que pensaban de la idea de someter la cuestión de los ovnis a la Academia de Ciencias o a algún otro organismo altamente respetado en un nuevo esfuerzo por tranquilizar al público y descubrir la verdad. Finalmente, a comienzos de noviembre de 1965, el consejo científico de la Fuerza Aérea se reunió en Dallas para debatir el problema. De esta reunión surgió la idea de un estudio «independiente». Un físico, el doctor Brien O'Brien, dirigió un grupo de estudios que recomendó que la Fuerza Aérea dedicara 250.000 dólares anuales para obtener «datos de alto nivel». El hecho mismo de que se haya recomendado un nuevo estudio parece indicar que la supresión de las informaciones o las «fugas» de rumores extravagantes no eran el resultado de una política militar de secretos sobre los ovnis, sino simplemente de la confusión que reinaba en todos los niveles de la burocracia federal. Los militares reaccionaban a las observaciones en proporción directa con su impacto en la prensa, impacto que trataban de minimizar, y sus reacciones no eran coordinadas. La confusión que resultaba de ello era increíble. El mejor ejemplo de esto fue la crisis del «gas de los pantanos».

EL ESCÁNDALO DEL GAS DE LOS PANTANOS

El episodio del «gas de los pantanos» influyó decisivamente en la opinión pública en un momento clave de la historia del problema ovni; en esto, es típico el proceso de formación de una pasión local y nacional. La crisis del gas de los pantanos comenzó para mí el lunes 21 de marzo de 1966 por la mañana. Estaba escuchando la radio de Chicago cuando interrumpieron la programación para avisar de una serie de avistamientos que habían tenido lugar en el estado de Michigan: cuatro objetos habían sobrevolado una granja cerca de Ann Arbor y uno de ellos había aterrizado en una zona pantanosa. Hasta ahí la historia no presenta ninguna novedad. En 1964, yo había establecido que los aterrizajes tenían tendencia a producirse en zonas aisladas, hecho que apareció por primera vez en un estudio informático de los casos que habían tenido lugar en Francia. Finalmente, con la ayuda de los datos de la Fuerza Aérea, había convencido al doctor Hynek de que el mismo esquema se repetía en los EE.UU. Los pantanos, como la región de los Everglades en Florida, y las regiones escarpadas, como el centro de Francia o el Noroeste de los EE.UU., se encontraban entre los lugares que los ovnis parecían preferir. En 1965, como ya he dicho, unos granjeros australianos realizaron una serie de informes en los que describían unas máquinas que habían dejado unas huellas circulares en la vegetación de los pantanos. Ese lunes por la mañana, llamé al doctor Hynek para avisarle de los avistamientos de Michigan. A su vez, este informó al Proyecto Libro Azul en Dayton, estado de Ohio, para proponerle una investigación inmediata del incidente. Hynek sugirió la idea de desplazar a unos cuantos técnicos hasta el lugar de los hechos antes de que los periodistas y los curiosos borraran las huellas. Sin embargo, el oficial que le respondió no tenía el más mínimo interés por el asunto, como me dijo más tarde Hynek.

«No se ha informado oficialmente del caso a la Fuerza Aérea», dijo.

«Esa respuesta no es muy científica», observó el doctor Hynek.

«Maldito lo que me importa», replicó el otro.

Media hora más tarde el Proyecto Libro Azul lo llamó por teléfono:

«¿Cuándo puede usted estar en Ann Arbor?»

«¡Creía que no estaban interesados!»

«Pues bien, hace menos de un minuto que alguien ha informado oficialmente del caso.»

«¿Quién?»

«¡El Pentágono! No para de sonar el teléfono. Todos los periodistas del país quieren información del incidente.»

Al día siguiente por la mañana, el doctor Hynek estaba en el estado de Michigan. Lo que ocurrió en Ann Arbor es un ejemplo clásico de malentendido con los medios de comunicación. Hynek, apremiado por la Fuerza Aérea, tuvo que hacer una declaración prematura: anunció que se llevaría a cabo una investigación a fondo del fenómeno y sólo adelantó que algunos testigos de Michigan podrían haber visto gas en los pantanos. Los periodistas tomaron esta hipótesis como veredicto y explotaron en cólera. ¿Cómo es que este intelectual de Chicago podía dudar de la palabra de un granjero honesto y sugerir que este no había visto lo que, de manera totalmente evidente, era un verdadero platillo volador?

Estos comentarios enfurecidos provenían de los mismos periodistas que, durante años, habían ridiculizado a los testigos tales como este pobre granjero y que nunca habían apoyado al doctor Hynek cuando este les pedía hablar de los ovnis con mayor seriedad. De repente, estaba de moda creer en los platillos voladores. En marzo de 1966, los periodistas escarbaban en los arbustos del estado de Michigan en busca de marcianos y de expertos en ovnis. Este cambio tomó por sorpresa a la Fuerza Aérea y destruyó en unos días la imagen del Proyecto Libro Azul.

La reacción del público llevó el caso a Washington, con la ayuda de un político entonces local, Gerald Ford, que pidió que se otorgara la mayor atención a lo que había tomado el nombre de «escándalo del gas de los pantanos». El comité del espacio del Senado se reunió para reflexionar al respecto y decidió que la NASA no se inmiscuiría. La agencia espacial, en efecto, debía preservar su imagen y no implicarse en este asunto. Por tanto, se pasó la «patata caliente» al comité de la Fuerza Aérea de la Cámara de Representantes.

A principios de abril de 1966, el Secretario de las Fuerzas Aéreas se declaraba favorable a un análisis científico de los 648 casos considerados como «no identificados» en aquella época en los archivos del Libro Azul. A finales de mes, el gobernador de Florida y varios periodistas vieron un objeto volador no identificado a través de las escotillas del avión personal del gobernador. Sus testimonios causaron impresión. Por otra parte, el escándalo que había seguido a la crisis de Michigan había caído en el olvido. Habían pasado dos meses y el asunto ya no era de actualidad. Se llevó a cabo un encubrimiento oficial. Se realizó un documental para la televisión en el que primaba la fantasía científica: en él aparecía el astrónomo de Harvard Donald Menzel echando gasolina en una pecera llena de acetona para demostrar propiedades ópticas conocidas desde el siglo XVIII. Estaba tratando de convencer a los telespectadores de que los ovnis no eran más que espejismos. «¡No te olvides de avisarme la próxima vez que llueva gasolina», le dije a mi mujer. «¡Saldremos a ver platillos!».

Después del numerito de Menzel, vino la clásica entrevista con un «contactado» con el que se había contado para producir un efecto cómico cuando describiera sus encuentros con los «hermanos del espacio». Se había puesto cuidado en preparar sus declaraciones para hacerlo parecer tan ridículo como fuera posible. Después de la actuación del «contactado», aparecía un astrónomo impresionante que afirmaba con autoridad que las visitas de extraterrestres eran altamente improbables. El documental mostraba igualmente una entrevista con un oficial de la Fuerza Aérea que afirmaba que ninguno de sus radares había detectado nunca un ovni y luego la de un astrónomo que afirmaba que ningún ovni había sido visto ni fotografiado por las estaciones de observación de satélites.

Tanto una declaración como la otra eran mentiras deliberadas. Es cierto que los radares no han detectado nunca ningún ovni, pero es así porque los que se encargan de estos los denominan de otra manera! En su jerga hablan de UCT «Uncorrelated Targets», objetivos sin correlación. En la época en que se pasó el documental por televisión, el sistema de defensa de los EE.UU. registraba unos 700 UCT por mes! Un astrónomo de renombre propuso incluso que los militares modificaran los programas de sus ordenadores para reunir informaciones sobre estos UCT en lugar de ignorarlos, porque su trayectoria no correspondía a la de ningún tipo de misil. Esta proposición no fue escuchada.

CIENTÍFICOS QUE TIENEN MIEDO

¿Por qué los científicos permanecen en silencio? Numerosos astrónomos deben saber lo que yo sé desde mi paso por el Observatorio de París, es decir, que hemos visto e incluso fotografiado objetos no identificados. ¿Estos científicos tenían acaso miedo de la reacción emocional que sus declaraciones podrían desencadenar entre un público mal informado y crédulo o simplemente tenían miedo de perder su reputación? Sea como fuere, esto no justifica la destrucción deliberada de datos científicos. Incluso la idea de no decir nada que pudiera causar pánico no puede justificarse en ningún caso. El incidente de Michigan probó que el miedo se desarrollaba mucho más rápidamente y con efectos mucho más devastadores en una población que se había mantenido sistemáticamente en la ignorancia de los hechos reales. Los educadores saben muy bien que es mejor explicarle al niño que un día su abuelo morirá, que dejarlo que lo descubra cuando la muerte lo golpee de repente. Del mismo modo, al negar la existencia del misterio, la comunidad científica toma serios riesgos respecto al sistema de creencias del público. En mi opinión, son tales actitudes las que han contribuido a la pérdida del apoyo popular y del respeto por la ciencia, y estas actitudes siguen siendo uno de los factores que impulsan al público hacia los numerosos cultos que minan este dominio.

Durante todo este período, sin embargo, las cosas cambiaron. Hemos comenzado a recibir cartas y llamadas por teléfono de especialistas que querían participar en las investigaciones. En su libro *The UFO Experience*, el doctor Hynek describió el crecimiento de este pequeño grupo a finales de los años sesenta y a principios de los setenta. Cuando esta red se decida a hacerse visible, se descubrirá entre sus filas a elementos de un brillante comité que podrá tomar eficazmente el control de este nuevo dominio de investigaciones. Por el momento es mejor que esta gente continúe sus investigaciones de manera privada. La historia de la investigación Condon en la Universidad de Colorado ha convencido de ello a más de uno entre nosotros.

LO QUE CONDON NO SABÍA

Mi impresión personal sobre el fiasco de Condon no es simplemente un caso de encubrimiento. Creo que a finales de 1966 la Fuerza Aérea simplemente estaba como se dice «hasta el gorro» y quería desembarazarse del asunto. Después de más de veinte años de investigación del problema, los militares dijeron en esencia a los universitarios, y con razón: «No hemos encontrado ninguna prueba que haga que el problema sea de nuestra incumbencia. Los objetos no se comportan como enemigos de los EE.UU., ni siquiera sabemos de qué están hechos, y cada vez que sometemos un caso a los científicos, ponen en ridículo a nuestros pilotos, que no han cometido ningún crimen, como no sea el de confiar en sus ojos y sus instrumentos. Basta ya. He aquí nuestros ficheros. Ahora les toca a ustedes ver qué es lo que pueden hacer con estos fenómenos».

La comunidad científica, en otra época tan presta cuando la Fuerza Aérea se encargaba del asunto de hacer declaraciones delante de las cámaras para explicar el asunto de los ovnis, reaccionó con frialdad ante la idea de que sus declaraciones fueran puestas a prueba ahora a gran escala. Varias universidades, entre las cuales se encontraban las de Harvard y Columbia, fueron contactadas por el Departamento de Defensa, pero rechazaron sus ofertas a pesar del dinero que había de por medio.

En Europa, se seguían estas historias con interés y se esperaba con impaciencia la decisión de los americanos para alinear la política oficial con la de ultramar. Los archivos europeos contienen documentos explosivos. Algunos casos han sido bien estudiados y sometidos a investigaciones del más alto nivel, frecuentemente muy superiores en calidad a la de los americanos. Esto no debe asombrar a nadie puesto que algunos testigos pertenecen a la clase política más elevada. En un país europeo, ¡un cuasiaterrizaje tuvo lugar incluso en la propiedad del jefe del estado! El objeto fue descrito en detalle por uno de los miembros de su equipo. Es por este motivo que el caso fue estudiado al más alto nivel. Según el informe, el chófer de esta eminente personalidad, al atravesar la propiedad al volante del coche presidencial,

> ve lo que primero toma por un avión que trata de aterrizar en la carretera, justo delante de él. Inmediatamente, detiene el coche. El objeto pasa por encima del coche, que vibra violentamente. Algunos segundos más tarde, el objeto invierte su trayectoria y vuelve a pasar en dirección opuesta, produciendo los mismos efectos en el coche. Entonces, se coloca encima de los árboles de los que había salido, cambia rápidamente de altitud, gira noventa grados respecto a la horizontal y se aleja hacia el oeste.
>
> El testigo es altamente fiable [continúa el informe]. Hemos establecido que el objeto, con forma de plato invertido, con una torre central y escotillas, podía ser del tamaño descrito por el testigo, a saber unos veinte metros.

Un incidente semejante no es para bromear. Sin embargo, ni la Fuerza Aérea de los EE.UU ni la comunidad científica americana estaban al tanto de la extensión del problema en Europa Occidental. Rusia quizá estaba más interesada en el asunto que Europa Occidental.

El rumor que corrió en Europa por «canales no oficiales» durante el verano de 1966 era difícil de verificar, pero, debido a los acontecimientos posteriores en la historia del comité Condon, sí presenta un cierto interés. Según este rumor, la Fuerza Aérea se sentía completamente frustrada por el problema ovni y buscaba cualquier pretexto para desembarazarse de él. Quedaba por hallar una universidad que aceptara escribir un informe negativo después de un examen somero de los hechos.

Esto, lo repito, no era más que un rumor. Pero fue tomado lo suficientemente en serio en París como para impedir la creación de un comité semejante al americano. Los rusos sí que organizaron un comité, pero antes de crearlo y de darle carácter oficial, esperaron pacientemente a ver cómo se iban a desenvolver las cosas en los EE.UU. En Boulder, Colorado, se reunió con gran pompa un grupo dirigido por el doctor Condon, un físico prestigioso a punto de retirarse. Había recibido un presupuesto importante para reflexionar respecto a la ufología y su informe debía ser entregado en 1969. Tenía que ser negativo.

LA DESTRUCCIÓN DE LOS DATOS

En noviembre de 1966, cuando el comité Condon comenzó a reunir los testimonios de aquellas personas que habían realizado informes sobre ovnis, el doctor Hynek y yo fuimos los primeros científicos invitados a Boulder para exponer nuestros resultados. De inmediato nos dimos cuenta de que uno de los administradores, Bob Low, era en realidad el que decidía en el equipo, a pesar de no tener ninguna formación científica y no demostrar el más mínimo interés por el tema. A pesar de todo, reinaba en la habitación una cierta euforia, como un sentimiento de embarcarse en una aventura singular. La prensa se mostraba poco interesada; la crisis del gas de los pantanos de Michigan había pasado al olvido. El problema se encontraba en manos de los científicos y había adquirido la imagen más bien empañada de una aventura que los universitarios están tratando de racionalizar. Si la tecnología moderna ha podido hacer de la conquista de la Luna un hecho agobiante de monotonía, ¡es de esperar que el misterio de los ovnis se convierta también en algo fastidioso cuando la ciencia se ocupe de ello! (Los primeros astronautas que mueran en órbita probablemente lo harán de aburrimiento cuando no tengan ningún botón que apretar, cifras que leer o bromas que intercambiar con Houston sobre cuestiones deportivas.)

Desde el mes de febrero de 1967, algunos miembros del comité Condon se reunieron en privado con sus colegas de otras universidades para indagar cómo reaccionarían si el informe final del comité sugiriera la eliminación del Proyecto Libro Azul. Algunos meses más tarde, como era de esperar, el comité se encontraba en un impasse. No había investigaciones de campo. Se expedían muchos cuestionarios a los testigos pero sólo había un asistente encargado de introducir ordenadamente los resultados en el ordenador, que por otra parte se limitaba a unas tres mil fichas perforadas que yo había pasado al comité.

Una minoría en el seno del grupo se reveló creando una situación de crisis. Después de una serie de incidentes que el doctor Dave Saunders describió en su libro *UFOs? Yes!*, el equipo se dividió en dos facciones. El grupo minoritario descubrió y publicó un informe precoz y restringido que probaba que el comité Condon nunca había tenido intención alguna de investigar seriamente el problema de los ovnis. El doctor Condon se resintió tanto que dio de baja al grupo minoritario y siguió dirigiendo el proyecto sin ni siquiera considerar por un momento que el fenómeno pudiera ser real.

EL SEGUNDO ENCUBRIMIENTO: UNAS EXPLICACIONES MUY ADECUADAS

El pueblecito de Carteret se encuentra en la costa occidental de Normandía, a unos treinta kilómetros de Cherbourg, justo al norte del maravilloso monte de Saint-Michel, abadía que, según la leyenda, fue construida por el diablo en persona. El 2 de diciembre de 1973, ocurrió una cosa muy extraña en la playa de Carteret. Dos pescadores, G. Jean, de cuarenta y cuatro años, y su hijo Noel, de dieciocho años, se habían levantado a las cinco de la mañana para recoger las redes aprovechando que a esa hora la marea estaba baja. Cuando llegaron a la playa una media hora más tarde, vieron un objeto muy luminoso justo encima del lugar en el que habían echado las redes. Avanzaron hasta unos ciento cincuenta metros del objeto, que tenía la apariencia de una «ventana» amarilla intensa de tres metros y medio de largo por uno y medio de alto, y que emitía un haz cónico hacia el suelo. Los dos pescadores se asustaron y decidieron no acercarse más a él. Trataron de trabajar como si no hubieran visto nada, cuando de repente el objeto cambió de forma y la luz amarilla se apagó. En el lugar donde había estado planeando, había ahora un «balón» azul verdoso que salió volando a eso de las 6.05. Los Jean informaron del avistamiento a la policía.

Mi mujer y yo decidimos investigar este avistamiento. La investigación tuvo unos resultados curiosos. Primero, descubrimos que no se trataba del primer avistamiento. Dos meses antes, el joven había visto tres esferas amarillas en formación sobre la misma playa cuando pasaba en coche con su cuñado. Esta observación tuvo lugar a las 19 horas: las esferas sobrevolaban a unos cuatro o cinco metros del suelo.

–¿Cómo estaban colocadas las luces?– preguntamos a Noel Jean.

«En primer lugar, había una luz amarilla, encima de ella una segunda y a la izquierda una tercera, también encima, y un metal entre ellas.»

«¿Qué hacían?»

«Las luces se encendían y se apagaban, y seguían al coche.»

«¿Y ustedes qué hicieron?»

«Nos detuvimos para mirarlas y cuando volvimos a subir al coche, las luces del objeto se habían apagado.»

Después del segundo avistamiento, el más maduro de los dos hombres decidió no salir más de su casa. Ya no va a pescar y se encierra en su habitación cuando los investigadores vienen a interrogarlo. ¿Sabe acaso algo de lo que no quiere hablar?

No hallamos ninguna huella en la playa. Los gendarmes nos confirmaron que la hierba de las dunas estaba intacta. Examinamos los alambres de púas cercanos para tratar de descubrir algún remanente magnético. La prueba fue negativa. Nos enteramos de que a un radio aficionado del pueblo se le había bloqueado su receptor durante varios minutos en el momento del cuasiaterrizaje.

«Tuvo lugar en medio de las redes», nos dijo Noel Jean.

«Los periódicos dijeron que medía un metro y medio por un metro y medio», le señalamos.

«No, era rectangular. Medía más o menos dos metros y medio por un metro y medio. ¡Era tan grande como una cocina!»

«¿A qué hora desapareció?»

«Llegamos a las 5.30 horas. El objeto desapareció entre las 5.50 h y las 6.05 horas.»

«¿Qué pasó cuando el objeto desapareció?»

«Recuerdo que el objeto se apagó, a raíz de lo cual se transformó en un pequeño balón azul verdoso. Después de las 6 no se veía nada.»

«¿De qué tamaño era ese balón?»

«Como un balón de fútbol»

«¿Qué hizo cuando llegó a la playa y vio el rectángulo de luz?»

«Comencé a acercarme a él, pero la luz se hizo cada vez más brillante. Entonces, mi padre me dijo: "olvídate de la luz y vuelve para acá".»

Existe una instalación de radar importante cerca de Cherbourg, en un lugar llamado Mauperthuis, a treinta y ocho kilómetros de Carteret. El alcance de la antena es de doscientos kilómetros. A las 6.10 de la mañana, el radar localizó una señal al suroeste que se dirigía hacia el norte de Cherbourg. Un objeto volando de Carteret hacia Gran Bretaña seguiría esta trayectoria. La misma mañana, tuvo lugar otra cosa curiosa en la costa. La chalupa francesa *Archipel,* que se encontraba cerca de los rompientes de Urville, justo al oeste de Cherbourg (en la trayectoria que el objeto debió haber seguido si la señal que detectó el radar corresponde al ovni), perdió su rumbo. Como consecuencia de las perturbaciones magnéticas que se observan frecuentemente ante la proximidad de un ovni, uno puede preguntarse si su sistema de navegación magnética no sufrió alguna alteración. El barco se acercó a la costa, chocó contra las rocas y se hundió, afortunadamente sin que se produjeran pérdidas humanas.

La observación de la ventana amarilla en la playa no había durado ni cinco minutos. ¿Por qué los dos pescadores no se habían acercado más al objeto para determinar su naturaleza? Parece que hubo dos razones para ello. En primer lugar, la «ventana» se iluminó más intensamente cuando se acercaron a unos ciento cincuenta metros, lo que los disuadió de aproximarse más; por otro lado, se sintieron «paralizados por el miedo». ¿Esta parálisis fue una inhibición realmente física o el resultado de un temor psicológico, o ambas cosas a la vez? Nada permite pronunciarse respecto a una u otra hipótesis.

La observación tuvo lugar el domingo temprano por la mañana. El viernes siguiente, unas gentes del país hallaron una serie de objetos interesantes en una playa vecina. Encontraron de un equipo completo de buceo, un aparato de medición de la radiactividad, otro de medición de las señales sonoras, unos pantalones y unas chaquetas con etiquetas en inglés.

De repente, la policía local con ayuda de los servicios secretos «descubrió» que toda la observación no era más que un caso de detección de radiaciones submarinas. Tal fue en esencia el contenido del rumor cuidadosamente concebido que comenzó a circular.

Eso es lo que llamo el segundo encubrimiento: el anuncio de «explicaciones» oficiales, por completo fabricadas, que en realidad no explican gran cosa, pero que proporcionan a los escépticos una excusa para no tomar en serio la historia. Al precio que sea, se maquillan los casos perturbadores si la presión psicológica en el testigo no es suficiente como para desanimarlo a contar su historia.

¿Cómo el descubrimiento de un equipo de buceo «en una playa vecina» habría de explicar las dos observaciones de ovnis? ¿Y la señal del radar? Esta «explicación» no es suficiente, pero es típica de los rumores encaminados a desacreditar a los testigos y a tranquilizar a la población. Estos objetivos generalmente logran alcanzarse. Los testigos son intimidados y la policía local, única fuente de datos exactos, desea un regreso rápido a la normalidad. Además, los policías quieren conservar sus empleos.

Tuvimos la suerte de investigar este caso unos cuantos días después de los acontecimientos, antes de que se organizara el encubrimiento. ¿Cuál sería la reacción de un científico que estudiara un caso semejante varias semanas o incluso varios meses más tarde? Probablemente, lo rechazaría, y con razón. Los testigos no se prestan más a ser interrogados; uno de ellos se ha encerrado en su casa y no habla con los visitantes. La policía local no tiene nada que decir. Los operadores de radar de Cherburgo recibieron la orden de cambiar sus declaraciones, y la información aparecida en los periódicos es confusa e inexacta.

Un periódico local publicó un dibujo humorístico en el que aparecía el pueblecito de Carteret con un platillo volador y un marciano en primer plano. Un francés sonriente se acercaba al pequeño marciano y le preguntaba: «¿Cuánto gasta esa máquina?». El humor es un remedio infalible.

Más adelante, lo que puede parecer irónico después de las tentativas de encubrir el caso de Carteret, un ministro francés reconoció por primera vez la realidad del problema ovni como tema digno de investigación científica. En marzo de 1974, Robert Galley, Ministro de Defensa, aceptó participar en una serie de charlas en la radio que incluían informes de testigos y declaraciones de tres científicos franceses que llevaban estudiando el fenómeno ovni desde hacía muchos años: el doctor Pierre Guérin, del Instituto de Astrofísica de París, el doctor Claude Poher, director de estudios científicos del CNES (Centro Nacional de Estudios Científicos), y yo. Lo que el Ministro de Defensa dijo al periodista Jean Claude Bourret ese día podría servir de lección a los gobiernos del mundo entero:

> Creo que la actitud mental que se debe adoptar respecto a estos fenómenos debe permanecer abierta, es decir, no hay que negarlos a priori. En la historia de la humanidad, se han logrado una serie de avances científicos porque alguien trató de explicar lo inexplicable. Y respecto a estos fenómenos que se han categorizado bajo la rúbrica de ovnis, es innegable que hay hechos que permanecen inexplicados o mal explicados.
>
> En 1954, el Ministerio de Defensa creó una sección especial para la recopilación y estudio de los informes de los testigos de estos objetos voladores no identificados. Tengo ante mí una serie de estos relatos que han seguido teniendo lugar a lo largo de los años hasta 1970; hay aproximadamente unos cincuenta. Entre los últimos está el informe de la observación personal hecha por el teniente de Emeri, Jean, de la base de la Fuerza Aérea, número 107 en Villacoublay, con fecha de 20 de noviembre de 1953. También hay informes de la gendarmería y algunas observaciones de pilotos y comandantes del centro aéreo. Hay muchos elementos, cuya convergencia es como para preocuparse, durante el año 1954, de manera que la actitud que uno debe mostrar es de una mente completamente abierta, una actitud en la que uno no niega simplemente las observaciones a priori. Nuestros ancestros de siglos anteriores negaron muchas cosas que nos parecen hoy perfectamente elementales, como la electricidad estática, sin hablar ya de una serie de fenómenos ligados a la biología.
>
> En efecto, todo el desarrollo de la ciencia consiste en el hecho de que, en un momento dado, nos damos cuenta de que hemos tenido ideas erróneas acerca de la realidad de cierto fenómeno.

¿Qué podría añadirse a esta declaración? No es evidente que el simple hecho de mantener la mente abierta respecto a los ovnis será suficiente como para hacer descubrimientos sensacionales, pero la ciencia debería estar satisfecha con que el gobierno acepte ahora examinar los hechos.

EL TERCER ENCUBRIMIENTO: EL OVNI SE NIEGA A SÍ MISMO

Hemos hablado ya de dos formas de encubrimiento: 1) la presión ejercida sobre los testigos para evitar que cuenten su historia, y 2) la fabricación de «explicaciones» cuando un testigo habla de todas formas. Creo que a estos dos factores hay que añadir un tercero, que es el fenómeno contiene un mecanismo para explicarse a sí mismo.

El 3 de diciembre de 1967, un policía americano llamado Herb Schirmer, de Ashland, en Nebraska, tuvo una experiencia que merece ser comparada con los casos de abducción de Betty y Barney Hill y de los pescadores de Pascagoula. A las 2.30 de la mañana, Schirmer vio en la carretera un objeto provisto de una hilerade luces parpadeantes. Creyendo que se trataba de un camión, el policía le «puso las luces largas». A continuación, el objeto despegó. El testigo, de veintidós años, regresó a su puesto y escribió en el registro: «Vi un platillo volador en la intersección de las carreteras 6 y 63. Créanlo o no».

Schirmer regresó a su casa con una fuerte migraña. También, oía un molesto zumbido que le impedía dormir. Asimismo, tenía una marca roja bajo la oreja izquierda. El caso llamó la atención del comité Condon y Schirmer fue hipnotizado. La hipnosis demostró claramente que el testigo tenía un agujero de unos veinticinco minutos durante el cual no recordaba nada. Más tarde, por sugerencia de otro investigador, fue hipnotizado de nuevo, lo que sirvió para descubrir una serie de acontecimientos extraños.

Así, cuando este vio despegar el objeto, decidió seguirlo. Durante la persecución, trató de ponerse en contacto por radio con la policía de Wahoo, en Nebraska, pero su emisor no funcionó. A continuación, el motor del coche se caló. El objeto metálico, con forma de balón oval, estaba rodeado de un resplandor plateado. Hacía un ruido de «remolino» y las luces parpadeaban rápidamente. Unas patas aparecieron de debajo de la máquina y esta aterrizó. Schirmer quería alejarse de allí, pero «algo en su mente se lo impedía». A continuación, de la máquina bajaron unos hombres que avanzaron hacia el coche. Schirmer fue incapaz de sacar su revólver. Los extraños seres lanzaron un tipo de gas verdoso contra el vehículo y después enfocaron con una intensa luz al policía, que perdió el conocimiento.

La siguiente cosa que Schirmer recuerda, bajo hipnosis, es que bajó el cristal del coche y habló con uno de aquellos hombres de la máquina, que apoyó algo contra un lado de su cuello y le preguntó: «¿Usted es el guardia de aquí?», señalando hacia una planta de electricidad. Luego le dijo: «¿Esa es la única fuente de energía que tienen?».

Schirmer fue conducido a bordo del objeto. Ahí vio paneles de control y máquinas parecidas a ordenadores. Los ocupantes vestían trajes en los que aparecía el emblema de una serpiente alada. Uno de ellos apretó un botón y las bandas magnéticas se pusieron a girar: «En mi cabeza... de una manera u otra... me dijo algo... me duele la cabeza...». Los ocupantes dieron a Schirmer toda una serie de informaciones interesantes pero al mismo tiempo engañosas. Querían hacerle creer que venían de una galaxia vecina, que tenían bases en los EE.UU., que su máquina funcionaba por «electromagnetismo invertido», que sus naves podían ser abatidas por el radar, por ionización, y que conseguían la energía de grandes depósitos de agua. Schirmer tuvo la impresión de que no entraba en sus planes contactar con los humanos, para que el gobierno no pudiera detectar ningún esquema en ellos, y que habría muchos otros contactos.

En cierta medida, quieren excitar la curiosidad, dicen. Saben que se les ve demasiado frecuentemente y tratan de sembrar la confusión en la mente de la gente. Finalmente, uno de los hombres le dijo a Schirmer que no se acordaría de lo que había visto en el interior de la nave. Y concluyó: «Con buen juicio, usted no hablará de lo que ha ocurrido esta noche. Volveremos a verlo dosveces más».

Por último, en un momento de una belleza obsesiva, uno de los hombres condujo a Schirmer cerca de la ventana grande de la nave, le mostró con el dedo el paisaje desierto de los alrededores y le dijo gravemente: «¡Guardián, un día verás el universo!».

Si los ocupantes son tan avanzados y no quieren que Schirmer hable prudentemente de lo que sucedió aquella noche, ¿cómo es que se acuerda de tantos detalles bajo hipnosis? ¿Acaso no pensaron en esta técnica de investigación? ¿O bien algunas partes de la mente humana escapan a su control? ¿Acaso su poderío es en realidad más limitado que lo que sus acciones parecen hacernos creer? ¿Puede ser que alguien o algo nos esté jugando una mala pasada?

EL FENÓMENO NIEGA SU PROPIA EXISTENCIA

¿Ha asistido alguna vez a una sesión de prestidigitación ofrecida por un profesional excelente? Este produce delante de usted, en condiciones imposibles, un fenómeno aparentemente inexplicable. Luego parece darse cuenta de hasta qué punto el público está decepcionado. De hecho, todo el mundo se siente casi insultado por lo absurdo de su presentación. ¡Debe haber una explicación simple, debe haber un truco! Felizmente, el mago lo explica todo: la mesa era hueca o el bastón estaba hecho de trozos encajados unos en otros. Entonces usted se reprocha no haber encontrado en seguida una solución tan simple. Abandona la sala con un sentimiento de reconocimiento y algo de orgullo: ¡No soy tan estúpido después de todo. Sólo me engañó al principio!

Al llegar a casa, nuevas dudas se amparan en su espíritu racional. Se procurará todos los objetos necesarios para rehacer un pase de prestidigitación tan gentilmente explicado una hora antes; y se dará cuenta de que la explicación misma es imposible, ¡que el mago ha ometido algunas cosas!

Lo mismo ocurre con el fenómeno ovni: nos deja indicios que parecen todavía más absurdos que los relatos de los testigos, lo que es perfectamente desesperante. El fenómeno niega su propia existencia. Permite constataciones y manifiesta principios en los cuales una parte de las informaciones es verdadera y la otra, falsa. Es tarea del investigador descubrir esta parte de verdad.

En otro caso significativo, el testigo principal cae en la emboscada de los sociólogos; los creyentes caen en la trampa de los hombres del espacio que se hacen llamar los «Guardianes»; el público cae en la de los creyentes ¡y los sociólogos caen en la emboscada del fenómeno mismo!

El contacto con el grupo llamado los Guardianes comenzó cuando una mujer del Medio Oeste, que llamaremos señora Keech, se levantó una mañana de invierno con unos picores o una inflamación en el brazo: ·

> Sentía calor en todo el brazo hasta el hombro... Tenía la sensación de que alguien trataba de atraer mi atención. Sin saber por qué, cogí un lápiz y un papel que se encontraban sobre la mesita que había al lado de la cama, y mi mano se puso a escribir en una escritura que no era la mía.

Por mediación de estos mensajes, esta mujer se fue familiarizando poco a poco con algo que ella tomó por el Más Allá, hasta que un día recibió un mensaje de aliento de un «Hermano Mayor». He aquí como Leon Festinger lo transcribió en su libro *When Prophecy Fails*:

> Yo estoy siempre con usted. Las inquietudes cotidianas no pueden alcanzarla. Daremos las enseñanzas a aquellos que buscan y están listos para seguir la luz. Yo me ocuparé de los detalles. Tenga confianza en nosotros. Sea paciente y aprenda, pues nosotros preparamos su trabajo de conocimiento. Es un deber de conexión terrestre que debe hacerse antes de mi venida, que está próxima.

La señora Keech creyó que se trataba de una comunicación real con entidades superiores y comenzó a contar a sus vecinos que le habían comunicado una nueva forma de conocimiento. Muy pronto se formó una pequeña secta en el pueblo del Medio Oeste donde ella vivía. Uno de sus miembros influyentes era un tal doctor Laughead, que estuvo implicado más tarde en el asunto Uri Geller. Los Guardianes dieron al grupo enseñanzas y consejos. Predijeron también acontecimientos por venir, aterrizajes de platillos volantes y visitas de hombres del espacio. Una de estas predicciones se refería al aterrizaje de una máquina espacial sobre un aeródromo militar cercano. Así pues, el pequeño grupo se reunió en un lugar desde el cual se veían las pistas y escrutó en vano el lugar y el cielo, cuando, de pronto, un hombre se acercó a ellos; al mirarlo, sintieron una especie de inquietud. Nadie lo había visto llegar. Le ofrecieron tomar algo pero él lo rechazó. Caminaba de una manera curiosamente rígida. Unos instantes después, ya no estaba allí, ¡pero nadie lo había visto partir! A medida que semejantes historias se expandían, las creencias de la pequeña secta se establecían más firmemente. Esta acumulaba así su propio folclore y creó su propio vocabulario, con palabras y expresiones especiales.

La señora Keech escribía ahora catorce horas al día. Las enseñanzas trataban cada vez más sobre temas religiosos, la cosmología y el fenómeno de los platillos volantes. Un día, el gran mensaje llegó por fin. Preveía un desastre, un temblor de tierra y un diluvio. Los creyentes serían salvados por sus Hermanos del Espacio:

> El desastre afectará a la región de Canadá, los Grandes Lagos y el Misisipí, hasta el golfo de México. El fuerte movimiento del territorio americano hacia el este proyectará montañas en los estados del centro.

El grupo se sintió entonces investido de la responsabilidad de llevar a conocimiento del mundo estos eventos tan importantes. Hicieron comunicados de prensa, algunos de lo cuales fueron publicados por periódicos locales. Estos artículos atrajeron la atención de un equipo de sociólogos de la Universidad de Minnesota, que se interesaron por el comportamiento de los movimientos proféticos. Obtuvieron fondos de la Fundación Ford para estudiar el grupo de la señora Keech y recibieron apoyo logístico del Laboratorio de Investigaciones en Relaciones Sociales de la universidad. Comenzaron a infiltrarse en la secta, haciéndose pasar por convertidos sinceros, y a asistir a las reuniones para seguir la evolución de sus adeptos a medida que llegaba la hora en que la profecía debía realizarse.

Aunque recurrir a tales métodos engañosos no está bien visto por los científicos, el libro *When Prophecy Fails*, que los sociólogos escribieron a partir de sus investigaciones, es esencial para cualquiera que desee comprender la naturaleza compleja de la creencia en los ovnis. El libro explica en detalle los esfuerzos de los miembros de la secta para prevenir a la humanidad de la inminencia del desastre y describe su creencia en que los que mueran renacerán espiritualmente en otros planetas cercanos a su desarrollo espiritual. Indica igualmente que los platillos volantes vendrían del cielo, a tiempo para salvar del diluvio a los creyentes. Como el lector sabe, los sucesos predichos no tuvieron lugar. El Medio Oeste no ha sido engullido por el océano y los numerosos países condenados a la destrucción están todavía por encima del nivel del mar. ¿Qué efecto ha producido esto sobre los creyentes de la secta? Su fe y su convicción salieron reforzadas, pues se atribuyeron el mérito de la no-destrucción. Algunos temblores de tierra tuvieron lugar en las zonas desérticas hacia la fecha prevista para el cataclismo. Si hubieran golpeado una región habitada, los estragos habrían sido considerables. Los creyentes creían que la luz de su pequeño grupo era la que había salvado al país. Algunos miembros de la secta pensaban igualmente que se trataba de una prueba de su aptitud para creer ciegamente, para ejecutar sin discusión las órdenes que habían recibido de los Guardianes y hacer frente sin temor al ridículo.

¿Para qué poner la historia de la señora Keech en el programa de un estudio científico sobre los ovnis? Numerosos sociólogos dirán que su caso es típico de muchas pequeñas sectas y pequeños cultos, y que en la actualidad existen teorías para explicar su comportamiento. Esto es en gran parte verdad, pero yo no estoy convencido de que el mecanismo que da nacimiento a tales movimientos sea perfectamente comprendido. No creo que su impacto potencial sobre la sociedad haya sido bien explicado.

El caso de la señora Keech es importante para todos aquellos que se interesan en el fenómeno ovni, ya que proporciona un prototipo para un número creciente de grupos que se desarrollan alrededor de sistemas de creencia similares. Uno de esos grupos del cual se ha oído hablar más frecuentemente durante estos últimos años es la red de los adeptos de Uri Geller, que ha logrado suscitar el interés de varios físicos de primer plano. En el caso de Geller, como en el de la señora Keech, hay varios fenómenos inexplicados que son el fundamento de las creencias del grupo. Igualmente, en los dos casos se nos dice que un saber «superior» nos vendrá de los ovnis. Y en los dos casos el impacto sobre la conciencia colectiva es grande.

¿Y la profecía? La señora Keech predijo un diluvio y un salvamento que vendrían de lo alto. Uri Geller y el doctor Andrija Puharich predijeron aterrizajes masivos de platillos volantes. Numerosas personas en todo el país (que el escritor John Keel ha llamado los «contactados silenciosos») guardan para sí mismas lo que consideran como revelaciones que tienen de entidades espaciales. Quizá tales experiencias han existido siempre. Quizá eran puramente religiosas, en siglos pasados, y por consiguiente privadas, y sólo la aceptación totalmente relativa de los avistamientos modernos de ovnis por una parte de los medios de comunicación y algunos sabios curiosos ha conducido a ciertos testigos a hablar de sus contactos. Sea como sea, no olvidemos que estos fenómenos contienen elementos aparentemente absurdos. Es el tercer encubrimiento.

Es tentador inventar para la señora Keech y sus semejantes una nueva etiqueta sociológica como por ejemplo «creyentes del juicio final» o «víctimas de disonancias cognitivas», acompañadas preferiblemente del término mágico de «conductual». Pero al examinar los detalles de su historia, deberíamos ser cautelosos. Volvamos por ejemplo al extranjero de caminar rígido de la primera profecía. Los investigadores universitarios se sentían en un terreno tan teórico que descuidaron verificar si la misteriosa aparición y desaparición de la entidad con la pierna rígida había sido confirmada por otras personas. Esta laguna es deplorable. Por otra parte, en dos ocasiones la señora Keech recibió la visita de personas extrañas. La primera vez, fue después de la publicación de su profecía sobre el diluvio en los periódicos locales. Dos hombres vinieron a verla y pidieron hablar con ella; uno de ellos era un ser humano perfectamente ordinario, pero su compañero era muy extraño y no dijo ni una sola palabra durante la visita. Cuando les preguntó su identidad, el primero dijo: «Yo soy de este planeta, pero él no». La discusión duró media hora. Estos personajes querían que ella dejara de darle publicidad a sus informaciones. «El momento no ha llegado aún», dijo el hombre antes de irse con su compañero. La reunión fue muy seria y tuvo como resultado que la señora Keech renunciara a publicar un libro sobre sus aventuras.

Hubo una segunda visita algunos meses más tarde. Esta vez había cinco jóvenes visitantes, que pasaron dos horas tratando de persuadir a la señora Keech y a un científico miembro de su grupo de que sus informaciones eran inexactas y que todas sus predicciones eran falsas.

Los investigadores, de nuevo, no hicieron esfuerzo alguno por establecer la identidad de estos visitantes, lo que, en mi opinión, es un grave error. Se contentaron con escribir: «¿por qué se presentaron estos jóvenes, qué es lo que querían, quiénes eran?; eso es lo que no sabemos: quizá eran bromistas o quizá venían con una finalidad seria». Al describir su discusión con ellos, la señora Keech dijo, trastornada y entre sollozos:

> Querían forzarme a que desmintiera lo que había dicho. Uno de ellos no dejaba de intentar hacerme decir que no era cierto. Me aseguraban que era falso y que yo lo había embrollado todo. Me dijeron que ellos también estaban en contacto con el espacio y que todos los escritos que yo tenía eran falsos, que todo lo que había predicho era falso.

El círculo de lo absurdo se había cerrado alrededor de la señora Keech. Era víctima del tercer encubrimiento. No habría diluvio. Los creyentes que habían confiado en todos los signos y en la sinceridad evidente de su médium o canal estaban completamente aislados. Algunos perdieron su trabajo, otros habían renunciado o incluso habían vendido todos sus bienes terrenales, completamente dedicados a una realidad que eran los únicos en percibir. Jamás podrían contar toda la historia. El hombre más culto del grupo, un universitario local, declaró:

> He tenido que hacer un largo camino. Lo he abandonado casi todo. He cortado todas las amarras. He quemado todos los puentes. Le he vuelto la espalda al mundo.

Ya no puedo permitirme dudar. Tengo que creer. Además, no hay otra verdad... Estás en período de duda, pero agárrate bien, amigo mío, agárrate bien. Los tiempos son duros, pero allá arriba se ocupan de nosotros.

Es aterrador. Semejante movimiento podría revestir nuevas formas y engullir a más personas. Ese es el resultado de los tres encubrimientos. Hay un esquema detrás de esta estructura y no es el contacto sino el control.

SOBREENTENDIDOS POLÍTICOS

Ya he aludido al hecho de que los principales grupos de creyentes en los ovnis han sido seguidos muy de cerca por agentes del gobierno. Existe una buena razón para ello: su influencia puede ser manipulada con fines políticos o simplemente para poner a prueba las diferentes formas de manipulación. Una comisión CIA-Fuerza Aérea de los EE.UU. sobre los ovnis, hecha pública hace solamente unos pocos años cuando en realidad se reunió por primera vez en Washington en 1953, recomendó seguir de cerca las actividades de los grupos civiles:

La comisión ha tenido conocimiento de la existencia de grupos como los «Investigadores civiles de los platillos voladores» de Los Ángeles y la «Organización para la Investigación de los Fenómenos Aéreos» de Wisconsin (APRO). Pensamos que tales organizaciones deberían ser vigiladas debido a su gran influencia sobre la opinión pública si se produjeran avistamientos de ovnis a gran escala. La irresponsabilidad aparente y la utilización posible de tales grupos con fines subversivos no debe ser subestimada.

Es difícil ser más explícito al respecto. Este factor de control político explica algunos aspectos extraños del problema ovni, sobre todo el comportamiento de algunos contactados célebres a quienes se le pudo haber atribuido este papel para propagar supuestos mensajes extraterrestres. Por ejemplo, George Adamski confesó que cuatro científicos del Gobierno americano fueron la causa del lanzamiento de su carrera de embajador de los Hermanos del Espacio. Estos científicos pertenecían al Laboratorio de Electrónica Naval de Point Loma, cerca de San Diego, y a una «organización similar» de Pasadena. Le preguntaron si quería «cooperar en un intento colectivo por tomar fotos de máquinas extrañas que se desplazan en el espacio». Los que apoyaban principalmente a Adamski en el extranjero eran un antiguo agente del ejército británico, que conocí personalmente, y un ingeniero diplomado de Cambridge que en la actualidad vive en México. Un hombre que acogió a Adamski durante su viaje a Australia me dijo que «el bueno de George» viajaba con un pasaporte provisto de privilegios especiales.

El factor político explica también la infiltración deliberada de personas vinculadas con el mundo del espionaje en los grupos de ufología. En materia de control del comportamiento social, estos grupos serían tan necesarios para un mecanismo eficaz como el mismo Proyecto Libro Azul o el comité Condon, porque serían un canal útil para lanzar historias montadas de pies a cabeza. El almirante Roscoe H. Hillenkoetter, el antiguo jefe de la CIA, que declaró que «es imperativo que sepamos qué son los ovnis y de dónde vienen» antes de unirse más tarde al consejo de administración del NICAP (Comité nacional de investigación de los fenómenos aéreos), habría podido hacer creíble la estratagema promoviendo deliberadamente la teoría extraterrestre. Entre los dirigentes del NICAP, uno de los grupos de ufología más influyentes en los años cincuenta y sesenta, habría al menos tres agentes de información bien conocidos: Bernard Corvalho, Nicholas de Rochefort y el coronel Joseph Ryan, practicantes entrenados en técnicas modernas de guerra psicológica.

Puede parecer grotesco que un gobierno pierda su tiempo y su dinero poniendo a prueba la reacción del público ante la idea del contacto con extraterrestres. Sin embargo, sospecho fuertemente que al menos dos grandes casos de ovnis no han sido más que experiencias secretas sobre el nacimiento de los rumores y la creación deliberada de cultos de contactados (uno de esos casos tuvo lugar en España y el otro, en Francia). Al lector escéptico sólo le puedo decir que hay gente en la nómina del gobierno cuyo trabajo consiste en idear planes de emergencia para todo tipo de situaciones extremas. Bajo la administración de Nixon, un destacamento especial de la Casa Blanca propuso invadir Cuba utilizando un submarino equipado con un aparato de rayos láser. Este debía «dibujar» una imagen de Cristo encima de la Isla para simular su regreso. Se creía que este «milagro» perturbaría a la población católica de la Habana paralizando las comunicaciones y desorganizando a las fuerzas armadas cubanas durante un tiempo suficientemente largo como para que los comandos se apoderaran de puntos estratégicos y derrocaran el régimen de Castro.

En su excelente libro *War on the Mind*, el psicólogo clínico Peter Watson, miembro del equipo «Observation» del *Sunday Time*, revela que «se ha desarrollado un equipo para utilizar las nubes bajas como pantalla para proyectar grandes espectáculos de propaganda. Bandas de vídeo de dioses primitivos se han preparado para ser difundidas desde helicópteros con el fin de asustar a las tribus».

Durante la guerra de Vietnam, una unidad del ejército americano llamada el cuarto grupo PSYOP inventó un proyector bautizado con el nombre de *Mitralux*. Este utilizaba diapositivas de 85 milímetros y una bombilla de 1.000 vatios para proyectar imágenes sobre los edificios, las montañas y los bancos de nubes.

Soy de la opinión de que el estudio de los ovnis es un imperativo para los científicos. Pero no hay que hacerlo inocentemente. Con los progresos de la tecnología humana se ha hecho imposible estudiar un informe ovni sin añadirle a todas las hipótesis clásicas la posibilidad de una manipulación deliberada. Muchos grupos de ufología se creen fácilmente cualquier tipo de rumor que parezca apoyar la tesis extraterrestre, sin ni siquiera buscar seriamente a quién podría serle de provecho el «crimen». El escepticismo diligente de algunos detractores militantes también está inspirado por la necesidad de mantener un control político. Para impedir un verdadero estudio científico, basta con mantener un cierto umbral de ridículo alrededor del fenómeno. Algunos escritores científicos, bajo una cobertura de humanismo o de racionalismo, lo logran con bastante facilidad. Estos califican la investigación ufológica de «ciencia falsa», creando de esa manera un sentimiento de culpabilidad mortal para todo científico independiente que se pierda en ella. Continuamente se realizan esfuerzos para desacreditar de manera sistemática a los investigadores profesionales que estudian el fenómeno.

Esta historia de interacción entre platillos voladores y política se remonta a los primeros contactados de California. En aquella época, numerosos grupos ocultos, vinculados a organizaciones ávidas de poder, estaban extremadamente activos. Justo después de la segunda guerra mundial, florecía en Los Ángeles una rama del culto neotemplario de Aleister Crowley; dos de sus miembros más fanáticos eran Jack W. Parsons, un ingeniero especialista en el fenómeno propulsión, y L. Ron Hubbard, un fanático de la ciencia ficción. Jack Parsons afirmaba haber encontrado a un venusino en el desierto en 1946. Fue uno de los fundadores del Laboratorio de Propulsión a Reacción y de la Aerojet Corporation. En cuanto a L. Ron Hubbard, fundó la Dianética y la Cienciología.

Según mis informaciones, al contactado George Adamski se le ha vinculado con el líder fascista americano William Dudley Pelley, que fue hecho prisionero durante las hostilidades. Otro contactado fecundo, George Hunt Williamson (cuyo verdadero nombre era Michel de Obrenovic), formaba parte de la organización de Pelley a principios de los años cincuenta. De hecho, puede que sea Pelley quien presentó a Williamson y a Adamski. Durante la gran época de los platillos voladores, Williamson tenía entre sus compadres a otros contactados, tales como John McCoy y los hermanos Stanford, Ray y Rex.

Los vínculos entre todos estos hombres, que tuvieron una gran influencia sobre la formulación del mito ovni en los EE.UU., son más bien complejos. William Dudley Pelley, muerto en 1965, era el jefe de las camisas plateadas, un grupo nazi americano que inició sus actividades en 1932. Sus miembros y los del movimiento *I am* de Guy Ballard eran muy a menudo los mismos. Pelley rechazó unirse a los otros grupos fascistas para apoyar al miembro del congreso Lemke en 1936, manteniéndose fiel al de su propio candidato del partido cristiano en Indiana. Su oposición a Roosevelt se reforzó cada vez más hasta que fue condenado a ocho años de prisión por sedición en 1942. Después de la guerra, fundó un grupo oculto, Soulcraft, y publicó una revista racista, *Valor*. Escribió también un libro en 1950, *Star Guests*, compilación de escritura automática, semejante al *Seth Material*.

Parece que fue hacia 1950 cuando Williamson comenzó a trabajar para Pelley en las oficinas de Soulcraft Publications en Noblesville, en el estado de Indiana. Luego, se instaló en California, donde fue testigo del famoso contacto de Adamski en el desierto, el 20 de noviembre de 1959, con un venusino de largos cabellos rubios. Sin embargo, Williamson me ha asegurado que nunca se había adherido a las teorías racistas que el movimiento pronazi promovía. Puede ser que Adamski y Pelley se hayan encontrado debido a su interés común por el culto *I am*. Se dice que el doctor Laughead, que inspiró los contactos de la señora Keech en el Medio Oeste y que lanzó más tarde al doctor Andrija Puharich tras las huellas del mítico «Spectra», pertenecía también a este grupo.

John McCoy, coautor con Williamson del libro *UFOs Confidential*, dirigía Essene Press. Fue él quien lanzó la idea de que la conspiración de los banqueros tenía algo que ver con el problema ovni. Los hermanos Stanford vivían en la misma ciudad de Texas que McCoy, Corpus Christi, y a mediados de los años cincuenta, publicaron una serie de libros sobre los contactos, uno de los cuales tenía a McCoy como coautor.

Me parece que hay algunas analogías curiosas entre las declaraciones de estas organizaciones de contactados y las de Bob Barry, director del Twentieth Century UFO Bureau, cuya sede se encuentra en Collingswood, Nueva Jersey. El Bureau es uno de los grupos que componen la Organización Religiosa fundamentalista dirigida por el reverendo Carl McIntire. Barry declaró en junio de 1978 que tres de sus mejores fuentes, una gubernamental y otras dos retiradas después de haber ocupado puestos estratégicos, afirmaban que el gobierno estaba muy interesado en el problema ovni y que había recuperado un total de dieciocho cuerpos en ovnis que se habían estrellado contra el suelo. Cosa interesante, el señor Barrey cree que la película *Encuentros cercanos en la tercera fase* formaba parte de un plan del gobierno para condicionar al público. «El plan está programado en este país», dijo Barry en una entrevista con Edgar Williams, periodista del Knight News Service. «Hace tres años se decidió que se iban a realizar varios documentales para la televisión con el fin de observar la reacción del público.»

Algunos creyentes afirman que la película de Alan Sandler, *UFOs: Past, Present and Future* podría ser igualmente un test. Barry observa que la reacción fue buena.

> La etapa siguiente fue la película *Encuentros cercanos en la tercera fase*. No hay duda de que dentro de poco los consejeros del gobierno comenzarán a decir que en realidad hay ovnis entre nosotros.

Como narrador que fui del documental de Sandler y habiendo contribuido indirectamente en la película *Encuentros cercanos en la tercera fase*, creo que estas observaciones son interesantes. Ahora todo el mundo está tan impaciente porque el gobierno revele esta información tan esperada que nadie pone en tela de juicio la realidad de los hechos fundamentales y de las motivaciones políticas que puedan inspirar una manipulación de estos hechos. Tratar de mostrarse más astuto que la CIA y el Pentágono se ha convertido en un pasatiempo nacional tal que los procesos contra las agencias federales en nombre de la ley sobre la libertad de información han comenzado a acumularse. Lo único que esto ha demostrado hasta aquí es que estas agencias se han visto implicadas, frecuentemente en secreto, en numerosos aspectos del problema ovni. Sospecho que aún lo están. Descubrir el secreto del mecanismo de propulsión de los ovnis constituiría un descubrimiento tan grande para los militares que todo proyecto de investigación relacionado con él gozaría del más alto nivel de confidencialidad. Pero estos entusiastas de los ovnis, tan deseosos de traer a la luz al gobierno, no han pensado que ellos mismos podrían ser perfectamente el juguete de un encubrimiento aún más elaborado de la situación real.

Debido a su voluntad de creer todo lo que podría indicar que las autoridades poseen ya la prueba de la realidad de los ovnis, numerosos entusiastas son un canal perfecto para los que quisieran propagar el evangelio extraterrestre. El objetivo de semejante práctica no tiene que ser complejo ni importante desde el punto de vista estratégico. Podría ser cualquier cosa tan banal como una cobertura política o una manera de poner a prueba la fiabilidad de los canales de información en una situación de crisis simulada, o incluso una maniobra de diversión para ciertas operaciones paramilitares.

Ninguno de estos rumores es susceptible de hacer que nos acerquemos más a una solución que sólo se puede obtener mediante investigaciones científicas meticulosas, sinceras, inteligentes y quizá aburridas. La verdad es que es posible que los ovnis no sean en absoluto naves espaciales. Y el gobierno podría simplemente estar escondiéndonos que, a pesar de los miles de millones de dólares dedicados a la defensa aérea, hoy en día no saben más sobre este fenómeno que lo que ya sabían en los años cuarenta, cuando comenzó sus investigaciones.

IX
Contra la tesis de los extraterrestres

CONCLUSIONES APRESURADAS

Un pescador del Misisipí, sometido seis veces al detector de mentiras, aparece en un programa de televisión en una franja horaria de gran audiencia. Sentado entre el doctor Carl Sagan y un astronauta, hace una descripción de los dos robots que descendieron del cielo para conducirlo al interior de un platillo volador, donde una gran máquina con un único ojo le hizo un examen de pies a cabeza. El pescador fue interrogado por un ingeniero, hipnotizador aficionado, quien asegura que la experiencia tuvo lugar. Un «experto» en ovnis que ha interrogado al testigo en una habitación llena de periodistas ruidosos pudo comprobar la veracidad de sus reacciones a la luz de los flashes. He aquí lo que se cuenta a América y lo que América parece tener ganas de oír.

Se nos pide creer que este hombre sabe más que nosotros sobre otros mundos. Sacando conclusiones apresuradas, mis amigos ufólogos elaboran índices de referencia entre las más mínimas de sus frases, dibujando la imagen coherente que se hacen de la vida extraterrestre. Según ellos, no hay duda alguna: este pescador, sentado al lado de un científico de reputación, discutiendo con el astronauta evidentemente ha visto primero como una nave espacial aterrizaba y luego ha sentido en sus propias carnes cómo era abducido por los robots que la ocupaban. ¿De verdad?

Es hora de poner las cosas en su lugar. No necesito detector de mentiras para saber que el testigo describe lo que ha visto. Pero no ha visto necesariamente una nave espacial de otro planeta.

CONTRA LA TEORÍA DE LA NAVE ESPACIAL

Desde un cierto punto de vista, el estudio de los ovnis es como la política. Solamente hay una alternativa. En política sólo se puede ser de derechas o de izquierdas, conservador o reformista, republicano o demócrata. En ufología, o bien no se cree en absoluto en los ovnis, o bien se cree que son naves espaciales que vienen de otro planeta. Pero, ¿no hay otras posibilidades? En el caso de que los ovnis existan, ¿tienen que ser forzosamente naves espaciales?

Durante mucho tiempo, los mejores informes de avistamientos inexplicados hablaban de discos aparentemente metálicos de grandes dimensiones, capaces de desplazarse a velocidades vertiginosas. Sus ocupantes llevaban trajes de inmersión y tenían un caminar poco seguro. La prensa francesa de 1954, por ejemplo, estaba llena de informes sobre «robots» y «marcianos». En los años sesenta, los investigadores ufólogos, de los que yo mismo formaba parte, concordaban en decir que probablemente se trataba de visitantes del espacio. En aquella época, la idea era revolucionaria. Los científicos como Carl Sagan señalaban que las visitas del espacio, si tenían lugar, eran muy poco frecuentes. Otros, como Donald Menzel, rechazaban completamente esta idea señalando que incluso las estrellas más cercanas están demasiado lejos para permitir un viaje interestelar. Pero estos argumentos de Sagan y Menzel no son válidos a menos que se parta del principio de que la ciencia de estos visitantes no está más avanzada que la nuestra, que no han encontrado la forma de transmitir informaciones más rápido que la velocidad de la luz y que tienen el mismo concepto de espacio-tiempo que nosotros. De hecho, no podemos afirmar nada semejante. El desarrollo de una civilización del espacio podría estar numerosos siglos más avanzada que la nuestra, sin contar ya con que podría ser mucho más inteligente que nosotros.

La verdadera cuestión es la siguiente: ¿la hipótesis de la «nave espacial» sirve para explicar de manera satisfactoria el fenómeno ovni tal como lo conocemos hoy con los datos actuales? La respuesta es firme y definitiva: NO. Los contactados y sus amigos no dejarán ciertamente de replicar: «¿y los mensajes que recibimos a través de los "canales" y la escritura automática, que nos aseguran que los vehículos vienen de otros mundos? ¿Y nuestras propias observaciones de aterrizajes en desiertos y en regiones aisladas? ¿Y los estigmas extraños dejados sobre los cuerpos de los contactados que recuerdan haber sido sometidos a un examen médico a bordo de la nave?».

¿Y el «mapa estelar» visto por Betty Hill a bordo del ovni que la abdujo? ¿Y los miles de informes de aterrizajes en todas partes del mundo? Veamos, pues, más de cerca estas supuestas pruebas.

DEMASIADOS ATERRIZAJES

Paradójicamente, el primer argumento contra la idea de que los platillos voladores son naves espaciales es el gran número de avistamientos verificados y no explicados. He escogido unos 2.000 casos de encuentros cercanos de cada país, la mayoría de los cuales habla de ocupantes de tamaños y formas variadas. Dos mil casos pueden parecer una cantidad muy pequeña en veinte años, pero sólo estamos hablando de los casos de que se ha informado. Se puede calcular fácilmente la cantidad de aterrizajes que esto representa si, como lo pretenden los contactados, los ovnis son naves espaciales cuyos ocupantes fueron sorprendidos por testigos que pasaban por ahí mientras reparaban la nave o estaban explorando nuestro planeta. Para hacer ese juicio, hay que tener en cuenta tres factores: el «momento» de la observación, la «probabilidad» de que se informe de ella y el «lugar» del acontecimiento.

En la mayoría de los informes, los aterrizajes tienen lugar después de las seis de la tarde. Mi ordenador situó «la hora punta» a eso de las 10.30 de la noche. El número de aterrizajes disminuye a partir de esa hora para volver a aumentar justo antes del amanecer. Pocas observaciones tienen lugar después de las seis de la mañana. ¿Qué conclusión se puede sacar a partir de ello? Que la actividad de los objetos es nocturna por naturaleza y por selección. Entonces, ¿por qué disminuye la frecuencia de los informes a eso de las doce de la noche? Simplemente, porque la gente está durmiendo: después de las 10.30, la cantidad de testigos potenciales disminuye considerablemente. Entonces, ¿cuántos informes habría si la gente no estuviera durmiendo y permaneciera afuera para observar estas supuestas naves espaciales? Más o menos unos treinta mil. Habría que multiplicar el número de casos por quince y la «hora punta» se situaría entonces entre la una y las tres de la mañana.

De hecho, esta última cifra no ofrece la cantidad real de observaciones potenciales, pues sabemos, gracias a numerosos estudios independientes, que sólo se informa de un caso entre diez. Esto daría entonces no treinta mil sino trescientos mil casos. Y eso no es todo: la mayoría de los aterrizajes tienen lugar en regiones aisladas, lejos de los lugares habitados. Si la población estuviera repartida uniformemente por el mundo en lugar de estar concentrada en zonas urbanas, ¿cuántos informes habría? En este caso, de nuevo tomando un coeficiente multiplicador razonable de diez, se llega a la conclusión sorprendente de que los ovnis, si son naves espaciales que actúan en el marco de un estudio general de nuestro planeta, ya han aterrizado en nuestro mundo un mínimo de ¡tres millones de veces en dos decenios!

Esa cantidad es perfectamente absurda. Con sólo una sonda del tamaño de un tonel de cerveza en órbita a 1.600 kilómetros de la Tierra, la tecnología humana en su estado actual sería capaz de captar en unas cuantas semanas los hechos principales concernientes a nuestra geografía, a nuestra meteorología, a nuestra vegetación y a nuestras culturas. Finalmente, dada la abundancia de emisiones de radio y de televisión en estos últimos cincuenta años, el despliegue mismo de semejante sonda espacial sería inútil.

Este es uno de los aspectos poco conocidos del problema ovni que convendría explicar con la teoría. La de las visitas hechas al azar no la explica. O bien los ovnis escogen a sus testigos de acuerdo con criterios psicológicos o sociológicos, o bien son una cosa completamente diferente a naves espaciales. En ambos casos, sus apariciones son deliberadas.

LA SUPERFÍSICA DE LOS OVNIS

Los avistamientos inexplicados que aparecen a continuación han sido extraídos de docenas de casos similares que figuran en mis informes.

Marzo de 1954, Santa María, Brasil. Un hombre vio a dos hombres bajar de una nave ovalada. Recuerda que hablaban en un lenguaje extraño. La nave desapareció instantáneamente sin hacer ruido alguno.

Junio de 1962, Verona, Italia. Después de haber visto un ovni, una mujer fue despertada por una sensación de frío intenso. Entonces vio a un ser calvo merodeando por los alrededores de su casa. Llamó a otros testigos y todos vieron cómo la aparición «empequeñecía» y desaparecía en el lugar, como una imagen de televisión cuando se apaga el aparato».

Octubre de 1963, Whidbey Island, estado de Washington. Una mujer de mediana edad vio una máquina extraña con tres siluetas en el interior. Se inclinó, se hundió en parte en el suelo, se agrandó y partió como un relámpago.

Noviembre de 1968, Francia. Un médico vio cómo dos objetos grandes con forma de disco se fusionaban y formaban uno solo. Este proyectó hacia él un haz de luz y después desapareció como en una explosión, dejando tras de sí una nube que se disipó lentamente.

Veamos qué tienen en común estos avistamientos. En cada caso, la supuesta nave espacial no desapareció partiendo hacia el espacio, ni siquiera a gran velocidad. Simplemente, se desvaneció dejando a veces tras de sí una nube blanquecina o haciendo un ruido como de explosión. En otros casos, los ovnis penetran en el suelo.

No hay necesidad alguna de precisar que este comportamiento es contrario a lo que los objetos físicos pueden hacer y que es imposible reproducir con nuestra tecnología actual. Es el comportamiento de una imagen o de una proyección holográfica. Por otra parte, los objetos han dejado huellas materiales. Si se trata verdaderamente de una máquina, esta queda fuera de la vista de los testigos, que lo único que ven es lo que ella proyecta. Cuando vamos al cine, miramos los objetos y a la gente sobre la pantalla; no miramos al proyector. Además, una sola máquina física (la cámara) puede provocar millones de experiencias similares para las gentes que observan la proyección de la película final.

Lo que la mayoría de los testigos ponen en relieve en primer lugar no es el objeto o la nave, sino una luz, intensa, multicolor, una luz rítmica, viva, fascinante, impresionante, hipnotizante, que va acompañada de sonidos extraños. En otras palabras, los ovnis quizá no son identificados, pero no vuelan, como los pájaros o los aviones, y no se comportan siempre como objetos materiales.

¿Qué sabemos, de acuerdo con la literatura científica, de los efectos sobre el cerebro humano y los nervios principales producidos por luces poderosas, punzantes y coloreadas, y por las radiaciones electromagnéticas tales como microondas y rayos gamma? Poca cosa. Hasta que este dominio sea explorado en profundidad, nuestra comprensión de la física de los ovnis quedará muy limitada.

LOS HUMANOIDES ABSURDOS

Los contactados nos dicen que se han encontrado con ciudadanos de otros planetas. En algunos casos, estos seres fueron descritos como robots o enanos vestidos con trajes de submarinista. Sin embargo, en la mayoría de los casos presentaban características humanoides: así, eran capaces de respirar nuestro aire y de caminar normalmente sobre nuestro planeta. En algunos avistamientos, estaban acompañados de seres humanos. A veces, los ocupantes eran completamente humanos y hablaban lenguas humanas. Eso mismo es lo que ocurre con los elfos, los ángeles, los silfos y otros genios.

Pero unos visitantes del espacio seguramente no tendrían aspecto humano. Seguramente, no podrían respirar nuestro aire (por temor, por ejemplo, a contraer algún virus, incluso ante la posibilidad de que no tuvieran problemas de adaptación con la composición química de nuestra atmósfera). Probablemente, tendrían problemas graves con la gravedad de la Tierra. No podrían encontrar un lugar en nuestra cultura. No seríamos capaces de leer sus emociones en sus rostros.

Uno puede rechazar estas objeciones e invocar el hecho de que los visitantes son suficientemente avanzados en manipulación genética como para haber «cultivado» o fabricado clones de pilotos humanoides para sus naves espaciales. También podría ser que hubieran secuestrado a personas humanas para criar niños del espacio destinados a convertirse en miembros de las tripulaciones de los platillos. Sin embargo, ni estas suposiciones, por lo menos exóticas, podrían explicar los hechos.

Dentro de veinticinco años, nuestra propia ciencia biológica será capaz de modificar de manera segura las características genéticas de los seres humanos. En el siglo XXI, crearemos seres humanos mejorados, adaptados a condiciones especiales como por ejemplo la vida en el espacio. ¿Acaso no deberíamos pensar que los ocupantes de los ovnis son capaces de hacer lo mismo en lugar de adoptar la forma humana que está lejos de representar una cumbre biológica? Consideremos el siguiente caso.

Temple, Oklahoma, 23 de marzo de 1966. Un instructor de electrónica aeronáutica de la Base Aérea de Sheppard se dirigía a su trabajo a las cinco de la mañana por la carretera 65, cuando de repente vio una extraña luz. Lo interrogué por teléfono.

«A unos dos kilómetros de la intersección con la autopista 70, vi una luz muy brillante que se encontraba a un kilómetro y medio aproximadamente a mi derecha. Primeramente, pensé que se trataba de un camión que tenía problemas. Entonces tomé dirección oeste por la autopista 70. Cuatrocientos metros después, cambié de opinión y pensé que era una casa prefabricada que bajaba por la autopista temprano por la mañana.»

«¿Tenía usted la impresión de que se acercaba a la luz?»

«Sí. Aparqué el coche a medio kilómetro del objeto dejando las luces encendidas y el motor en marcha. Di unos quince pasos y entonces recordé que tenía una Kodak en el asiento de delante. Fue en esos momentos cuando vi al hombre vestido con un peto militar. Pensé que era un sargento... llevaba una insignia sobre el brazo derecho y una especie de gorra con la visera levantada. Pesaba unos ochenta kilos y medía un metro setenta aproximadamente...»

«¿Parecía totalmente normal?»

«¡Oh sí! Parecía ser sólo un simple mecánico del ejército vestido de civil... o un jefe de tripulación o algo por el estilo. Llevaba una linterna en la mano y estaba casi arrodillado, con su mano izquierda tocando la parte de abajo del fuselaje.»

El objeto se parecía a un avión de pasajeros de aluminio sin alas ni cola, y sin costuras a lo largo del fuselaje. Se elevó a más o menos un metro y medio y se partió hacia el sureste a una velocidad vertiginosa. Tenía el tamaño de un avión de carga. No presentaba ningún dispositivo de propulsión visible. El testigo fue acribillado a preguntas por los oficiales de la Base Aérea. Un camionero pudo observar también aquella misteriosa luz. En todo caso, el hombre con gorra de pelotero no era un explorador interplanetario. Esta no fue más que una de las numerosas observaciones en las que los pilotos son descritos como seres humanos ordinarios y no como extraterrestres.

UN MAPA ESTELAR HACIA NINGUNA PARTE

Durante los últimos años, numerosos investigadores del fenómeno ovni se entusiasmaron por un testigo de una sinceridad evidente, la señora Betty Hill, que describió lo que se pensó que era un mapa estelar utilizado por nuestros misteriosos visitantes. Estos investigadores están convencidos de que el mapa que ella vio en el interior del «platillo volador» guió a los pilotos hasta nuestro sistema solar. Esto prueba, dicen ellos, que sí somos visitados por una raza de exploradores del espacio.

En mi opinión, eso no prueba nada semejante. El dibujo de Betty es un mapa hacia ninguna parte. Si una forma de inteligencia está implícita aquí, el mapa de Betty puede ser perfectamente una tentativa deliberada para desviarnos o un símbolo elaborado indicador de un nivel de verdad superior.

He relatado cómo un psiquiatra llevó a Betty y Barney Hill al momento del incidente por mediación de la hipnosis regresiva. Ambos describieron una escena que no podían recordar conscientemente: el coche se detuvo, y unos hombres enanos con uniformes negros los tomaron y condujeron al interior del platillo volador para someterlos a un examen médico.

Barney Hill ya falleció. Tuvo una hemorragia cerebral a los cuarenta y seis años. Betty se convirtió en una celebridad en el mundo de la ufología y un punto de reunión para los creyentes en las visitas extraterrestres. Ha hecho más que ningún otro testigo para difundir la creencia en los visitantes del espacio entre el público americano. Varios ufólogos afirman que la base de origen de estos visitantes ha sido identificada. Vienen de un planeta que gira alrededor de una estrella, Zeta Reticuli, en la constelación septentrional del Retículo.

Ciertamente, no es la primera vez que se revela el supuesto origen de los «platillos voladores», o bien porque los ufonautas lo hicieron ellos mismos, o bien porque se dedujo de las palabras de los testigos. En ambos casos, el testigo parece totalmente sincero y cree en estas «revelaciones». Pero en ambos casos también estas revelaciones se contradicen entre sí.

La historia de tales identificaciones se remonta a la época de la aeronave de 1897, cuyos ocupantes habían invitado a unos testigos a acompañarlos a «un lugar donde no llueve». Como ya he mencionado, cuando se les preguntó a los pilotos de dónde venían, estos respondieron: «¡Somos de cualquier lugar, pero mañana estaremos en Grecia!». Otro ocupante habló de Cuba.

El 23 de julio de 1947, cerca de Pitanga, en Brasil, un grupo de hombres vio cómo una nave con forma de disco aterrizó cerca de ellos. Uno de ellos, José G. Higgins, vio salir del platillo a tres seres vestidos con ropas brillantes y trajes transparentes. Medían dos metros de alto, tenían unas grandes cabezas calvas y unos ojos redondos inmensos sin cejas ni pestañas, y llevaban en la espalda una caja de metal. Le hicieron al testigo un dibujo del sistema solar y señalaron Urano como para indicando que venían de ahí.

En 1952, un hombre llamado Truman Bethurum dijo haber contactado con unos seres del espacio que decían venir de Clarión, un planeta que el Sol nos oculta.

En una entrevista por radio y durante varias conversaciones conmigo, un contactado llamado «Jim» identificó a Orión como la base de origen de los platillos:

> Las entidades de luz que aparecían como una forma de energía dijeron que venían de la constelación que nosotros llamamos Orión, y que estaban aquí para preparar una interconexión con el siguiente nivel de la inteligencia universal.

El 2 de noviembre de 1966, un vendedor llamado Darenberger vio un objeto oscuro delante de él cuando regresaba en coche a su casa en Parkersburg, en el oeste de Virginia. Un hombre de complexión oscura salió de la extraña nave voladora y se le acercó. El hombre vestía una camisa azul y unos pantalones del mismo color, y dijo que venía de otro mundo llamado Lanulos.

El 4 de septiembre de 1967, en América latina, un oficial de policía llamado Andrade vio a un enano vestido con un mono plateado cerca de un disco que planeaba. Dirigió su arma hacia la criatura, pero una voz que salía del objeto le ordenó no emplearla. El enano trató entonces de convencer a Andrade para que viniera a su mundo, que estaba «muy lejos», era mucho más grande que la Tierra y tenía muchas ventajas para los terrícolas.

No nos olvidemos del caso *Ummo*, que describí en un libro anterior. Unos españoles y unos franceses recibieron una serie compleja de mensajes provenientes supuestamente de una «federación cósmica de planetas». Estos mensajes de Ummo dan todos los detalles del origen de la civilización de nuestros visitantes:

> Deseamos informar al planeta Tierra de nuestro origen y del objetivo de nuestra visita. Venimos de Ummo, un planeta que gira alrededor de la estrella Iumma, registrada en la Tierra con el nombre de Wolf 424.

Los seres misteriosos incluso proporcionaron un mapa de Ummo ¡y detalles de su composición atmosférica!

No hace mucho, el coronel Wendell Stevens dio a conocer unos informes subyugantes de contactos con ovnis provenientes de las Pléyades y de varios otros lugares (las Pléyades son unas estrellas azules jóvenes, las cuales es poco probable que tengan planetas con alguna forma de vida).

Finalmente, Uri Geller declaró que sus poderes le venían de una forma de conciencia que emana de «Hoova», y el contactado español Jacques Bordas cree que el ser extraño que vio venía de Titán. ¡Por lo tanto, tenemos una multitud de revelaciones en cuanto al origen de los platillos voladores!

Una institutriz de Ohio, Marjorie Fish, añadió un nuevo capítulo al asunto construyendo una maqueta de las estrellas conocidas semejantes al Sol, la cual comparó con el mapa que Betty Hill había visto en el interior del platillo volador. Para numerosos creyentes en los ovnis, esta maqueta indica que el platillo que abdujo a los Hill venía de Zeta Reticuli.

Marjorie Fish visitó a Betty en 1969 para saber más del mapa. Betty le informó que había dibujado el mapa bajo hipnosis en 1964. Se acordaba de una pancarta plana y fina que daba la impresión de profundidad. Como que no se movió mientras la observaba, no podía decir si en realidad era tridimensional o plana como una pantalla de televisión. Tenía aproximadamente unos cincuenta centímetros por sesenta, y mostraba numerosas estrellas.

La señora Fish examinó ese modelo recopilando todas las estrellas conocidas a menos de cincuenta y cinco años-luz del Sol y donde la vida sería posible según la teoría cosmológica actual. Esas estrellas no debían ser ni demasiado calientes ni demasiado frías, no debían cambiar de brillo ni efectuar un movimiento de rotación lento, condiciones todas favorables para que las estrellas estén rodeadas de planetas. Contó unas cuarenta y seis.

Marjorie Fish construyó modelos de las posiciones de esas estrellas mediante perlas suspendidas con un hilo y buscó «alineamientos sospechosos». Finalmente, encontró una configuración de dieciséis estrellas que eran muy similares al mapa de Betty Hill si se las miraba desde una cierta perspectiva.

Un profesor de astronomía de Ohio, Walter Mitchell, reprodujo el modelo mediante un ordenador y declaró estar «impresionado». Durante numerosas conferencias en todo el país, los investigadores de ufología han proyectado diapositivas de la maqueta y del mapa original, mostrando el parecido a la concurrencia y deduciendo de ahí que los ovnis son verdaderas naves espaciales provenientes de Zeta Reticuli. Toda la gente con la que he hablado después de esas conferencias volvían a sus casas con la impresión de que el misterio de los ovnis finalmente se había resuelto. Sin embargo, mi opinión es que se equivocan.

Incluso en el caso de que el testigo sea sincero, y el análisis exacto, quedan aún dos problemas muy importantes. Es una lástima que nadie los haya planteado y que los «investigadores» hayan sido tan impacientes a la hora de sacar una conclusión apresurada a partir de tan sólo la prueba presentada. Las dos cuestiones son las siguientes: 1) ¿desde cuántos lugares del espacio se puede mirar la maqueta de cuarenta y seis estrellas y constatar que concuerda con el mapa original?, y 2) cuando se encuentra una buena concordancia, incluso la «mejor concordancia, ¿eso nos dice forzosamente algo respecto del origen de los ovnis?

La pregunta planteada al ordenador no fue la buena. Dadas las estrellas de la maqueta y el ángulo escogido por Marjorie Fish, el ordenador estaba obligado a mostrar el mismo esquema que el que ella había encontrado con sus perlas y sus hilos. Hubiera sido más interesante plantearle al ordenador que se situara en cada una de las millones de perspectivas posibles y que calculara cuántas de ellas concordarían con el mapa original. Pero eso necesitaría definir lo que es una «buena concordancia» y mucha paciencia, sin olvidar un buen tiempo para el cálculo del ordenador. Se obtendría probablemente una larga lista de puntos del espacio desde donde dieciséis de las cuarenta y seis estrellas forman un modelo que se parece al mapa de Betty Hill. Cuando se hubieran trillado esos resultados, Zeta Reticuli quizá hubiera dejado de tener importancia. Sin embargo, este experimento no fue planteado.

¿Y si se encontrara una concordancia perfecta? ¿Y si Zeta Reticuli fuera identificada como el centro de la maqueta? Tampoco sería una prueba del origen espacial de nuestros visitantes. Un hecho crucial parece haber escapado a la atención de los que examinaron el dibujo de Betty Hill: ¡su mapa no es a escala! El tamaño de las estrellas, si la interpretación de la señora Fish es exacta, no corresponde a su brillo. La distancia entre las dos estrellas de Zeta Reticuli, en particular, está exagerada hasta el punto de que el mapa no podría ser empleado para la navegación. ¿Qué haría un piloto de un platillo con una carta de navegación semejante? ¿Por qué dibujarla desde un punto de vista que no corresponde a ningún objeto celeste conocido?

Y, en definitiva, ¿por qué emplear una carta? La tecnología espacial actual hace que seamos capaces de enviar naves al espacio sin necesidad de cartas de navegación, gracias a las nuevas técnicas informáticas y de telemetría. El objeto visto por Betty a bordo de la nave era tan absurdo como lo hubiera sido una hélice o un timón. ¿Por qué no un freno de aire comprimido Westinghouse como el que un testigo había creído ver en la aeronave de 1897? ¿O un silbato? ¿O una campana? ¿O una parrilla sin llamas? ¿O un reloj con manecillas inmóviles?

¡Si la carta era real, debió haber sido puesta ahí para que Betty la viera, y no para pilotar la nave! Mostrar a gente sin desconfianza unas escenas montadas de pies a cabeza para hacerles creer algo preciso es un truco viejo como el mundo.

Se puede especular respecto a la finalidad del montaje de esa escena dirigida a Betty Hill. Quizá tenía como objetivo reforzar su creencia de que estaba contactando con visitantes del espacio. Quizá tenía como objetivo distraer su atención de otra cosa. Quizá estaba allí para que ella convenciera a otras personas de la posibilidad de una invasión proveniente del espacio.

224

LAS TRAMPAS EN LOS DATOS DE LAS ABDUCCIONES

Ahora disponemos de cientos de ficheros documentados de supuestas abducciones, es decir, de casos en los que el testigo de un encuentro cercano recordó, bajo hipnosis, haber sido conducido contra su voluntad al interior de un ovni. En general, el testigo describe una situación de la que ya hemos hablado: un examen médico. Es frecuente que el examen sea de naturaleza ginecológica; en un caso extremo, consistió en la oblación de un feto de una mujer Estos incidentes descritos por Budd Hopkins, quien a partir de ahí concluyó que una raza de extraterrestres trataba de enriquecerse o de preservar su porvenir por mediación de la biogenética.

Algunos especialistas creen felizmente que las cicatrices que aparecen en el cuerpo de los testigos y el hecho de que su memoria consciente de los acontecimientos presente lagunas temporales que sólo son restituidas bajo hipnosis constituyen pruebas claras de tales encuentros. El más flagrante de esos casos de abducción sigue siendo el de Betty y Barney Hill, que ya hemos citado.

Los datos sobre las abducciones tienen el mayor interés. Las informaciones son presentadas en la literatura ovni (por ejemplo, en *Interrupted Journey*, de John Fuller, o en *Intrusos*, de *Budd Hopkins) como el argumento definitivo a favor de la tesis extraterrestre. Se nos dice que las abducciones nos brindan los motivos que faltaban para la llegada de los ovnis: tienen necesidad de especímenes humanos para estudiar nuestra raza, no sólo para conocerla, sino también para cruzarse con nosotros con el fin de proveerse de materia genética nueva para su propia supervivencia.

El paralelismo entre esas pretensiones modernas y las leyendas medievales nunca ha sido tan estrecho: ¡exactamente la misma teoría fue presentada el siglo pasado para explicar las relaciones sexuales con los elfos! He mostrado que los cuentos de hadas están repletos de casos de raptos de bebés humanos, de intercambios y de abducciones de hombres y de mujeres para la procreación con la Gentry. Incluso las cicatrices nos recuerdan algo. Budd Hopkins y muchos otros ufólogos examinan cuidadosamente los testigos de ovni con cicatrices o marcas que pudieran indicar que han sido objeto de una abducción (de la que no se acordarían conscientemente). En el Medioevo, los sacerdotes y los inquisidores examinaban del mismo modo los cuerpos de la gente sospechosa de haber asistido al sabbat de las brujas. Una cicatriz o una marca era la prueba de semejante contacto sobrenatural. Las autoridades podían ir muy lejos para encontrarlas y generalmente lo lograban: ¿qué persona normal no tiene una pequeña cicatriz cuyo origen ha olvidado y que no puede explicar? Muchas de esas supuestas brujas eran torturadas y quemadas en la hoguera.

¿Qué significa todo esto? Olvidemos que la hipnosis en la mayoría de los casos es conducida de forma mediocre, bajo la dirección de practicantes no formados e incluso de aficionados vulgares. Ignoremos las cuestiones fundamentales, las respuestas preconcebidas, la extrema «influenciabilidad» de los testigos sometidos a semejantes prácticas no científicas. Los escépticos y los detractores pueden regocijarse con semejantes lagunas evidentes, y por una vez, estoy de acuerdo con ellos. Pero olvidemos todos estos problemas y tomemos estos hechos como si fueran legítimos. ¿Obtenemos algo que sugiera un contacto con visitantes avanzados? Mi respuesta es un no categórico. Ya he planteado la cuestión: ¿qué tipo de piloto necesita aún una carta estelar para navegar. Ahora pregunto: ¿qué tipo de médicos son para traumatizar a cientos de pacientes con la única finalidad de tomar muestras de sangre y algunos embriones? Cualquier médico de hoy en día puede extraer un centímetro cúbico de sangre sin dejar cicatriz ni marca alguna. ¡Al analizarla, podemos saber incluso si el paciente tenía un gato siamés a la edad de seis años! La biología molecular, ciencia que hoy en día está dando sus primeros pasos, ya es capaz de brindar una serie de informaciones considerables a partir de una minúscula muestra de células humanas, y la fecundación in vitro ha alcanzado un nivel tal que las supuestas experiencias genéticas practicadas a bordo de los ovnis parecen absurdas y grotescas. Los ufonautas deberían regresar a la escuela de medicina.

Con los dispositivos paralizantes de que disponen sería un juego de niños para ellos abordar el banco de sangre de cualquier hospital. Ahí también podrían encontrar cantidad de embriones congelados en diversos estadios del desarrollo. ¿Y qué tipo de psicólogos son si cualquier hipnotizador aficionado puede sacarle a los testigos los detalles de una abducción que se supone que tiene que haber evacuado completamente de su memoria? Nosotros disponemos de drogas psiquiátricas que permiten producir una pérdida selectiva y permanente de la memoria. ¿Acaso unos extraterrestres inteligentes no podrían hacer algo igual?

En mi opinión, el encuentro del que se acuerdan los testigos, de haber tenido lugar, debería ser considerado en primer lugar en el plano simbólico. No nos dice nada sobre el origen extraterrestre de los seres. La idea de que deben hacer tales experimentos para «enriquecer su raza» no es más que un aspecto suplementario del carácter absurdo de todo el fenómeno.

Desembarcando en nuestro universo armados hasta los dientes, los ovnis ofrecen un soporte físico a nuestros propios sueños. Nosotros hacemos el resto. Nuestros cerebros erigen una escalera de símbolos hacia el cielo ensombrecido en el que planean las máquinas extrañas, y los encontramos a mitad de camino de su extrañeza, quizá porque percibimos de manera borrosa que su aventura irresistible y patética está ligada estrechamente a la nuestra. Pero la teoría extraterrestre no es la buena, porque no es lo suficientemente extraña como para explicar los hechos.

X
El sistema de control

CONTACTO O CONTROL

Después de cuarenta años de confusión, ahora disponemos de un conjunto de datos que atestan el impacto del fenómeno ovni sobre nuestra sociedad. Basta con mirar a nuestro alrededor y examinar el cambio que está teniendo lugar en las mitologías humanas. Basta con observar hasta qué punto el tema del contacto con una vida extraterrestre se ha puesto de moda. Se le encuentra hoy tanto en los argumentos de los científicos como en las declaraciones de las cartománticas. En un extremo de la cadena, nuestros radioastrónomos sugieren que escuchemos las estrellas para detectar, en el ruido galáctico, el posible murmullo de sociedades recién nacidas o las sabias advertencias de culturas desaparecidas desde hace tiempo. El astrónomo Carl Sagan, durante mucho tiempo detractor de los ovnis, ha publicado recientemente una novela llamada *Contacto*. En el otro extremo de la cadena, un periódico cita a Jeanne Dixon profetizando un cambio inminente en nuestra comprensión de los ovnis, «que será de gran beneficio para la humanidad», según sus palabras.

En una una entrevista realizada a la señora Dixon en mayo de 1974, esta afirma que los ovnis son pilotados por mujeres y provienen de un planeta aún no descubierto situado más allá de Júpiter: «Los ocupantes de los ovnis están interesados en nosotros pero hasta el presente han evitado entrar en contacto porque no estamos preparados mentalmente». En calidad de sociedad, tenemos una gran sed de contacto con espíritus superiores que guiarían nuestro pobre planeta fatigado y agitado. Pienso que nos encontramos cerca de caer en una trampa, trampa que quizá será agradable y benéfica. Creo que cuando hablamos de avistamientos de ovnis como visitas del espacio, consideramos el fenómeno desde un plano equivocado. No se trata de oleadas sucesivas de visitas del espacio. Se trata de un sistema de control.

Los termostatos que regulan la temperatura de la casa en verano y en invierno son un ejemplo simple de sistema de control. En verano, un termostato deja que se caliente el aire hasta un cierto límite y luego pone en marcha el sistema de enfriamiento. Pero en invierno, cuando comienza a hacer frío afuera y la temperatura desciende por debajo de un cierto límite, otro mecanismo, el calentador, se pone en marcha y calienta la casa. Un observador ingenuo podría tratar de explicar la cosa diciendo que el calor es «bueno» y el frío «malo». Tendría también razón la mitad del tiempo. Otro observador ingenuo de la escuela opuesta podría afirmar que lo caliente es «nefasto». Y tendría razón la mitad del tiempo. Para comprender la totalidad del fenómeno, hay que captar ya el concepto de control y estar preparado para aceptar que necesita dos principios opuestos para funcionar.

Para mí, existe un sistema de control espiritual de la conciencia humana, del cual los fenómenos paranormales, tales como los ovnis, son una de las manifestaciones. No puedo decir si ese control es natural y espontáneo; si es explicable en términos de genética, de sociopsicología o de fenómenos ordinarios, o si es artificial y se encuentra en las manos de alguna voluntad suprahumana. Puede ser que esté completamente regido por leyes de las que aún no hemos descubierto los elementos de base.

He llegado a esta idea porque, en cada caso del fenómeno ovni que he estudiado en profundidad, he encontrado tantos elementos racionales como absurdos, tantos amistosos como hostiles. Por eso digo que trabajamos desde una perspectiva. Y es lo que hacen todos los creyentes y todos los escépticos que creen también poder explicar con tanta fuerza los hechos, ¡como los más entusiastas adeptos de las visiones de las amazonas jupiterinas de la señora Dixon!

Hay posibilidades de acceder al corazón de todo sistema de control. Incluso un niño, si es suficientemente listo o atrevido, puede subirse a una silla, cambiar el dial de un termostato y provocar una respuesta. (La respuesta en cuestión puede ser el sonido de una nalgada por parte de su padre, por supuesto. El camino que conduce al conocimiento superior a veces presenta semejantes accidentes.) Debe ser posible tener acceso al control del fenómeno ovni, olvidar los espíritus, la superchería y las historias de contacto extraterrestre para dedicarse a la verdadera ciencia. Pero hará falta un enfoque muy audaz y muy atrevido.

UN PROGRAMA DE REFUERZO

El psicólogo B.F. Skinner ha mostrado bajo qué condiciones un organismo sujeto a un fenómeno externo aprende un comportamiento nuevo. Sabemos también bajo qué condiciones este aprendizaje es irreversible. Estas condiciones son precisamente similares a las que se dan en el esquema que el fenómeno ovni ha estado siguiendo desde hace años: una actividad intensa seguida de períodos de calma, hasta dar la sensación de que el fenómeno ha desaparecido por completo. ¿Está tratando de enseñarnos algo? Con cada nueva oleada de avistamientos, el impacto social se hace mayor. Cada vez más personas se sienten fascinadas por el espacio, por las nuevas fronteras en la conciencia. Más libros y artículos aparecen y cambian nuestra cultura en la dirección de una nueva imagen del hombre.

Skinner ha estado trabajando durante medio siglo en el estudio del comportamiento y en el proceso que permite modificarlo. Sus experimentos, lejos de ser recibidos con unanimidad, se centran en observaciones de ratas, gorriones y otros animales colocados en situaciones de refuerzo. Doy las gracias al señor Fred Beckman, de la Universidad de Chicago, y al profesor Douglas Price Williams, de UCLA, por haberme sugerido que esas búsquedas podían ser interesantes en el marco de las reacciones humanas a los ovnis.)

La utilización tecnológica de programas de refuerzo se extiende rápidamente... Técnicas basadas sobre programas se han adaptado a un gran número de especies. Reacciones similares sorprendentes, sobre todo en programas complejos, se han demostrado en organismos tan diversos como la paloma, el ratón, la rata, el perro, el gato y el mono. A nivel humano, el análisis de los programas se ha revelado útil para el estudio del comportamiento psicótico y para la preparación de técnicas de enseñanza en sujetos humanos normales... Otras aplicaciones a los problemas del control del comportamiento humano son muy prometedoras, sobre todo en derecho, ciencia penal, religión, industria y comercio.

Este pasaje apareció en un volumen altamente técnico llamado *Patrones de refuerzo*, escrito por Charles Ferster y B.F. Skinner, que presenta trabajos financiados por la Oficina de Investigaciones Navales.

Aunque sus experiencias sean de una gran complejidad, podemos resumir los resultados de Ferster y Skinner en varias líneas. Se pueden obtener modificaciones profundas del comportamiento de los animales (y del hombre) mediante el refuerzo selectivo de algunas acciones, por ejemplo, dándole comida a un gorrión sólo cuando este mueve una palanca. De todas maneras, algunos refuerzos son más eficaces que otros. Si el entrenamiento es demasiado igual y monótono, el sujeto se para en su desarrollo o incluso vuelve a un estadio inferior. El mejor programa de refuerzo combina la periodicidad y la imprevisibilidad. En estas condiciones, el aprendizaje es lento pero continuo. Conduce al nivel más alto de adaptación. Es irreversible. Es interesante constatar que el esquema de las oleadas de ovnis tiene la misma estructura que un programa de refuerzo.

Encuentro entre mis ficheros un artículo de un periódico americano que propone un comentario sobre la no realidad de los ovnis: «No nos atacan. No afectan a nuestra vida cotidiana. No nos ayudan en nuestros problemas diversos. No nos han aportado nada de valor. Es verdad que han asustado a alguna gente por aquí y por allá, pero las tormentas y los tornados hacen lo mismo. Como hecho social, el fenómeno no tiene ninguna consecuencia». El periodista que escribió este artículo tenía razón superficialmente, por supuesto. Pero se olvidó de algo: la vida humana no está regida por la yuxtaposición de ejercicios tendientes a resolver problemas. Está regida por la imaginación y el mito: estos obedecen a leyes estrictas y también están regidos por sistemas de control. Si los ovnis actuaran en el nivel mítico y espiritual, sería imposible detectar su actividad mediante métodos convencionales.

Si la actividad ovni opera de manera semejante al refuerzo de Skinner, según el método menos amenazado a extinguirse, entonces el aprendizaje tomará tiempo, pero no se olvidará jamás. Y puede que jamás encontremos a nuestros profesores.

¿Cómo se puede verificar que un condicionamiento semejante está teniendo lugar actualmente? Habría que establecer en firme los efectos primarios. Ciertamente, habría que continuar analizando las huellas de aterrizajes, interrogando a los testigos y a los «abducidos», introduciendo informáticamente los detalles de las observaciones y escrutando los cielos con cámaras y telescopios. Pero esta actividad seguirá siendo completamente inútil si no se vincula a una investigación sobre el impacto secundario, es decir, el cambio que el fenómeno produce sobre nuestra manera de ver el mundo. Un fenómeno que se niega a sí mismo, que destruye toda prueba de su existencia, no puede ser dominado por la fuerza tecnológica bruta. Si la lógica del fenómeno ovni es una metalógica, entonces es inútil reunirse religiosamente alrededor de una cucharita doblada por un médium a esperar en la oscuridad a que lleguen los mensajes cósmicos. ¡Se utilizarán otros utensilios de cocina y habrá mensajes cósmicos, por supuesto! Pero toda espera de una sabiduría superior seguirá siendo vana ya que los mensajes seguirán siendo incoherentes y falseados a voluntad. Si el fenómeno quiere obligarnos a desviar nuestra enseñanza, no tiene otra alternativa que confundirnos. Cuando Skinner concibe una máquina que sólo alimenta a la rata cuando esta mueve la palanca correcta, confunde a la rata. Pero si la rata no mueve la palanca correcta, termina por tener mucha hambre. El hombre tiene hambre de saber y de poder; si hay una inteligencia detrás de los ovnis, debe haberlo tenido en cuenta. Tenemos tendencia a olvidar que nosotros tampoco tenemos otra alternativa: a fin de cuentas, debemos estudiar los ovnis, y este estudio contribuirá a su vez, de manera inevitable, al refuerzo. Una civilización como la nuestra, orientada hacia lo que considera como el progreso técnico, no puede permitirse ignorar durante mucho tiempo la aparición en el cielo de objetos que desafían las leyes de la física y el funcionamiento de sus cohetes. De aquí a algunos años, los países industrializados pondrán, abierta o secretamente, a sus mejores físicos, a sus mejores especialistas de la información y a sus mejores especialistas en informática a trabajar en el tema. Como ya he dicho al principio de este libro, el proyecto de defensa de la «Guerra de las Galaxias» pone como prioridad el estudio de los ovnis. Pero quizá nuestros científicos utilizarán en vano sus conocimientos, ya que el fenómeno no entra en ninguna de las categorías conocidas. No se puede analizar a los ovnis a través de técnicas de investigación habituales. Si son medios que tienen por objetivo reorganizar los conceptos humanos. Lo único que podemos hacer es tomar nota de sus efectos en los humanos y esperar que un día u otro eventualmente tropecemos con un principio que explique su comportamiento.

¿Qué variable puede dirigir ese sistema de control? Los termostatos controlan la temperatura; los giroscopios controlan la dirección en la que vuelan los cohetes. ¿Qué puede controlar un fenómeno paranormal? Yo sugiero que lo que controla y condiciona es la creencia humana.

MITO Y CIVILIZACIÓN

Mi hipótesis es que existe un nivel de control de la sociedad que funciona como un regulador de la evolución del hombre, y que el fenómeno ovni debe considerarse en ese plano. ¿Qué explicaría esto? Esto explicaría ciertamente por qué no se produce un contacto público: un contacto directo presupone un aprendizaje real. Explicaría también alguna de las declaraciones de los ufonautas («hay que creer en nosotros, pero no demasiado»; «usted no hablará juiciosamente sobre esta noche»). Explicaría lo absurdo de numerosos casos en los que las reacciones al fenómeno han sido evocadas en términos de conciencia no verbal más bien que en términos lógicos. Explicaría por qué tantos testigos son incapaces de encontrar las palabras para describir lo que han visto. Y explicaría los aspectos sexuales y genéticos que refuerzan la señal confiriéndole las emociones más poderosas de las que son capaces hombres y mujeres y la violación de los tabúes humanos. Dos escritores de ciencia ficción soviéticos, Boris y Arkady Strugatsky, llegaron a la misma idea en su maravillosa novela *Definitivamente quizá*: frente a una serie de coincidencias misteriosas y de comunicaciones aberrantes, un grupo de científicos llega a la teoría siguiente:

Sin darnos cuenta, hemos tocado los puntos sensibles de una cierta supracivilización que ha decidido regular nuestro desarrollo como mejor le parece.

Pero otro científico, personaje de la misma novela, tiene una teoría diferente:

> Vecherovsky ha introducido el concepto de universo homeostático: «el universo conserva su estructura», que era su axioma fundamental.

Cuando hablo de sistema de control del espíritu, no quiero decir que una supracivilización superior nos haya encerrado en las restricciones de una cárcel limitada por el espacio, vigilada de cerca por entidades que podríamos llamar ángeles o demonios. Lo que quiero decir es que la mitología rige un cierto nivel de nuestra realidad social sobre el cual las tendencias políticas e intelectuales normales no tienen poder real. En ese nivel, las estructuras del tiempo son largas y la evolución es lenta. Los medios de comunicación, cuyo papel consiste en transmitir imágenes de ruido transitorio en algunas fracciones de segundo (mientras más ruido mejor), dejan de percibir por completo esta señal. Una sociedad incapaz de fijar su atención durante más de algunos minutos (el intervalo entre dos anuncios publicitarios) no puede concebir acontecimientos que comenzaron antes del nacimiento de mi abuelo y que acabarán después de la muerte de mi nieto. Pero tales cambios a largo plazo sí existen. Dominan el destino de las civilizaciones. Los mitos definen a los sujetos respecto a los que los eruditos, políticos y científicos deben reflexionar. Son operados por símbolos y el lenguaje de estos símbolos constituye un sistema completo. Este sistema es metalógico pero no metafísico. No viola ninguna ley porque es la sustancia de la que las leyes están hechas.

La teoría no explica cómo los ovnis hacen para aparecérsenos, aunque fomenta al menos una idea: son al mismo tiempo naves físicas (un hecho que me parece innegable desde hace tiempo) y mecanismos psíquicos cuyas propiedades precisas están aún por definir. Los ovnis suscitan una profunda reacción emocional en el espectador, pero todo desarrollo lógico de una investigación es obstruido o excluido por las violaciones aparentes del principio de causalidad que lo rodean y por el clima sociológico creado. Los científicos están dispuestos a interrogar a los testigos que hayan visto aterrizar una nave, pero estos testigos pueden no querer hablarles forzosamente. O, si un testigo ofrece como «pruebas» algunas galletas que los extraterrestres le han dado, o mensajes insensatos, o una historia de relaciones sexuales con un ser del espacio, el estudio racional de su testimonio deja de ser posible. Los aspectos absurdos de numerosas historias semejantes hacen improbable un estudio serio, lo cual refuerza el papel que juegan estos rumores en un folclore secreto, rico en imágenes nuevas.

LAS FORMAS FUTURAS DE LA RELIGIÓN

En veinticinco años de indagaciones en el dominio de lo paranormal, uno ha oído muchas historias. En el pasado, solamente he publicado las que he podido verificar o las que he creído que eran fiables. Más allá de estos casos, una cierta cantidad de rumores coherentes desempeñan, sin embargo, un papel en el desarrollo del mito total. Son historias de contactos entre seres humanos y visitantes no humanos que viven entre nosotros. Algunas de estas descripciones son extremadamente detalladas y sus autores a veces son científicos. Se dice que algunos de los humanos implicados incluso han desaparecido. Existe todo un espectro de experiencias que van desde abducciones o contactos a encuentros cercanos, pasando por descripciones de humanoides y de informes según los cuales los visitantes se encuentran entre nosotros. He pasado horas con Betty y Barney Hill y he podido hablar de su secuestro con el doctor Simon. He hablado durante largo tiempo con otros abducidos como Travis Walton y Herb Schirmer. Igualmente, he estudiado las historias de la gente que dicen tener poderes paranormales y que los han obtenido a partir de los contactos con los ovnis.

Lo que me interesa no es la posible autenticidad de tales contactos, sino el hecho de que en cada país existe, desde ahora, una subcultura basada en la idea de que la humanidad tiene prometido un destino superior. En muchos pueblecitos perdidos de California, viven personas que literalmente se han retirado de la vida ciudadana (donde ocupaban puestos de responsabilidad) después de haber recibido mensajes del espacio diciéndoles que actuaran de esa manera. Muchas de estas personas tienen una cierta edad, y familias y empleos estables. Serían considerados como gente perfectamente ordinaria si su vida no hubiera sido cambiada por lo que ellos consideran comunicaciones extraterrestres verídicas. Esperan. Y, cosa curiosa en nuestro mundo actual, parecen perfectamente felices. Se los podría considerar como víctimas de la concentración urbana que han buscado la comodidad psicológica en el anonimato de los pueblecitos. Pero también uno puede preguntarse si no son los precursores de un nuevo movimiento espiritual. ¿Estaremos deslizándonos, como nos advirtió Aimé Michel, hacia una nueva era de lo irracional?

Conozco a un hombre que abandonó Los Ángeles con su familia después de haber recibido un mensaje según él proveniente de otro planeta. Ese mensaje le ordenaba retirarse a un lugar aislado, «alejado de las intensas perturbaciones que estaban por venir». Ahora vive con su mujer en un pueblecito de montaña, no tiene televisión, lee con avidez y espera próximas instrucciones. Hace muy poco hablé con él y puedo asegurarles que es uno de los hombres más felices que hay en el mundo. No se trata de un caso de necesidad de evasión, sino de una forma futura de religión, un nuevo movimiento espiritual que responde a las presiones y a los mitos de nuestro tiempo.

¿Por qué abundar en todo esto? Porque los platillos voladores, objetos reales o no, introducen un elemento nuevo en nuestro porvenir turbulento. Sería demasiado optimista predecir que vayan a reducir los peligros. Pero, sin embargo, es interesante cuestionarse sobre lo que le ocurriría a nuestra civilización si la próxima etapa del desarrollo del fenómeno fuera un cambio masivo de las actitudes humanas.

EL MITO DE LA SALVACIÓN

Gran fiesta en San Francisco: un millar de jóvenes, atraídos por los florones de los mediums y de la contracultura en California del Norte, se reunieron en un gran anfiteatro. Había pequeñas tiendas en las que se vendían productos naturales, cristales, consejos cósmicos y cursos de yoga tántrico y de meditación. Una muchedumbre colorida circulaba por los pasillos y llenaba las salas de conferencias. La Comuna de la Familia Mundial Única, de Berkeley, había abierto un restaurante. Estaba dirigido por Allan, el Mesías, que vestía un uniforme rojo impecable y hacía propaganda de su «Evangelio Eterno» que los platillos voladores le dictaron. De acuerdo con sus informaciones, los ovnis venían del interior de la Tierra, que es hueca.

«¿Cree verdaderamente que es hueca?», le preguntó uno de mis amigos.

«Por supuesto», respondió Allan. «Si usted fabricara un planeta, ¿echaría a perder toda esa buena Tierra?»

Yo participé en una mesa redonda con el doctor Andrija Puharich, Arthur Young, el matemático Charles Muses (Young y Muses son autores de un libro excelente titulado *Consciousness and Reality*) y Thom Bearned, ingeniero militar. Puharich describió sus últimas experiencias con Uri Geller. Luego explicó al auditorio que en su grabadora recibe mensajes provenientes de una fuente cósmica misteriosa, pero que las cintas se volatilizan regularmente aunque lo haya intentado todo por impedirlo. Ahora está completamente convencido de que Uri y él están guiados por una fuente de sabiduría muy elevada y que la única solución para la humanidad consiste en poner su destino en «sus» manos.

Entonces tomó la palabra un nuevo orador. La humanidad, dijo, está al borde de la catástrofe, al borde del abismo, ¿cómo salvarla? Un platillo volador aparece por encima del abismo, nuestra única esperanza. «¿Puedo llevarlo a algún lugar?», pregunta el piloto benevolente. Este tema está muy difundido dentro del movimiento «New Age». En 1987, en la fiesta consagrada a la «Convergencia Armónica» se trataron temas similares.

Una vez más, la salvación viene del cielo. ¿No deberíamos informarnos mucho más sobre el extranjero antes de subir a su nave? ¿No deberíamos asegurarnos de la realidad del abismo, si hay un abismo, y no podemos contruir un puente con nuestros propios recursos? ¿No podemos atravesarlo con nuestros propios medios?

Cuando se nos pide que suspendamos nuestro juicio racional, que olvidemos nuestras facultades psíquicas «obsoletas», que tiremos por la borda todo control, entonces ha llegado el momento de tomar todos los datos y refugiarse en un lugar tranquilo para reflexionar. Mi gran temor es que los hombres de ciencia únicamente estudien el problema de manera seria cuando haya comenzado a generar un grado alto de pasión por parte del público; entonces, el enfoque será totalmente clásico. Millones de dólares dados a consejeros y a institutos de investigación, miles de cuestionarios, investigadores de campo provistos de pequeños frascos de cristal, sociólogos llenando registros de correlaciones, personal médico ajustando electrodos sobre los lóbulos frontales de los cultivadores. Esto sólo constituiría una pequeña huella más en el desvío del aprendizaje, una nueva etapa en el condicionamiento.

Algo me oprime. Quisiera dejar de comportarme como la rata que mueve las palancas aunque tenga que renunciar al pedazo de queso y seguir hambriento un tiempo. Me gustaría salir del laberinto del condicionamiento y ver cómo funciona. Me pregunto lo que podría encontrar. ¿Quizá una monstruosidad suprahumana y terrible que sólo de observarla puede volverle a uno loco? ¿Quizá una asamblea solemne de sabios? ¿O la simplicidad desesperante de un mecanismo de relojería que funciona ciegamente, sin supervisión?

CONCLUSIÓN
Explorando otras dimensiones

En la primera parte de este libro, he tratado de documentar tan amplia y cuidadosamente como ha sido posible los archivos históricos que conducen al fenómeno ovni moderno y a la creencia en un contacto del espacio.

En la segunda parte, he hecho referencia a los informes de secuestros en diversas épocas y en diversos países, así como a la componente psíquica y espiritual de las experiencias de contacto.

En la tercera parte, he fijado los argumentos a favor de una nueva investigación, activa, permaneciendo al mismo tiempo muy consciente de los factores que se le oponen: el triple encubrimiento y las motivaciones políticas. Nos hemos dado cuenta de que estamos ante un fenómeno realmente nuevo de un alcance inmenso. Los ovnis son objetos psíquicos reales, pero no son forzosamente naves espaciales extraterrestres. A decir verdad, la teoría extraterrestre no es lo suficientemente extraña como para explicar los hechos. Y me sentiría muy decepcionado si resultara ser que los ovnis no son más que visitantes de otros planetas.

¿QUÉ OTRA COSA PODRÍAN SER?

Si los ovnis no son naves espaciales, ¿qué otra cosa pueden ser? ¿Qué marco de investigación puede dar cuenta al mismo tiempo de sus efectos físicos, su impacto sobre la sociedad, el aspecto de sus ocupantes y los elementos aparentemente absurdos de su comportamiento? ¿Cómo podemos explicar que el fenómeno se dé a conocer a las poblaciones rurales a través de curiosas abducciones y extraños accidentes, y no se manifieste públicamente? Después de analizar y reanalizar las fuerzas que están jugando aquí, la teoría que se dibuja va más allá de la noción de simples vehículos tecnológicos fabricados por razas avanzadas procedentesde otros planetas.

Creo más bien que el fenómeno ovni es una indicación de la existencia de otras dimensiones más allá del espacio-tiempo. Puede que los ovnis no procedan del espacio sino de un multiverso que nos rodea y cuya inquietante realidad hemos persistido en refutar a pesar de las pruebas que tenemos desde hace siglos. Una teoría semejante es necesaria para explicar al mismo tiempo los casos modernos y las crónicas de Magonia, las «abducciones» y la componente psíquica.

Creo que existe alrededor de nosotros un sistema que trasciende el tiempo y el espacio. Otros investigadores han llegado a la misma conclusión. Algunos se han ido, profundamente desanimados al descubrir lo que Charles Fort también resumió a comienzos de siglo en su *Libro de los condenados*: «Somos propiedad de otros». Los eruditos en el dominio de los ovnis, tales como el padre Salvador Freixedo en América latina, John Keel en los EE.UU. y Aimé Michel en Francia. piensan que somos impotentes ante las capacidades complejas y absurdas de una inteligencia del espacio capaz de disfrazarse de marciano, de Dios primitivo, de Santísima Virgen, de flota de aeronaves. Al mismo tiempo que me rindo a sus observaciones, aún mantengo la esperanza de que el conocimiento humano será capaz de acabar de comprender la realidad mayor que representa este fenómeno. Con la condición de seguir estudiando un caso extraño tras otro, un esquema raro tras otro.

El sistema del que hablo, un sistema que domina las dimensiones, puede perfectamente situarse en el espacio ordinario. No obstante, sus manifestaciones no pueden ser naves espaciales reducidas a tornillos y tuercas. Los ovnis son manifestaciones físicas imposibles de comprender fuera de su realidad psíquica y simbólica. No asistimos a una invasión de seres venidos de otra parte. Se trata de un sistema espiritual que actúa sobre los humanos y utiliza a los humanos.

Para encontrar una estructura de investigación adecuada, es útil especular sobre las variantes del conocimiento actual en las que se podrían producir milagros visibles sin violar las leyes de la física y en las que los fenómenos físicos serían la regla más bien que la excepción. En una física semejante, los ovnis podrían venir de la Tierra sin ser forzosamente invenciones del hombre, o venir de otra galaxia sin ser forzosamente naves espaciales.

Numerosos hombres de ciencia teóricos más cualificados que yo trabajan ya en la elaboración de tales modelos de sustitución. Para explicar el comportamiento de las partículas elementales y la formación del cosmos, estos especulan sobre la existencia de «supercuerdas» y de universos multidimensionales más allá de la estructura espacio-tiempo que nos es familiar.

En su libro *Beyond Einstein*, el doctor Michio Taku y Jennifer Trainer plantean que, incluso en la física actual, hacen falta cinco dimensiones para explicar la teoría del Big Bang. En 1919, cuando desarrollaba las consecuencias de la relatividad general, Albert Einstein recibió una carta de un matemático soviético, cuyo nombre era Franz Kaluza, que le proponía una teoría en cinco dimensiones de la gravedad. Algunas semanas más tarde, Einstein escribió a Kaluza: «La unidad formal de su teoría es sorprendente». Otros científicos también se consagraron a ello.

¿A dónde pasó la quinta dimensión? En 1926, el matemático sueco Oskar Klein explicó por qué el mundo parece no tener más que cuatro dimensiones en lugar de cinco, sugiriendo que la quinta dimensión estaba replegada sobre sí misma en un círculo tan pequeño que no puede ser observado. Klein llegó incluso a afirmar que su profundidad correspondía a la longitud de Plank, a saber cien trillones de veces más pequeña que el núcleo de un átomo. Pero esta teoría elegante planteó más interrogantes que los que resolvió y tuvo que abandonarse.

En 1957, Hugh Everett y John Wheeler, de la Universidad de Princeton, propusieron una «interpretación de mundos múltiples» (IMM de la mecánica cuántica). De acuerdo con este concepto, se puede considerar que el universo se ramifica constantemente en realidades alternativas.

En estos últimos años, han surgido nuevas líneas de especulación que han resultado ser aún más fructuosas. Habría una cantidad aún mayor de dimensiones. Los resultados más interesantes provienen de las teorías de las supercuerdas» que vieron la luz en la década de los setenta. Numerosos físicos teóricos que hoy trabajan en este dominio son de la opinión de que el universo nació de un núcleo de diez dimensiones que era inestable. Según Taku y Trainer: «Seis dimensiones se replegaron sobre sí mismas, dejando intacto nuestro universo de cuatro dimensiones». Es probable que esta nueva línea de especulación sea puesta en tela de juicio, extendida o mejorada. Los fenómenos paranormales como los ovnis pueden brindar una materia prima preciosa para este debate fundamental.

INFORMACIÓN, CAUSAS OCASIONALES, ESPACIO-TIEMPO

Otra faceta interesante del fenómeno ovni es la teoría de la información. De acuerdo con la física moderna, y en particular con Brillouin, Bagor y Roghstein, la información y la entropía están vinculadas. Esta relación ha sido claramente expresada por Brillouin:

La entropía es generalmente considerada como lo que define el estado de desorden de un sistema físico. Para ser más exacto, la entropía mide la falta de información sobre la estructura verdadera del sistema.

Por lo tanto, no se puede obtener ninguna información en el transcurso de un proceso de medición física sin modificar la cantidad de entropía que se encuentra en el universo, el estado de desorden del cosmos.

Los físicos tienen que enfrentarse con un nuevo reto: ¿cómo definir el desorden? Como ha escrito R. Schafroth, la tarea no es fácil:

> Algunos científicos apilonan papeles y libros en sus estanterías en un desorden aparente. Sin embargo, saben perfectamente dónde encontrar el documento que buscan. Si alguien lo ordenara, el pobre propietario de los documentos no sabría orientarse de ninguna manera. En este caso, es evidente que el desorden aparente es en realidad orden y viceversa.

En lo que concierne a la relación entre estas cantidades físicas, el físico francés Costa de Beauregard escribió: «Debe estar en la naturaleza de la probabilidad el servir de puente operacional entre lo objetivo y lo subjetivo, entre la materia y el psiquismo». El físico recalca que en la física precibernética la observación era considerada como un proceso sin misterios, que no necesitaba ninguna explicación, mientras que la acción libre, por el contrario, era considerada como una imposibilidad física y una ilusión psicológica». En la física moderna, estas ideas han sido transformadas radicalmente.

La mayor parte de las teorías avanzadas para explicar los fenómenos paranormales toman de la física los conceptos clásicos de dimensión, espacio y tiempo. Estos conceptos me parecen obsoletos. Verdaderamente, no permiten comprender la telepatía, ni el desplazamiento de objetos a distancia, ni los fantasmas, ni las abducciones por parte de los ovnis. Siempre me ha asombrado el hecho de que la energía y la información sean una única misma cosa bajo dos aspectos diferentes. Nuestros profesores de física nos lo enseñan, pero jamás sacan las consecuencias de semejante enseñanza.

Quizá convendría sacar las cadenas del espacio-tiempo de nuestros tobillos teóricos. Las coordenadas espacio y tiempo son adecuadas debido a consideraciones gráficas. La teoría del espacio y del tiempo es un artefacto cultural. Si hubiéramos inventado el ordenador antes del papel cuadriculado, quizá tendríamos hoy una teoría del universo muy diferente.

La historia remarcable del diálogo de Cardan con los dos silfos que no estaban de acuerdo con la naturaleza del universo resume muy bien el problema. Uno de los silfos pensaba que el mundo existía desde la eternidad. El otro tenía una teoría más cercana al ocasionalismo islámico: el universo es un mundo de acontecimientos. El libro que usted está leyendo no es más que una causa ocasional del libro que yo escribí. ¿Puede estar seguro de que es idéntico a los otros ejemplares? La pluma con la que escribo estas palabras no es forzosamente la misma que la que utilizaba hace un instante; puede que sea una nueva circunstancia, una nueva causa ocasional de la misma pluma.

El tiempo y el espacio pueden ser nociones adecuadas para trazar el trayecto de una locomotora, pero son totalmente inútiles para encontrar informaciones. La excepción aparente es el ejemplo de la biblioteca, pero quien quiera que hubiere tratado de encontrar algo en una biblioteca moderna con sus estanterías bien alineadas a lo largo de los muros verticales ha de admitir la dificultad para distinguir el orden del desorden en las coordenadas cartesianas.

Los científicos de la computación modernos saben desde hace tiempo que el mejor criterio para almacenar muchos datos a gran velocidad no es el del tiempo y el espacio; es incluso el peor. En un sistema informatizado grande, no se colocan los ficheros conexos en un orden secuencial. Es mucho más práctico introducirlos en la memoria a medida que van llegando y construir para recuperarlo un algoritmo basado en palabras clave, procedimiento que permite colocar de manera aleatoria el índice del fichero. La probabilidad entonces sirve de vínculo entre algo objetivo, el lugar en el que se encuentra el fichero, y algo subjetivo, la solicitud de la información.

La sincronicidad y las coincidencias que abundan en nuestras vidas sugieren que el mundo está organizado como una base de datos «aleatoria» (el multiverso) más bien que como una biblioteca secuencial (el universo en cuatro dimensiones de la física convencional).

LAS CRIATURAS DEL MULTIVERSO

Si la dimensión temporal en la que creemos no existe, el cerebro humano puede estar examinando los acontecimientos por asociación. Es lo que hacen los ordenadores modernos. El usuario «evoca» los ficheros que desea recurriendo a palabras claves, las palabras de poder. Por ejemplo, si pide todas las intersecciones entre los términos «microondas» y «migraña», puede encontrar veinte artículos cuya existencia no sospechaba en la literatura. Si vivimos en el universo asociativo del programador analista más bien que en el universo secuencial del físico que pregona el espacio-tiempo, los milagros dejan de ser acontecimientos irracionales. La filosofía que resulta de semejante línea de especulación estaría más cerca del ocasionalismo islámico que del universo cartesiano o newtoniano. Entonces habría que elaborar una nueva teoría de la información. Semejante teoría tendría muchas cosas interesantes que decir sobre la comunicación con las formas de pensamiento de otras realidades físicas, las criaturas del multiverso. Podría lanzar nueva luz sobre la experiencia de los testigos abducidos por ovnis.

¿Debemos creer a los testigos que describen sus experiencias a bordo de un ovni? Como he explicado a lo largo de todo el libro, no hay ninguna razón para dudar de su integridad, de su sinceridad y de su honestidad. Las palabras del doctor Simon acerca de Betty y Barney siguen siendo claras veinte años después: «La experiencia era indudablemente real para ellos».

¿Acaso esto significa que deberíamos haber tomado sus recuerdos al pie de la letra? No lo creo. Estos acontecimientos ocurrieron en una realidad que simplemente no podemos comprender por el momento; tuvieron un impacto sobre una parte de la mente humana que todavía no hemos descubierto. Yo creo que el fenómeno ovni es uno de los medios mediante los cuales una forma de inteligencia extranjera, de una complejidad extraordinaria, se comunica con nosotros simbólicamente. Nada indica que sea extraterrestre. Más bien prueba ampliamente que tiene acceso a procesos psíquicos que aún no dominamos, sobre los que aún no hemos hecho investigaciones. Frente a tal interacción en el plano simbólico o mítico, todas las sesiones de hipnotismo y las búsquedas de implantes son quizá tan fútiles como las preguntas planteadas por los inquisidores a las brujas que volvían del sabbat.

Hasta que conozcamos mejor la naturaleza física del fenómeno ovni, siento una cierta aversión hacia los exámenes arriesgados practicados sobre las mentes de los testigos por parte de hipnotizadores aficionados: estos creen firmemente en su teoría sobre las visitas de extraterrestres y están impacientes por obtener confirmación a todo precio.

Estos testigos han vivido una experiencia real traumatizante que los pone en posición de debilidad. Por lo tanto, están dispuestos a creer toda explicación que les diera cualquiera en posición de autoridad. En el estado de sugestibilidad extrema que les sugiere la hipnosis, podemos convencerlos fácilmente de cualquier interpretación burda del fenómeno. Esta forma de proceder es contraria a la ética y, de todas formas, no es científica.

En los pocos casos (como en el episodio de los Hill) en que la hipnosis fue utilizada con precaución y bajo control médico, ¿cuál ha sido el resultado? No hemos aprendido nada interesante sobre la vida extraterrestre. Solamente hemos aprendido que nuestros conceptos de espacio y tiempo eran falsos; que existían una realidad más vasta y otras dimensiones; y que había llegado el momento de poner en tela de juicio nuestra manera de ver el universo.

Seamos aún más atrevidos. El tema plantea numerosos interrogantes inquietantes, fundamentales. Si la energía y la información están vinculadas, ¿por qué entonces solamente tenemos una sola física, la de la energía? ¿Dónde está la física de la información? ¿Es relevante aquí la vieja teoría de la magia? Los escritos de Paracelso, con su concepto de «signaturas», ¿son acaso una fuente de inspiración que ha sido pasada por alto? Hasta que no se traten de resolver estas cuestiones, será imposible atacar lo que el físico francés Costa de Beauregard llama «el problema verdaderamente fundamental», el de la relación entre el psiquismo y la materia. Incluso sin considerar nada más que los aspectos operacionales de una información, si alguien saca alguna cosa, la teoría física impone entonces que la entropía del universo debe haber cambiado.

Estas son cuestiones altamente especulativas. Pero en una época en que comenzamos a suponer que la alta tecnología revela viejos desafíos, la especulación creativa se hace necesaria. ¿Se puede encontrar un camino hacia realidades que no se sitúen sobre planetas lejanos sino alrededor de nosotros, fuera de nuestra conciencia normal? ¿Es esto lo que les ha ocurrido a los testigos secuestrados, como Helen, Kathy o Travis Walton? Más que una ocurrencia física en el interior de una nave espacial, ¿han vivido un transporte temporal de su conciencia a otra realidad, seguido de visiones de criaturas arquetípicas? ¿Es posible desarrollar coincidencias y efectos extraños de naturaleza aparentemente paranormal creando estructuras físicas al abrigo de parásitos cotidianos?

Si el mundo que nos rodea es un mundo de sucesos informacionales, las manifestaciones simbólicas que rodean a los informes ovni deberían ser vistas como un importante factor. Si consideramos el mundo físico como un universo asociativo de acontecimientos informacionales, la conciencia ya no es una simple función local del cerebro humano. En lugar de eso, propongo definir la conciencia como el proceso a través del cual se extraen y se examinan las asociaciones informacionales. La ilusión del tiempo y del espacio sería un simple efecto secundario de la conciencia cuando examina las asociaciones. Con una teoría semejante, los fenómenos aparentemente paranormales como la telepatía y la profecía no serían sorprendentes, sino corrientes, y los ovnis perderían una buena parte de su aspecto raro. Estos fenómenos constituirían aspectos naturales de la realidad de la conciencia humana. Sugiero que se estudien los informes de «contactos» a este nivel, incluso si estamos todavía muy lejos para llegar a canalizar nuestras especulaciones hacia las ecuaciones formales de una nueva física.

Durante numerosos años, los fenómenos ovni han servido de apoyo a la imaginación humana, una estructura para la tragedia humana, una fábrica de sueños. Nosotros lo reproducimos en nuestro cine, nuestra poesía, nuestra música, nuestra ciencia ficción. Y ellos se reflejan en nosotros. Ellos no tratan de comunicarse con algunos individuos, un grupo, un gobierno. ¿Por qué deberían hacerlo? Los fenómenos funcionan como un sistema operacional de comunicación simbólica al nivel del globo terrestre. Tienen una interacción con algo perteneciente a la raza humana, pero no sabemos qué. Forman parte del medio ambiente, del sistema de control de la evolución del hombre. Pero sus efectos, en lugar de ser simplemente físicos, se resienten igualmente en nuestras creencias. Influyen sobre lo que nosotros llamamos nuestra vida espiritual. Afectan a nuestra política, a nuestra historia, a nuestra cultura. Son un rasgo característico de nuestro pasado. Innegablemente, son parte de nuestro acontecer.

APÉNDICE I
¡SANCTUS AGOBARDUS, ORA PRO NOBIS!
Algunas lecciones sobre abducciones en Francia durante el siglo IX
Jacques Vallée

---

1. LA CUESTIÓN DE LA ABDUCCIÓN

En la confusión actual y la especulación que impera entre los ufólogos america- . nos, el problema de los informes sobre abducciones ha ocupado finalmente la posición central que merece. Por una parte, los escépticos como el señor Klass rechazan categóricamente cualquier prueba que intente demostrar que las abducciones son ser reales ya que los ovnis no pueden existir; según ellos, los informes de abducciones deben provenir de imaginaciones desbocadas o son mistificación pura.

Por otra parte, investigadores expertos como el doctor David Jacobs y Budd Hopkins están presentando pruebas de sus trabajos de regresión hipnótica con personas abducidas. Desde su punto de vista, los casos no solamente son reales, sino que representan una nueva fase del contacto entre la humanidad y una civilización extraterrestre que nos visita. Esta nueva fase se caracteriza, afirman, por la experimentación médica y genética con víctimas humanas insospechadas.

Muchos investigadores de este campo se sitúan entre estas dos posiciones extremas. Aquellos que han seguido el trabajo de François Meheust, o el mío propio en *Pasaporte para Magonia*, pueden reconocer que el estudio del folclore está repleto de relatos sobre abducciones por parte de objetos provenientes del cielo, historias de bodas con seres de otras razas, seres de luz y teorías acerca de las motivaciones raciales y genéticas de los seres en cuestión: si, según parece, estas experiencias han tenido lugar, debemos admitir que han estado ahí desde hace mucho tiempo.

La comunidad ufológica en los EE.UU. ha desestimado generalmente esta información, argumentando que el folclore es demasiado vago para ser útil y que el paralelismo entre nuestros ufonautas modernos y técnicamente equipados y los elfos o los silfos de la tradición es demasiado tenue para ser retenida. Como dice Budd Hopkins, representa «una confluencia extraña de estudios de casos ovni, de especulación desbocada y folclore de una autenticidad obviamente incierta».

Al contrario, yo creo que lo más importante es buscar todos los antecedentes históricos en los informes que estamos estudiando hoy. Guiados por lo que encontramos en tales relatos, podemos resolver algunos de los problemas de la investigación de la ufología moderna. El mismo título del libro *Pasaporte para Magonia*, que se publicó hace casi veinte años, se inspiró en un relato hallado en los archivos franceses medievales. La historia fue atribuida al arzobispo Agobardo. Se trata de una serie de avistamientos de «naves de las nubes» y la especulación de que esos objetos transportaban a los brujos de Magonia, una región mágica situada en algún lugar entre la tierra y el cielo.

Contrariamente a lo que piensa Budd Hopkins, no cabe ninguna duda acerca de la autenticidad de la creencia en Magonia.

Estos últimos meses he pasado algún tiempo en Lyon, Francia, para localizar el texto original de la declaración de Agobardo. El propósito de este artículo corto es mostrar que, lejos de ser un simple rumor o una leyenda, el relato de Magonia forma parte de la historia.

2. ¿QUIÉN FUE SAN AGOBARDO?

Agobardo nació hacia el año 779 cerca de Narbona. A los veinte años, se trasladó a Lyon, donde fue ordenado sacerdote en 804. Diez años más tarde, sucedió al arzobispo Leidrade en su cargo.

El arzobispo Agobardo fue un hombre ilustrado e inteligente, que jugó un papel activo en la política de los feudos de su tiempo: combatió al lado de Lothaire en la batalla contra su padre e incluso escribió un libro apoyándolo. Esto le costó su puesto cuando Luis el Piadoso regresó al poder, pero lo volvió a recuperar dos años más tarde, en 837.

San Agobardo dejó no menos de 22 libros, incluyendo varios tratados contra las supersticiones y las creencias heréticas, algunos panfletos políticos y algunos volúmenes de poesía.

El traductor anónimo de su obra *De Grandine et Tonitruis* (Acerca del trueno y el granizo) escribió en su introducción:

Todos sus escritos, el estilo de los cuales es correcto y con frecuencia elegante, merecen el honor de ser traducidos, para que conozcamos las tradiciones y costumbres de la primera mitad del siglo IX mejor que con otro escritor de la época.

En particular, debemos reconocer que combatió fuertemente los prejuicios y supersticiones de su época con un gran sentido común. Es contra uno de estos prejuicios que compiló «Acerca del trueno y el granizo».

El libro fue traducido parcialmente del latín como un fragmento publicado en *L'Annuarie de Lyon* en 1837. La traducción fue revisada y reimpresa como un ensayo, con una distribución muy limitada, en 1841 (Lyon: Imprimerie de Dumoulin, Ronet et Sibuet, Quai Saint Antoine). Fue este el volumen que pude estudiar en la biblioteca municipal de Lyon.

DE GRANDINE ET TONITRUIS

1. In his regionibus* penè omnes homines, nobiles etignobiles, urbani et rustici, senes et juvenes, putant grandines et tonitrua hominum libitu posse fieri. Dicunt enim, mox ut audierint tonitrua et viderint fulgura: Aura levatitia est.** Interrogati verÒ quid sit aura levatitia, alii cum verecundia, parum remordente conscientia, alii autem confidenter, ut imperitorum moris esse solet, confirmant incantationibus hominum, qui dicuntur tempestarii, esse levatam, et ideo dici levatitiam auram. Quod utrum verum sit, ut vulgo creditur, ex auctoritate divinarum Scripturarum probetur necesse est. Sin autem falsum est, ut absque ambiguo credimus, summopere exaggerandum est, quanti mendacii reus sit, qui ipus divinum homini tribuit. Nam per hoc inter duo mortifer maximaque mendacia constringitur, dum testificatur hominem faccre posse quod solius Dei est posse, et Deum non facere quae facit. Si vero in mendaciis minorum rerum veraciter est

* In agro nimirum Lugdudensi et circumpositis regionibus. Stephanus Baluzius.
** Vide Adelung, Glossarium manua'e, verbo Aura.

3. SOBRE EL TRUENO Y EL GRANIZO

El propósito principal del libro de Agobardo *De Grandine et Tonitruis* fue sacar del espíritu de la gente ciertas ideas erróneas sobre el tiempo. En concreto, el buen arzobispo de Lyon luchó contra la idea de que los vientos y las tormentas se producían por la influencia de los brujos; su argumento principal era que «Cualquiera que tome de Dios Sus obras admirables y terribles, y las atribuya al Hombre, es un testigo falso contra Dios mismo».

Es en este mismo contexto donde levanta su protesta contra aquellos que están suficientemente locos para creer que podría haber naves volando a través de la nubes. Para impedir cualquier sugestión que pueda haber tergiversado el significado de los términos usados en el texto original, y dada la peculiaridad del libro en sí mismo, creo que es importante mantener los pasajes clave del texto en latín.

Plerosque autem vidimus et audivimus tanta dementia obrutos, tanta stultitia alienatos, ut credant e dicant: quandam esse regionem, quae dicatur MAGONIA, ex qua naves veniant in mibibus fruges, quae grandinibus pereunt, vehanturunt eandem regionem, ipsis videlicet nautis aeris dautibus pretia tempestaris et accipientibus frumenta vel ceteras fruges.

Nuestro traductor traduce el texto como sigue:

Hemos visto y oído a mucha gente lo suficientemente loca y enferma como para creer y afirmar que existe cierta región, que ellos llaman MAGONIA, de donde salen las naves que navegan por encima de las nubes; estas naves (dicen ellos) transportan a esta región los frutos que se han caído a causa del granizo y que han sido destruidos por la tormenta, después de que el valor del trigo y otros frutos ha sido pagado a los «tempestaires» por los navegadores aéreos que los habían recibido.

Y san Agobardo prosigue:

Ex his item tan profunda stultitia escaecatis, ut haec posse fieri credant, vidimus plures in quodam conventu hominum exhibere vinctos quatuos homines, tres vivos, et unam feminam, quasi qui scilicet per aliquot dies in vinculis detentos, tandem collecto conventu hominum exhibuirunt, ut dixi, in nostra praesentia, tane quam lapidandos. Sed tanem vincente veritate, post multan hibierant, secundum propheticum illud confusi sunt, sicut *confunditur fur quando deprehenditur.*

La traducción del texto es la siguiente:

Hemos visto incluso a varios de estos locos que, creyendo en la realidad de cosas tan absurdas, exhibieron ante la muchedumbre a cuatro personas encadenadas, tres hombres y una mujer, quienes, según afirmaban, habían caído de esas naves. Después de tenerlos varios días en cautividad, los trajeron ante mí, seguidos por la muchedumbre, para ser lapidados. Después de largas conversaciones, habiendo prevalecido finalmente la verdad, los que los hubieron mostrado al pueblo se encontraron, como dice el profeta, en el mismo estado de confusión que un ladrón capturado.» (Jeremías 2,26)

Al no tener acceso a las declaraciones hechas por los interlocutores del arzobispo, nunca sabremos a qué se parecían las «naves de las nubes», ni qué fue lo que hizo creer a los testigos que los tres hombres y la mujer venían en esas naves, y que debían ser lapidados. Por supuesto, el simple hecho de descender de una «nave de las nubes» podía ser una prueba de brujería.

En uno de sus libros, el físico francés Aragó afirma que, hasta la época de Carlomagno, era habitual plantar altos postes en los campos para protegerlos del granizo y las tempestades. Estos postes no eran pararrayos, como podría suponerse, sino dispositivos mágicos, que eran eficaces sólo cuando se dirigían hacia el cielo ciertos pergaminos. En sus Capitulares, publicados en el año 789, el emperador Carlomagno prohibió tales prácticas supersticiosas.

4. ¿UN SANTO PATRÓN PARA LOS ABDUCIDOS?

Propongo a san Agobardo como santo patrón de los abducidos. Su relato nos enseña que la interacción entre nosotros y las naves que navegan a través de las nubes no es un fenómeno nuevo. Nos enseña también que la observación de estas naves estaba ligada, en la mente de las gentes, a perturbaciones atmosféricas y al robo de frutas, plantas e incluso animales por parte de seres provenientes del cielo. La referencia a los animales procede de un pasaje de un libro de J.J. Ampere (en *Histoire Litteraire de la France*, III, 178): «Se creía que ciertos hombres, llamados «tempestaries», provocaban tempestades para vender las frutas maltratadas por el granizo y los animales que habían muerto a consecuencia de las tormentas e inundaciones a compradores misteriosos que venían por el aire».

Finalmente, el libro de Agobardo muestra que desde el siglo IX la cultura occidental creía en la existencia de una región del universo de donde venían estas naves, y en la posibilidad de que los hombres y las mujeres viajaran a bordo de ellas.

Le estamos agradecidos por haber salvado la vida de esas cuatro personas, episodio que muestra que en ese dominio los escépticos, a pesar de todo pueden servir para algo.

APÉNDICE II
Dimensiones: entrevista a Jacques Vallée
Por Linda J. Strand

INTRODUCCIÓN

Jacques Vallée, francés de origen, perfectamente bilingüe en informática y en astrofísica, es al mismo tiempo el personaje más célebre y el más solitario de la ufología. Ciertamente, es el pensador más controvertido en este dominio lleno de trampas filosóficas. Por otro lado, sirvió de modelo para el personaje de Lacombe (interpretado magníficamente por el malogrado François Truffaut) en la película de Steven Spielberg *Encuentros cercanos en la tercera fase*. En ese momento, Vallée ya desaprobaba firmemente que se presentaran a los seres venidos de otra parte como «hermanos» inofensivos de otro mundo, argumento que, como era de esperar, dejó a los productores de Hollywood totalmente indiferentes. Jacques Vallée declaró un día a propósito del personaje de Lacombe: «Creo que buscaban un carácter cuya singularidad se situara a medio camino entre los protagonistas americanos y los visitantes del espacio». Es interesante constatar que los miembros de la familia nuclear extraterrestre de Dan Ackroyd, los seres con cabeza cónica de la serie de humor «Saturday Night Live», afirmaban también que venían de Francia, cuando les urgieron para que dijeran cuál era su origen.

Junto con el también fallecido doctor J. Allen Hynek, Vallée ayudó a fundar una escuela invisible «de expertos en ovnis (fue también el título de uno de sus libros sobre el tema) y fue coautor de «En los límites de la realidad». Los primeros estudios de Vallée (como por ejemplo *Anatomy of a Phenomenon* y *Challenge to Science*, escrito en colaboración con su esposa Janine) se caracterizaron por ser una aproximación concisa fenomenológica a los datos ufológicos. Sin embargo en el libro *Pasaporte para Magonia* (1969) y sobre todo en *Mensajeros del engaño* (1979), este hombre alto, de voz suave, dejó a muchos de sus seguidores americanos en un estado de confusión e incluso de escepticismo. El libro *Pasaporte para Magonia*, en el cual compara los relatos contemporáneos de abducciones y de seres de otro mundo con los que ha descubierto mayormente en el folclore medieval europeo, fue muy bien acogido en Europa. La obra incluso dio lugar a un movimiento basado en interpretaciones psicosociológicas de los fenómenos ovni, ampliamente promovidas por amigos franceses del autor. En Inglaterra, provocó la creación de un periódico trimestral llamado *Magonia*. El libro *Mensajeros del engaño*, sin embargo, consagrado casi exclusivamente a los cultos ovni que emergieron en la costa oeste de los EE.UU., era una obra un poco desbocada, de la cual el mismo Vallée admite: «Hoy escribiría el libro de una forma diferente».

Después de *Mensajeros del engaño*, Vallée ha publicado tres libros sobre tecnología, uno de los cuales es un manual sobre redes de comunicación informáticas. Vallée se distanció un poco de la comunidad ufológica americana. Además del hecho de que el público le robaba demasiado tiempo (inevitablemente, se había formado un culto entorno a sus escritos), Vallée se dio cuenta de que reflexionaba mejor en la soledad, al resguardo de la «contaminación de las teorías populares sobre los ovnis, manteniendo un círculo de silencio a mi alrededor y llevando mis propias investigaciones sobre el terreno». Y continúa: «Mi mente trabaja mejor cuando mojo los datos como una esponja y los exprimo de vez en cuando».

Así nació su libro *Dimensiones: crónicas de contactos con otros mundos*, una obra que resume y aclara sus primeros trabajos.En él desarrolla el concepto que había comenzado a exponer en el *Collège invisible:* compara a los ovnis con un sistema de control que manipula nuestro inconsciente colectivo. Ya sea bajo su forma folclórica o moderna, dice Vallée, «los ovnis son uno de los medios por los cuales se organizan los conceptos del hombre». Mientras trabajaba en el manuscrito de *Dimensiones*, Vallée salió poco a poco del silencio que se había impuesto. En 1986, publicó una novela en francés titulada *Alintel*, que contenía hechos e hipótesis que la convertían en un libro de ciencia ficción. En diciembre de 1987, dio una conferencia en Londres y unos meses más tarde, otra en el simposio Nueva Era de San Francisco, con el tema «Ángeles, seres de otros mundos y arquetipos: la inteligencia cósmica y la imaginación mítica».

Linda Strand es una joven periodista independiente que vive en Boulder, Colorado, y es especialista en reportajes científicos. Sus artículos sobre un amplio abanico de temas han aparecido en *Science Digest, Astronomy* y otras publicaciones análogas. «Oí hablar de Jacques Vallée por primera vez en 1977», dice. «Fue entonces cuando empecé a interesarme por la investigación sobre el fenómeno ovni. Dos amigos muy fiables en ese campo me recomendaron contactar con él argumentando que su trabajo era «de lejos lo mejor que había» sobre el tema. Cinco años más tarde, completamente decepcionada por la mayor parte de las investigaciones sobre ovnis que había estudiado, acabé por escribir a Vallée a través de su editor.»

«Cuando nos encontramos para cenar seis meses más tarde, me llamaron la atención las frecuentes similitudes entre Vallée y el personaje interpretado por François Truffaut en la película *Encuentros cercanos en la tercera fase*. Se lo hice notar.» Sonrió y me respondió con un acento francés pronunciado: «No es una coincidencia».

«Lo que también me impresionó de él fue su humildad: jamás da la impresión de ser el gurú que posee todas las respuestas. No nada desagradable entrevistar a un «verdadero científico» que no siente vergüenza de tener más preguntas que respuestas, que continúa intentando comprender, que quiere apartar de su pensamiento creativo toda idea preconcebida. Creo que su inteligencia y su mente se plasman muy bien en la entrevista que sigue a continuación, la cual empezamos a finales del año pasado.»

Strand: Señor Vallée, en estos últimos años, usted ha iniciado una especie de «retiro» en lo que concierne a los ovnis. ¿Es que se ha convertido en un ermitaño o ha abandonado sus investigaciones?

Vallée: Lo único que me interesa en el campo de los ovnis es aproximarme todo lo que pueda a la solución del problema. La controversia que se da actualmente en la comunidad ovni americana me parece contraria a tal objetivo. Pero no he desaparecido: he hecho dos viajes a América del Sur para investigar algunos casos, he dado varias conferencias en Londres y he visitado a unos cuantos investigadores europeos. No es lo que yo llamaría vivir como un «ermitaño».

Strand: Sin embargo, usted no ha publicado nada después de *Mensajeros del engaño* en 1979. ¿Está trabajando en un nuevo libro?

Vallée: Estoy terminando una nueva obra titulada *Dimensiones*. Este libro debería aportar una respuesta a muchos de aquellos que se preguntan cuál es mi punto de vista sobre el tema.

Strand: ¿Piensa incluir en ella los casos que ha estudiado recientemente?

Vallée: No, aún no he hallado el marco apropiado para publicar esos casos. Hay muchos sobre los que todavía debo trabajar. Efectivamente, tengo intención de publicar todas estas informaciones, pero me gustaría hacerlo bajo una forma constructiva.

Strand: ¿Por qué escoge maniobrar de esta forma más bien secreta?

Vallée: Digamos «privada» más que «secreta». Es normal para un investigador llevar varios años de ventaja sobre lo que publica. Paso por fases de trabajo tranquilo y por otras de divulgación y de discusiones activas. De lo que más carecemos actualmente no es de datos: tenemos a montones, ¡pero no sabemos qué hacer con ellos! Lo que nos falta es la estructura; es eso precisamente lo que he tratado de construir en *Dimensiones*, utilizando datos antiguos provenientes de mis trabajos precedentes, al mismo tiempo que nuevas observaciones.

Strand: ¿Cómo obtiene sus informaciones? El terreno está más bien calmado después de varios años.

Vallée: Es verdad que no ha habido ninguna «ola de aterrizajes de ovnis» en los países occidentales desde hace mucho tiempo. Pero sucede también que la gente no cuenta sus observaciones a la prensa o a las autoridades como lo hacía en el pasado; han comprendido que, desafortunadamente, eso no lleva a nada. Pero yo tengo informes que proceden directamente de testigos o que he conseguido a través de diferentes amigos que se mueven en este terreno. Como yo dispongo de los medios para llevar a cabo mis propias investigaciones, no tengo necesidad de esperar una subvención o una autorización para investigar un caso. Además, tengo acceso gratuito, o casi gratuito, a los medios tecnológicos que necesito.

Strand: Más adelante volveremos sobre el tema. En primer lugar, ¿podría resumir los estudios que ha seguido?

Vallée: Nací en Francia y quería ser astrónomo. Así pues, estudié matemáticas y física en la Sorbona. Después obtuve mi licenciatura. Era el principio de la era de los ordenadores, los cuales encontraba apasionantes. Seguí cursos de informática y de programación en mi curso de doctorado en astrofísica. Después, trabajé un año en el observatorio de París para el Comité del Espacio del Gobierno francés. Cuando llegué a la Universidad de Texas en 1962, escribí el programa de cálculo del mapa de Marte para el Proyecto Mariner. Era el primer mapa detallado del planeta, que realicé gracias a la financiación de la NASA. Más tarde, me instalé en Northwestern, donde obtuve mi doctorado en 1967 sobre un tema que hoy se denominaría inteligencia artificial. En aquella época, se conocía con el nombre de ¡matemáticas aplicadas!

Strand: ¿Cómo comenzaron sus relaciones con Hynek?

Vallée: Él sabía que mi mujer y yo habíamos compilado y analizado el primer catálogo informático de avistamientos ovni inexplicados del mundo entero. Insistió para que trabajara con él y puso generosamente sus propios datos a mi disposición. Permanecí en Northwestern de 1963 a 1967.

Strand: ¿Por qué se orientó más hacia la informática que hacia la astronomía? Muchos investigadores ovni consideran que la astronomía es la mejor formación para estudiar el fenómeno ovni.

Vallée: Una sólida formación en astronomía es importante para poder distinguir los verdaderos avistamientos de los simples objetos celestes. Es igualmente muy útil para desmitificar las declaraciones de científicos de mente estrecha que pontifican como si lo hubieran comprendido todo del universo. El estudio de la astronomía debería convertirlo a uno en humilde y curioso por todo lo que no sabemos, incluidos los ovnis. En la realidad, esto no ocurre así. Me di cuenta de que el dominio de la informática era mucho más abierto y más dinámico. De hecho, mis profesores de informática me alentaron para que prosiguiera mi trabajo sobre los ovnis, mientras que entre los astrónomos yo era una figura herética.

Strand: Los años pasados con Alex Hynek en Northwestern parecen haber representado un punto crucial no sólo para ambos sino también para la ufología en general. ¿Cómo ha tenido lugar esta transformación?

Vallée: Para mí, fue muy simple: por primera vez tenía acceso a la totalidad de los sencillos informes del Libro Azul y podía apuntalar los análisis precedentes. Además, pude documentarme sobre lo histórico del fenómeno ovni y encontrar a los principales actores. Para Hynek fue diferente. Era un científico muy abierto que reflexionaba en profundidad, desde hacía tiempo, sobre los límites de la ciencia, pero que caminaba sobre una cuerda tensa en cuanto se trataba del tema ovni. Por un lado, sabía que la mayor parte de las explicaciones de la Fuerza Aérea de los EE.UU. eran «viento», como él decía; por el otro, nunca había encontrado ninguna prueba científica convincente de la existencia de los ovnis y, por consiguiente, continuaba siendo escéptico.

Strand: ¿Qué es lo que le hizo cambiar de opinión?

Vallée: Eso sucedió poco a poco, a medida que las semanas y los meses pasaban, cuando vio las pruebas que había acumulado en mis dossiers de informes de aterrizajes y de correlaciones que se habían establecido con datos similares provenientes de dossiers americanos.

Strand: ¿Sin embargo, él debía conocer estos informes de aterrizajes?

Vallée: Circulaban en los EE.UU. en el seno de grupos marginales, pero estaban ahogados en medio del «viento». Hay que comprender que todos esos aterrizajes de que se informaron a la Fuerza Aérea eran generalmente colocados dentro de la categoría «psicológica», por lo que raras veces se le pedía a Hynek que se ocupara de ellos. El principal grupo civil, el NICAP, trataba de convencer a Washington de su credibilidad y, por consiguiente, eliminó también sus informes. El único grupo que desde el principio comprendió la importancia de los informes de aterrizajes fue la APRO. Además, en Francia, teníamos ya cientos de casos bien documentados de encuentros cercanos después de la gran ola de 1954.

Strand: ¿Qué pensaba él de esos casos?

Vallée: Él debía conocerlos. Siguiendo la sugerencia de un gran astrónomo francés instalado en los EE.UU., se encontró con Aimé Michel y Pierre Guérin. Regresó de París muy intrigado por los datos e impresionado por Michel y Guérin, pero seguía sin estar convencido... hasta que yo le mostré los detalles y los esquemas reales. Me dijo: «Estos informes me parecen historias de fantasmas». Sobre todo le impresionó lo que Aimé Michel le dijo sobre la ola de 1954: «Un festival de cosas absurdas.»

Strand: ¿Qué es lo que le hizo cambiar de opinión?

Vallée: El factor clave fue un razonamiento que perseguíamos desde hacía varias semanas: ¿Qué datos se pueden considerar como una prueba de la existencia del fenómeno? Por lo que a mí concierne, adopté el punto de vista siguiente: un único informe no significa nada en sí mismo, pero cientos de informes formando parte todos de un esquema global indican un fenómeno real. Lo que le hizo decidirse, por supuesto, fue que el mismo esquema comenzó a emerger de los datos de la Fuerza Aérea. Fue entonces cuando decidió que había llegado el momento de preconizar investigaciones serias sobre el fenómeno.

Strand: Frecuentemente, se dice que Hynek no cambió de punto de vista hasta el día en que Jim McDonald entró en su oficina y golpeó su mesa.

Vallée: Eso no es cierto. Yo estaba allí cuando Jim golpeó la mesa. Mucho tiempo antes de esta escena, Hynek había aceptado financiar varios proyectos que yo quería presentar a la Fuerza Aérea, pero los militares, así como la Universidad de Northwestern, se mostraban reticentes a hacer cualquier cosa. Hynek, como de costumbre, seguía el combate tranquilamente, entre bastidores. McDonald era más directo y hacía más ruido; bajo mi punto de vista, llevó la controversia sobre la escena pública demasiado prematuramente y sufrió las consecuencias de ello. La acción demasiado llamativa de McDonald precipitó la creación del comité Condon.

Strand: Esa época debió ser apasionante; una fuerte impresión de descubrimiento debía planear en el aire.

Vallée: Eso no se hizo de la noche a la mañana. Empleé cuatro años para examinar todos los dossiers del Libro Azul, es decir, doce mil casos. Y la mayor parte de ellos, por supuesto, se podrían considerar fenómenos naturales. Continúo poseyendo hoy en día la colección más completa, depurada y abreviada de los casos inexplicados de los archivos de la Fuerza Aérea. No solamente los pocos casos que fueron clasificados como «no identificados», sino también aquellos para los cuales no se halló una explicación válida.

Es ese residuo el que es interesante. Allen comparaba el proceso que se emplea para hallar algunos gramos de radio en toneladas de pechblenda y me alentó a incluir a otros científicos en nuestro grupo. Fred Beckmann, de la Universidad de Chicago, Bill Powers, ingeniero jefe del observatorio de Dearborn, y varios otros matemáticos, ingenieros y psicólogos se unieron a nosotros. Reabrimos las investigaciones de numerosos casos que la Fuerza Aérea había querido escamotear.

Strand: ¿Por qué los informes históricos realizados sobre el problema ovni pasan siempre por alto este período que fue, sin embargo, un verdadero punto de transición?

Vallée: No tengo respuesta para esta pregunta. Quizá porque tienen tendencia a seguir la posición oficial. Los hechos verdaderamente importantes han transcurrido entre bastidores. Mucha agua correrá bajo los puentes antes de que alguien se dé cuenta de que la verdadera historia del fenómeno no ha sido revelada porque muchos de los participantes han querido permanecer en la sombra voluntariamente. Usted es la primera persona que me ha planteado preguntas sobre este período.

Strand: En su opinión, ¿qué falta en los análisis históricos?

Vallée: Dos cosas: precisar qué cambio lento ha tenido lugar en los investigadores principales, actualmente enmascarado por grandes acontecimientos sensacionalistas; y la perspectiva internacional. Los historiadores americanos que se vuelcan sobre este dominio no han considerado más que los hechos que han tenido lugar en los EE.UU., sin duda porque debían delimitar muy estrechamente el tema para poder tratarlo. Para nosotros, fue evidente desde el principio que el tema debía tratarse a nivel internacional.

Strand: ¿Podría dar algunos ejemplos?

Vallée: Es suficiente con mirar a los individuos y a las organizaciones del extranjero que han tenido un impacto importante. Investigadores como Olavo Fontes, en Brasil, o la revista británica *Flying Saucer Review* de Londres. Ninguna revista americana puede compararse con ella, cuando se ha despilfarrado mucho dinero en publicaciones sensacionalistas que han desaparecido rápidamente. Actualmente, trabajo en tres casos: el análisis de una prueba material, la fotografía de un ovni y una abducción. Únicamente el último caso tuvo lugar en EE.UU.

Strand: Aparentemente, está convencido de que algo no funciona en la investigación ovni americana. ¿Qué es? ¿El chauvinismo?

Vallée: Demasiadas discusiones y muy poca investigación.

Strand: ¿Es por este motivo que no pertenece a ninguna organización ovni actualmente?

Vallée: Ya no hay necesidad de pertenecer a una organización ovni para investigar sobre los ovnis, igual que no es necesario pertenecer a un club de degustadores de vino para apreciar una buena botella. Creo que pronto habrá más investigación fuera que en el interior de los grupos constituidos. Hay siempre un gran número de puntos de vista posibles en este campo y siempre harán falta grupos fuertes y estructurados, pero si la actividad principal sigue siendo contar historias para estremecerse de miedo y especular sin fin sobre lo que oculta el gobierno, eso no me interesa.

Strand: ¿Qué piensa de los éxitos inesperados de *Comunión* de Whitley Strieber y de *Intrusos* de Budd Hopkins?

Vallée: Se pueden sacar varias enseñanzas de su éxito. En primer lugar, eso muestra hasta qué punto los medios de comunicación y mucha gente que ocupa puestos oficiales han juzgado mal la profundidad del fenómeno. Los dos libros aparecieron en una época en que se informaba de muy pocos avistamientos y, sin embargo, la tensión que provocan las experiencias personales del fenómeno han conmovido al público de una manera muy fuerte. Pero la comunidad ovni también puede sorprenderse: seis meses antes de la aparición de esos libros, una novela de John Fowler titulada *A Maggot* se convirtió en un best-séller internacional. Curiosamente, esto pasó desapercibido para los investigadores del tema ovni. Uno de los más grandes escritores contemporáneos en lengua inglesa publicaba una obra maestra sobre contactos con seres de otro mundo, iy nuestra comunidad la ha ignorado por completo! *A Maggot* es el libro más fascinante que he leído en estos últimos años.

Strand: ¿Qué piensa de la sobreabundancia de experiencias de hipnosis regresiva en los casos de abducciones?

Vallée: Estoy indignado por la forma en que numerosos investigadores utilizan la hipnosis hoy en día. Además de ser algo poco juicioso, es irresponsable, no científico y contrario a la ética. ¿La hipnosis tiene su lugar en el arsenal del investigador? Sí, si es realizada por un psiquiatra profesional o por un psicólogo clínico que tenga una gran experiencia con las técnicas de hipnosis y que no esté a favor ni en contra de los ovnis. Lo que convierte en tan importante el caso de los Hill es que las sesiones fueron conducidas por el doctor Simon, que cumple con estos requisitos. ¿Pero debemos dejar a cualquier ingeniero, artista o maestro no formado en estas técnicas «embrollar» las mentes de testigos impresionables? iNo, en absoluto! En la mayor parte de los casos, se pueden emplear otras técnicas psicológicas más fiables y menos inoportunas. Esto puede parecer severo, pero creo que la comunidad ovni haría bien en poner en orden sus asuntos sin esperar a que un ultraescéptico como Phil Klass lo haga una y otra vez.

Strand: ¿Puede precisar lo que considera como abusos?

Vallée: Me vienen ganas de meterme bajo tierra cuando oigo grabaciones de sesiones en que los testigos son avasallados con preguntas tendenciosas formuladaspor los defensores impacientes de tal o cual teoría. Hay innumerables ejemplos. Conozco a un testigo que tuvo un problema cardíaco durante una de esas sesiones dirigidas por un grupo ovni de San Francisco. Los interrogadores no sabían cómo sacar al sujeto de su trance. En otro caso, un testigo sincero de encuentro cercano fue interrogado bajo hipnosis en una habitación en la que había otros abducidos ique esperaban su turno para describir su experiencia! Lo que es trágico, por supuesto, es que los verdaderos datos pueden haberse perdido para siempre. Regresiones hipnóticas ulteriores, incluso llevadas a cabo por un profesional, son más susceptibles de hacer reaparecer los recuerdos del primer trance que los del acontecimiento en sí. Lo único que han hecho los interrogadores es contaminar la mente de los testigos.

Strand: ¿Qué piensa de los detectores de mentiras y de los analizadores de tensión?

Vallée: Creo que no tienen ningún valor científico.

Strand: Ha dicho que no le interesaba discutir sobre el encubrimiento llevado a cabo por el gobierno. ¿No cree que las autoridades oculten algo?

Vallée: Por supuesto que ocultan cosas, montones de cosas. Pero veamos esto de otra manera: si el gobierno tratara de ocultar la nebulosa Andrómeda, ¿cree que eso me impediría instalar un telescopio en mi jardín y mirarla? Los ovnis no son un fenómeno que se pueda pura y simplemente confiscar y ocultar en un cajón. Me siento contento de que ciertos colegas traten de sacar a la luz informaciones ocultas, pero yo prefiero emplear mi saber hacer en continuar el tipo de investigación que he llevado hasta el momento.

Strand: ¿Cree que el gobierno tiene la prueba material de la existencia de los ovnis?

Vallée: Si con ello quiere decir que posee datos interesantes y pertinentes, la respuesta es sí. Y supongo que el gobierno está también tan perplejo como cualquier otro, y que está reticente a reconocerlo. Por el contrario, si lo que quiere decir es que la Fuerza Aérea ha recuperado platillos voladores que han caído destrozados al suelo, así como cuerpos humanoides, en ese caso debo decir que permanezco muy escéptico.

Strand: Muchos lectores han considerado *Mensajeros* como una ruptura con lo que había anteriormente.

Vallée: Pero no lo era. Estamos en presencia de un desafío a la comprensión, no sólo de otro entorno, sino de otra realidad. Yo introduje esta idea en *Pasaporte para Magonia* en 1969 y más tarde en *El colegio invisible*. *Mensajeros* no era más que una continuación perfectamente coherente de todo lo que había escrito hasta entonces. En este libro iba aún más lejos. Añadía una nueva idea muy sensible en aquella época en la mayor parte de los ufólogos. El fenómeno ovni es un fenómeno social. Y en tanto que existe, puede ser explotado, y lo es actualmente, para objetivos que pertenecen probablemente a la guerra psicológica.

Strand: ¿Tiene datos en ese sentido?

Vallée: Creo que sí. Cuando uno pasa mucho tiempo en ese campo, encuentra casos que se revelan como fraudes, pero fraudes que no han sido inventados por los testigos, sino que por el contrario han sido combinados por alguien y dirigidos a testigos en el marco de una operación secreta. Algunas veces, la operación fracasa, mientras que otras esta es abortada deliberadamente.

Strand: ¿Podría dar ejemplos?

Vallée: Existen dos grandes casos típicos: el asunto «Ummo», en los países hispanohablantes, y el de Pontoise, en Francia. Yo he investigado seriamente ambos casos. De hecho, yo formé parte del grupo que recibió el material original de Ummo y seguí sus ramificaciones hasta Argentina. Creo que Ummo es una operación que se ha convertido en imposible y que Pontoise es una operación que ha sido abortada deliberadamente.

Strand: ¿Cuál podría ser el fin de semejante manipulación?

Vallée: En primer lugar, estimular la creación de un culto que poseyera una estructura interna robusta que pudiera ser ulteriormente explotada para objetivos diferentes. Eso se ha conseguido muy bien con el asunto Ummo. En cuanto a Pontoise, algo falló. Me parece divertido que los testigos del asunto de Pontoise hayan vuelto a sus afirmaciones de abducción en los días que siguieron a la aparición de la edición francesa de *Mensajeros del engaño*.

Strand: ¿Tiene motivos para pensar que hubo casos semejantes en los EE.UU.?

Vallée: Absolutamente, pero el tema no está maduro para la discusión. Y no olvide que, de todas formas, eso no atañería más que a un número ínfimo de informes. El problema es que son justamente esos los que amplifican los medios de comunicación. Y nosotros, los investigadores, gastamos mucha energía antes de reconocerlos por lo que son.

Strand: ¿Por qué dice que el tema no está maduro para la discusión? Actualmente, corren un montón de rumores en la comunidad ovni sobre el encubrimiento y la manipulación. Parece como si se hubiera convertido en un tema dominante en los últimos años.

Vallée: La opinión pública es siempre extremadamente ingenua en lo que concierne a los métodos y los objetivos del mundo de las informaciones. En materia ovni, esta ingenuidad resulta exacerbada por el deseo de creer que el gobierno posee todas las respuestas y que no nos las da.

Strand: ¿Debería revelarnos si hay o no respuesta?

Vallée: No necesariamente. ¿Desde cuándo el gobierno habría de decir la verdad sobre cualquier cosa? Es propio de la burocracia guardar las cosas para ella sobre todo cuando son tratadas con incompetencia. Cada vez que he podido observar de cerca los métodos oficiales en el tratamiento del problema ovni he constatado o bien esfuerzos bien intencionados y mal organizados, o bien una incompetencia flagrante.

Strand: Hablemos ahora de *Alintel*. He quedado fascinada por la relación que ha establecido entre los efectos Doppler y los objetos. ¿Podría desarrollar el tema?

Vallée: Escribí *Alintel* como una obra de ficción para decir cosas que no podía desarrollar en *Mensajeros del engaño*. Por primera vez, un libro detalla lo que podría ser un encuentro con una máquina multidimensional y cuáles serían las consecuencias. Los efectos Doppler formaban parte de la observación material de un objeto moviéndose muy rápidamente sin moverse del mismo lugar, como parecería hacerlo una máquina multidimensional. El libro habla también de la reacción de la comunidad intelectual frente a la posibilidad de un contacto con otro mundo.

Strand: Una última cuestión: ¿qué es lo que más le hace falta actualmente a la investigación ovni? ¿El dinero, el apoyo del gobierno...?

Vallée: Nos hacen falta muchas cosas, entre las cuales hay que incluir el dinero y el apoyo oficial. Pero nuestra debilidad más deplorable es la falta de escépticos inteligentes. No me refiero a esos fanáticos de mente estrecha que ocupan su tiempo en ridiculizar o en atacar personalmente a los testigos de ovnis. De estos hay muchos. Y no me cuesta trabajo ignorarlos. Hablo por el contrario de escépticos informados, dispuestos a examinar los datos. Sin ellos, nuestros argumentos en favor de la realidad de los ovnis son unilaterales.

Strand: ¿Cree que hay escépticos de mente abierta en este campo?

Vallée: Sí. El ejemplo más claro sería el doctor Christopher Evans, hoy fallecido, que hizo varios documentales para la BBC sobre los ovnis y los cultos. Colaborador de la revista OMNI, el doctor Evans era un verdadero científico deseoso de abordar la cuestión con curiosidad y honestidad. Era francamente escéptico sobre los ovnis y me hizo reconsiderar ciertas cosas, pero hizo un buen trabajo sobre los cultos. Este tipo de diálogo crítico enriquecería enormemente el desarrollo de las teorías sobre los ovnis y su naturaleza.

Mientras estemos atrapados entre los fanáticos de los extraterrestres y los escépticos casi religiosos, nos costará progresar de forma positiva y construir la estructura teórica y sofisticada que necesitamos. Este fenómeno desafía todas nuestras nociones de la realidad y tenemos que poner a debate numerosos puntos de vista diferentes.

Sobre el autor

Astrofísico de formación e informático de profesión, el doctor Jacques Vallée nació en Francia y emigró a los EE.UU. en 1962. En la actualidad, vive en California con su esposa Janine y sus dos hijos.

Después de recibir el premio Julio Verne a los diecinueve años por su primera novela, Vallée ha publicado otros doce libros, la mayoría de ellos en inglés. Hoy en día su obra representa alrededor de un millón de ejemplares impresos.

Autor de numerosos artículos sobre alta tecnología, el doctor Vallée se interesó por el tema de los ovnis después de ser testigo en un gran observatorio de la destrucción de cintas de avistamientos de objetos desconocidos. Su investigación sobre el fenómeno lo ha llevado a recorrerse casi todos los EE.UU. y montones de países de todo el mundo, desde Francia hasta Brasil, pasando por Escocia y Australia. Sirvió de modelo al personaje del científico francés caracterizado por François Truffaut en la famosa película *Encuentros cercanos en la tercera fase.*

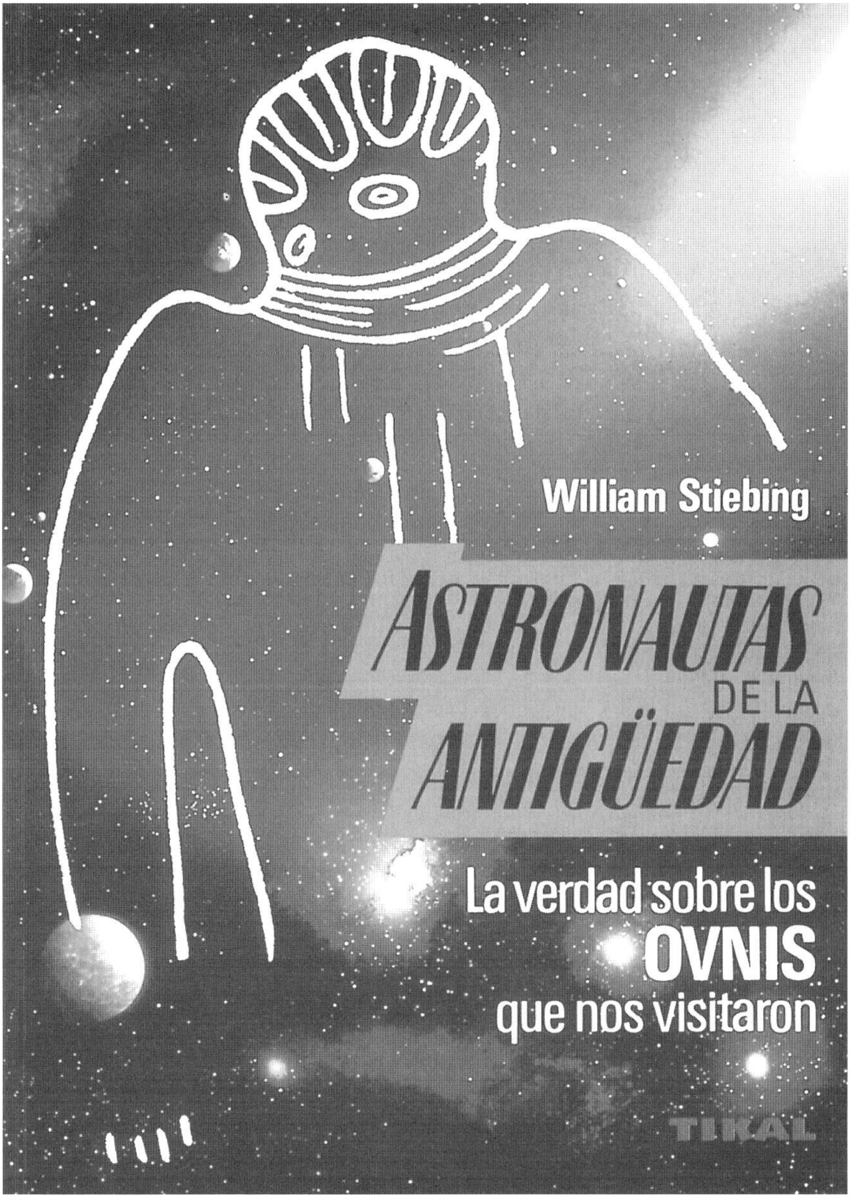
William Stiebing
ASTRONAUTAS
DE LA
ANTIGÜEDAD
La verdad sobre los
OVNIS
que nos visitaron
TIKAL

John Canning
Grandes misterios sin resolver
¿Conspiración de silencio en la muerte de Marylin Monroe?
¿Qué le pasó a Robert Maxwell?
La Atlántida, ¿redescubierta?
¿Es realidad o fantasía el monstruo del lago Ness?
¿Existió el abominable hombre de las nieves?
¿Qué pasa en el triángulo de las Bermudas
¿Es auténtica la túnica sagrada de Turín?
Un repaso a los enigmas más espectaculares de la historia
TIKAL

ISAAC
ASIMOV

Viaje a la
Ciencia

TIKAL

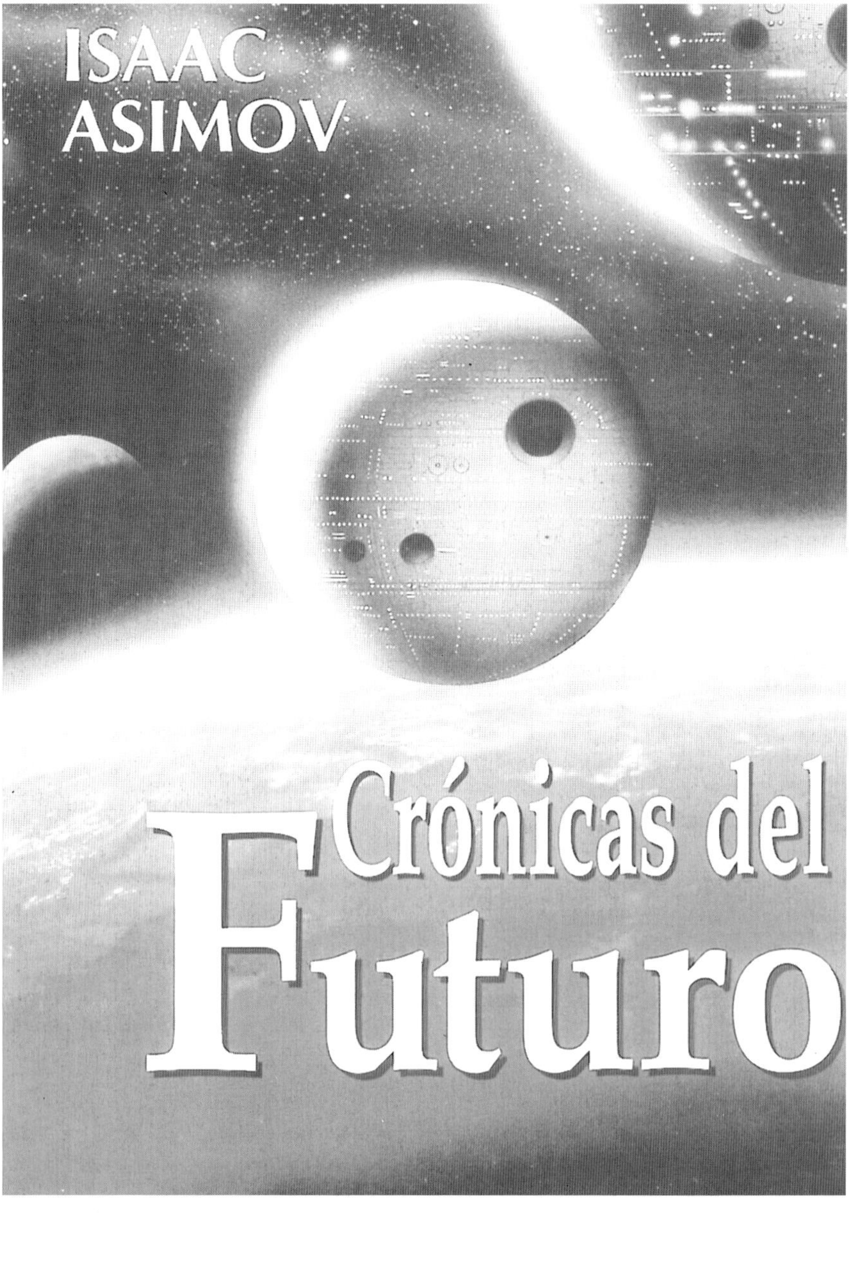
ISAAC
ASIMOV
Crónicas del
Futuro

Urantia

¿Revelación divina o negocio editorial?

Martin Gardner

TIKAL

LAS PROFECÍAS DEL MILENIO

Los nuevos mensajes de Rasputín, Nostradamus y Juan de Jerusalén sobre el cambio de siglo

TIKAL

CAROLYN MILLER

MILAGROS El libro de los casos

Cuando lo sobrenatural
irrumpe en nuestra vida

TIKAL